重读司马迁书系

群雄逐鹿

秦汉之际二十年

冯立鳌◎著

中国文史出版社

图书在版编目（CIP）数据

群雄逐鹿：秦汉之际二十年 ／ 冯立鳌著 . —北京：
中国文史出版社，2013. 12
　　（重读司马迁书系）
　　ISBN 978-7-5034-4620-7

　　Ⅰ.①群… Ⅱ.①冯… Ⅲ.①中国历史—秦汉时代—
通俗读物 Ⅳ.①K232. 09

　　中国版本图书馆 CIP 数据核字（2013）第 310621 号

责任编辑：刘　夏
封面设计：中联学林

出版发行：中国文史出版社
网　　　址：www. wenshipress. com
社　　　址：北京市西城区太平桥大街 23 号　邮编：100811
电　　　话：010 - 66173572　66168268　66192736（发行部）
传　　　真：010 - 66192703
印　　　装：北京天正元印务有限公司
经　　　销：全国新华书店
开　　　本：170mm×240mm　1/16
印　　　张：17
字　　　数：269 千字
版　　　次：2014 年 3 月北京第 1 版
印　　　次：2014 年 3 月第 1 次印刷
定　　　价：49. 00 元

目 录
contents

【秦失其鹿——】

群
雄
逐
鹿

推行专制　暴虐天下的嬴政（秦始皇）

公元前 221 年，秦王嬴政最终灭掉战国六雄，建立了一个以咸阳为首都的幅员辽阔的国家。这个国家的疆域，东至海、西至陇西（今甘肃临洮），南至岭南，北至河套、阴山（今内蒙古中部），辽东（今辽宁大凌河以东）。38 岁的嬴政开创的事业真可谓前无古人。

秦王朝的兼并事业是靠军事手段完成的，大一统的国家因而蕴含三个深刻的矛盾：

第一是秦王朝和六国旧贵族的矛盾。对六国旧贵族而言，秦王朝夺取了他们的土地，拆毁了他们的宗庙祀祠，剥夺了他们的富有和尊贵，他们虽然无可奈何，逼迫隐忍，但实在是怨愤填胸，恨入骨髓。他们自然要伺机推翻嬴秦王朝，恢复自己失去的天堂。

第二是秦王朝和天下民众的矛盾。经过了战国烈火烽烟的惊恐和刀光剑影的厮杀，天下民众亟盼有一个和平安祥的生活环境，他们虽然都支持过本国的战争，但他们并不热爱战争。秦国的统一给他们的和平生活带来了希望，他们在诅咒秦国兼并战争杀人盈野、伤生害亲的残酷性时，也希望新王朝能给民众创造起码的生活环境。但他们既不知这个王朝如何摆布天下，又震恐于该王朝的武力，他们正惴惴不安地等待着、观察着。

第三个矛盾是秦王朝政治集团内部的各种利害纷争。兼并了六国的秦王朝不乏庞大的政治集团，夺取天下后，该集团的各种阶层和各个人物都面临着最终兼并成果的分配和政治经济地位的正式确立。以私欲集结的政治集团在利益分配上绝无"公心"可言，因而集团内部的利害纷争不仅会表面化，而且不易调和。

秦统一时，北境之外匈奴的势力尚未强大，不能对王朝构成生死威胁，因而上述三个矛盾及其发展便决定着秦王朝的命运。

不管秦王朝的主要当权人嬴政是否清醒地认识到这些矛盾关系,总之,社会的发展毫不回避地把两个现实问题推到了他的眼前,逼迫他迅速做出郑重的选择。第一是新王朝应建立怎么样的政权体系,亦即是说,新王朝愿意依靠什么样的政权机制来驾驭社会矛盾;第二是在某种特定的政权体系中,王朝当权人将以何种方式、何种思路来运用国家政权,亦即以什么样的治政导向来操纵国家机器。作为一代开国帝王,嬴政按照自己对社会和人生的固有理解来处政,对这两个现实问题作了一反前朝的选择。

建立郡县,追求集权

嬴政当时可以进行比较选择的有两种政治体制,一是分封制,一是郡县制。分封制是在全国范围内向皇亲功臣分邦建藩,各邦国承认天子的共主地位,并按期纳贡,各邦国独立地行施管理,有自己的军队,君位世袭。秦以前的西周采取的是分封制,通过这种制度,周天子与各诸侯进行权力和利益的分割,用饱含等级观念的礼仪来调节规范上下卑尊关系,并相辅治理天下。郡县制是把国家再划分为郡、县两级行政管理单位,各级官吏由中央任命,他们代表中央实施地方管理,不掌握军队,随时可以被撤换。这种体制是战国中期商鞅为适应兼并战争的需要而在秦国创立的,它依靠一定的官僚机构形成政治集权,能保证中央对全国经济财富的统一支配和对军事力量的统一指挥,曾在兼并战争中显示过其优越性。

分封制和郡县制本质上都是家天下的政治统治形式,二者的不同根本上在于前者体现的是分权制,后者体现的是集权制。用什么方式对待三对社会矛盾,尤其是天下在握后,是否愿意在本集团内部进行权力和利益的分割、让度,是统治集团当权人选择何种政治体制的关键。

嬴政在兼并战争中表现了不少过人的才质,他在秦国政治集团中处南面称孤的客观地位,又具鹤立鸡群的主观优势。完成统一后,他成了天下至尊,于是觉得自己和天下人的关系已发生了根本的变化,已不屑于与他人分权而治(这和周武王在太公、周公辅助下夺得天下的情况已不大相同了)。嬴政的政治独尊意识反映在以下事实中:

第一,他给自己选定了一个绝顶尊贵的名号——"皇帝",以为自己德过三皇,功迈五帝。他一开始就把自己摆在了古今无与伦比的尊贵地位上。

第二,他宣布取消古已有之的谥号制。谥(shì)号是君王死后,继承者根据其生前事迹评定褒贬所给予的称号,嬴政认为这种谥号法是以子议父,以臣议君,含有对君王尊严的亵渎,他的除谥法是要保证皇帝的尊严即使在死后亦不受丝毫侵犯。

第三、他规定皇帝出命称"制",发令称"诏",自称为"朕"。数年后因羡慕得道成仙,又自称"真人"。他对某些特殊名词的垄断和独占反映的是他天下独尊的意识。

嬴政强烈的独尊意识决定了他在本集团内部绝不会对他人进行权力和利益的丝毫让度。基于此,嬴政义无反顾地选择了集权性质的郡县制,把商鞅在战争时期使用过的政治体制加以完善并推向全国。

据嬴政在生前的峄山刻石辞上说,他选择郡县制是为了避免"分土建邦,以开争理",即是说为了免除天下兵争。当然不能排除嬴政的政治选择中所包含的这种良好愿望。但人们应该明白,嬴政这里所要避免的"争",不是与六国贵族之争,而是指与皇亲功臣之争,他一开始就认为:"天下共苦战斗不休,以有侯王。"于是拒绝了封侯立王的分封制,其政治选择所直接针对的是本集团内部有资格分割政治权力的人物,而不是已被推翻的六国贵族。还在开国之初,丞相绾向嬴政建议说:燕、楚等地偏远,不为置王,将难以镇服。后来博士淳于越又进谏说,诸侯国对国家有辅助作用,在对付叛乱时可以互相救援。毋宁说,郡县制在对付旧贵族的反叛上也有其积极性的一面。然而嬴政在体制选择时考虑的重心不是如何对付旧贵族,而是如何处置本集团内部的关系,实现本集团利益的独占独享。

郡县制拒绝了任何皇亲重臣对土地、权力和利益的分割,实现了皇帝一人的独尊和彻底的专制;对下层众属乃至整个社会讲,郡县制基本剥夺了他们与皇权分立的物质基础,取消了社会武装反抗皇权的条件。免除天下兵争的作用确实是有的,但这是在保障皇权绝对不受侵犯基础上的免除,它所保障的是国家专制权力的至尊无上、无所制约和为所欲为,这才是郡县制选择者的最终目的。

分封制和郡县制究竟哪个更进步些呢?这里有一个判断标准问题。判断一种政治体制是否进步,应该看它在历史的演变中是否对经济的发展、社会的稳定和文化的繁荣起到了积极的作用，看它在建立和实行的历史过程中是否合于民心，真正能得到人民群众的热爱，能得到后世人的真心向往。按照这样的标准，两种家天下的政治统治形式各有优长，它们本身似无多少高下优劣之分。未必郡县制就一定能保证社会的稳定，未必分封制就一定不能繁荣经济和文化，就一定违背民心等等。至于哪种政治统治形式在历史上的进步作用更大些，完全决定于它们各自操作者的政治品质和能力大小，决定于王朝当权人的治政导向，反而与它们本身关系甚微。所谓郡县制更好些的议论，那是专制统治者及其维护人就该体制更利于权力专断，更便于奴役民众而言的，是专制统治者出于利己的标准而做出的判断。历史上的历代统治者选建何种政治统治形式，从来不从社会发展、人民适应的角度考虑，但却同样地选择了郡县制，就是因为这一政治形式便于个人专断、权力独占，便于鱼肉天下，现代人犯不着为那个首选了这一政治统治形式的嬴政作过分地美饰，以至常常出现"好人替坏人辩解"的难堪情景。

有人认为不建立郡县制以加强中央集权，就会出现国家的分裂。其实分封制是家天下中的分权形式，并不就是国家分裂的形式。西周和汉初的分封制就并未否定王朝的统一，在西周的分封制社会，仍然是"普天之下，莫非王土；率土之滨，莫非王臣"（《〈诗经．小雅．北山〉》），而郡县制刺激和强化了的皇权专制反倒时而成为社会不稳定的根源，这是秦国郡县制推行十多年后就立即被证明了的事实。就是说，我们即使立足于大版图的国家对社会发展有利这一认识前提之下讨论问题，仍然难以得出郡县制比分封制更好些的结论。

在郡县制和分封制的优劣评判上，我们这里无意厚此薄彼，仅仅是想破除一个厚彼薄此的思维定式，客观看待嬴政所以坚持选择郡县制的最终目的，全面认识他的个人品格，从本来的面貌上看待历史及人物。

自我中心，役使天下

嬴政建立了郡县制，从而掌握了役使天下的便当形式，他操纵郡县制的国家机器，天下的财物和民众统统都成了他享用和役使的对象。

统一天下后，嬴政穷天下财力，极尽个人享受。他在咸阳北坡模仿建造六国宫室，南临渭水，规模宏大，殿室间用天桥和回廊相连，极其豪华，又将从诸侯宫中得到的美女和钟鼓充实其间。后来又在渭水南岸建造信宫,不久将信宫改为极庙,象征北极星,借此显示自己的最高权威。数年后,他嫌咸阳人多,宫廷太小,于是在渭水南岸的上林苑(故址在今陕西西安市西及周至、户县界)中建造朝宫,先建前殿阿房(音ē fáng),这一宫殿东西长五百步,南北五十丈,上面可坐万人,下面可竖五丈高的旗。四周有空中阁道,自殿前直达南山。从此殿筑复道通过渭水,直达咸阳,象征北极星、阁道星横渡天河抵达营室星。嬴政还同时营建骊山,他开发北山的石料,运来蜀地和荆楚的木材,为建造墓穴,他穿凿三重泉,灌下铜汁后放置外棺,装满了各种宫观珍宝,墓中暗设机关,用水银做百川江海,安置天文图像和地理模型,并以特种鱼油点烛,以使长久不灭。在嬴政看来,这些行为并非耗费,因为自己是天下的中心,天下的财物和民力原本就是供自己享用的材料。

集权专制是嬴政能够随意支配天下财富的前提,嬴政深深地明了这一点。为了保证中央集权政治统治的顺利实现,嬴政在经济文化方面采取了如下一些措施:

第一,用商鞅时制定的度(计长短)、量(计大小)、衡(计轻轻重)标准器来统一全国的度量衡。

第二,以黄金为上币,以秦国旧行的圆形方孔铜钱(称"半两")为下币,统一全国货币。

第三,授命廷尉李斯制定小篆,写成范本,在全国推行。

第四,完善法典(见《〈云楚秦律〉》)。

第五,修建了由咸阳通到全国各地的驰道(行车大路),统一车轨。驰道东穷燕齐,南极吴楚,便于控制广阔的国土。为了加强北方防务,前212年,修筑了由咸阳经过云阳(陕西淳化西北),直达九原(今内蒙古包头西)的直道,斩山堙谷千八百里。在西南地区,还修筑了今四川宜宾以南至云南昭通的驰道,于近旁设官统治。嬴政生前多次顺驰道巡游郡县,立石刻辞,以显威强。

第六,把战国时燕、赵、秦三国长城复修并连接起来,筑成西起临洮(今甘肃岷县)、东迄辽东的万里长城,北拒匈奴入境。

第七,大规模地徙民。如将六国富豪和强宗十二万户迁到咸阳和巴蜀以便监视,又曾谪发内地罪人、贱人至北方河套、南方珠江流域,以垦边和戍守。

对嬴政的上述重大治国措施,我们应该看到以下三点:第一,上述许多措施,在客观效果上对秦及其以后的经济发展主要的是起到了积极作用;第二,嬴政施行这些措施,所看重的是其在推行中央集权制中的政治意义,是以能更便当地控制域内、役使天下为最终目的的;第三,嬴政为巩固王朝政治统治的重大工程建设,结果是加重了民众负担,反倒加重了王朝的政治危机,成为导致秦国政权瓦解的直接因素。

无论如何,我们总会看到,嬴政对天下的统治是以自我为中心的政治统治,这种统治的特点是借助于中央集权制的某种形式,操纵天下财物和民众为君王一人服务,君王的一切处政措施都以维护自己的政治统治为出发点,同时,君王随时准备以暴力方式粉碎对自己意志伸张的妨碍,强制天下服从个人的意志。

崇赏刑罚,暴虐民众

嬴政选择了郡县制,实是在对付三大社会矛盾的方式上选择了集权制。这种制度在相当意义上是通过剥夺矛盾对立面而发展自身的最简单方式。如秦王朝剥夺了六国贵族的财产和地位,并把他们置于王朝的直接控制之下;秦王朝奴隶般地役使天下民众,剥夺了他们基本的生活生存条件;在统治集团内部,最高当权者又剥夺了一大批皇亲功臣自认应该享有的权力和利益。嬴政这种简单的方式看似剥夺了一切与自我可能构成对立的物质条件,取消了社会矛盾,实际是把自我放置在了与天下人对立的地位,是在深层次上激化了矛盾。如果非要采取这一集权制的方式,唯一补救的办法就是广施仁德,让民众和众属从君王的独尊独裁中得到若许好处,以尽可能地弥合矛盾。

但秦王朝以暴力起家,后以暴力兼并天下,这使身为秦国君王的嬴政对暴力有了一种特别的迷信和崇拜,他觉得暴力就是持国治民的根本,于是他在郡县制的运作上选定了一条崇尚刑罚的治国之道。

战国时的阴阳家邹衍提出了五德终始说,认为社会历史的变化也受着五行德性变化规律的支配,"虞土、夏木、殷金、周火",朝代的更替体现出的都是"五德从所不胜",进而提出"代火者必将水"。嬴政根据自己的政治需要,在论证本朝统治的合法性时采纳了这一理论,从而认为代周而立的秦朝当承水德。因为水为阴,阴主刑杀,所以秦王朝的治政无须讲究"仁恩和义",应力求刻削严酷。嬴政的暴力治国观念在这里找到了极合理的根据。

　　嬴政暴力施行的对象首先是六国贵族及域外民族。嬴政对六国贵族一直保持着高度的警觉,为了防止他们聚众反抗和政治复辟,不仅将其中十二万户迁到咸阳和巴蜀,置于王朝的严密控制监视之下,而且缴获没收了六国的战争武器加以销毁,在咸阳铸成十二个各重千石(120斤为石)的钟鐻铜人以示威强。在原六国的土地上,嬴政"堕毁城廓,决通川防,夷(削平)去险阻",尽可能地消除旧贵族凭以与王朝武装对抗的物质条件。嬴政曾向人们逐一解释了他加兵于六国的理由,总之认为这是"兴兵诛暴乱"的正义之举,在这种理由的支持和掩饰下,嬴政把暴力兼并的责任推给了六国贵族,尽管自己操纵着这场历时长、规模大、手段残酷的兼并战争,但却心安理得,无任何道义责任可负,而且在兼并战争结束后,仍然有理由对他们进行暴力剥夺。建国初年,嬴政即派大将蒙恬率军三十万北击匈奴,授命其在今内蒙古杭锦后旗、狼山、五原一带修建堡垒,攻逐戎人。同时又派军开发南越(今桂林、象郡一带)之地。嬴政对六国贵族和域外之族的暴力行为,维护了秦王朝的统治,扩大了秦王朝的统治范围,实现了和保证了他政治意志的伸张。

　　嬴政暴力施行的第二个对象是天下民众。秦国统治时代,并非像碣石(今河北昌黎县北之山)刻辞上所说的"黎庶(百姓)无繇(徭役),天下咸抚。"而是民不堪命,生活悲惨。据估计,当时全国人口约一千多万,而当兵服役的人超过二百万,占壮年男子三分之一以上。秦王朝维持了一支强大的军队,建立了一个庞大的官僚机构,进行了多次的大规模战争,完成了巨大的国防建设和土木建筑,怎能不大大增加对庶民的征敛?怎能不依靠对百姓的暴力强迫?秦朝遣戍边关的多是逃亡的罪人和赘婿(典当给富人的奴隶),营造阿房宫的七十多万人都是受了宫刑、徒刑的人,骊山墓的几十万修建者都是犯罪服役者和奴婢的生子。秦国常给征发的戍卒规定到达的时间,明令"失期当斩",使戍卒们常面临着死刑的威胁。秦王朝就是这样大规模地施行严刑峻法,把几十万庶民变为国家的囚犯,使广大民众在刑杀的威胁面前任凭役使,俯首听命。

　　本来,秦国是以军事手段占有六国的,它在历史上从西部发展起来,在关外一直缺乏深厚的社会基础,统一天下后,应施惠于民,着力培育自己统治的社会基础,但秦王朝却弃德尚威,选择了一条暴虐治民的方式,失去了民心,使秦王朝的巍巍统治在社会的土壤中没有扎下最起码的根系。

　　清初康熙帝评价秦朝压榨民众、耗尽民力的暴政,认为这正是导致秦王朝

覆灭的原因,作《蒙恬所筑长城》诗,不乏讥讽之意:

> 万里经营到海涯,纷纷调发逐浮夸。
> 当年用尽民生力,天下何曾属尔家。

秦王朝建国初期,由于嬴政个人能力和威望的存在,统治集团上层还没有表现出对专制权力的怨望,也无法形成与专制皇权的对抗力量,这正是郡县制的功力所在。然而,随着新王朝政治运作的逐渐开展,那些原本愿意与王朝合作的士人阶层却发现了新体制的弊端和政权操纵人的丑恶,许多人开始走上了与王朝不合作的、甚而对抗的道路,因而他们就成了嬴政暴力施行的新目标。

焚书坑儒,迫害士人

嬴政暴力行为的第三个对象是那些愿意与王朝合作、可以作为秦朝统治力量的士人阶层。士人阶层历来没有固定的经济地位,其政治倾向常常是不定的,他们宁愿服务于能帮助自己实现人生价值的政治集团。由于士人的生存资本是可以超越特定政治的知识和文化,因而现实中他们也宁愿对自己不愿依附的政治集团持傲慢的不合作态度。战国以来士人阶层的变化有两个特点,一是数量增加,二是自我价值观念增强,士人中的多数往往愿意自觉地依附于显赫的政治集团,以自己的才能服务于后者,猎取功名。秦王朝的统一,使绝大多数士人获得了一个不容选择的依附对象,士人们成了宁愿与秦王朝合作、希望为王朝的统治尽力的阶层,他们是秦王朝统治天下最为需要、极其宝贵、又易于团结的盟友。但嬴政对独裁专制的选择和弃德尚刑的治政导向却逐步导致了一种相反的结果。

嬴政在政治上追求的是权力独占,他在朝中也设置博士、尊赐方士,但这只是用来粉饰太平、炼求仙药,根本不可能满足士人参政的实质要求。朝中士人在共事相处中有所体察,他们私下议论嬴政,集中在以下话题上:一是说嬴政为人,天性刚戾自用,过分看大自己,以为自己自古莫及。二是说他乐以刑杀为威,专任狱吏,而狱吏成了最亲信者。三是说嬴政所设七十博士,只是凑数的摆设品,并不真正使用,丞相等朝中大臣也只是接受成命。四是说天下大小事嬴政都要亲自裁决,每天批阅的文件要用秤逐担来量,昼夜有额,不达限额不休息,表现了他极端地贪权。五是说嬴政喜听谗谀之言,朝中观测星象云气的多达三百人,都是人才,还有其他岗位上的官员,都不敢直言尽忠,嬴政听不到过失,日益骄横。士人们的私下议论,不管其客观性如何,反映出来的是他们参与国家政治的愿望得不到满足的怨怼。士人的参政意识与嬴政的专制欲望发生冲突,是迟早难免的事情。

公元前219年,嬴政东巡郡县,登上邹峄山(今山东省邹县东南),召集齐鲁之地儒生博士七十人至泰山之下,商议举行封禅大典(登泰山筑坛祭天叫"封";在梁父山辟基祭地叫"禅"),儒生中有人援引历史上的封禅,提出了一些繁难的程式与器具,嬴政见这种提议不适宜,难于施用,于是贬退儒生,仿照太祝官在雍地(秦国祖先居住地,在今陕西省凤翔县南)祭祀上帝的礼法举行了封禅,事后又将封禅的具体礼仪记载封藏保密,不予外传。

当时的儒生们不能理解嬴政对大典所看重的仅是封禅者承统天命的象征意义,一味迂阔地强调繁难的形式,嬴政不好明说,只好罢斥他们,又怕他们对自己所用仪式说长道短,干脆将其记载封藏不漏。古代士人都以能参与国家大典为幸事,而以被贬斥不用为耻。如西汉司马谈就因自己在汉武帝封禅时中途被留,未能参与大典而愤懑病危,临终前泣告儿子司马迁说:"今天子接千岁之统,封泰山,而余不得从行,是命也夫,命也夫!"(见《史记·太史公自序》)被嬴政贬斥的儒生未上泰山,他们听说了嬴政上山时遇雨而在大树下停歇之事,都在背地里讥讽嘲笑。秦亡之时,此事被讹传为:"始皇上泰山,为暴风雨所击,不得封禅。"以此说明嬴政是无其德而用其事,难以成功。罢斥儒生封典之事发生在秦统一后的第三年,它暴露了嬴政与儒生们在王朝初建时就存在的观念差异和思想裂痕。

前213年,嬴政在咸阳宫置酒设宴,有博士七十人在场。仆射官周青敬酒时称赞嬴政平定海内、建立郡县的功德,嬴政大悦。博士齐人淳于越却援引殷周先例,强调分封制可以使子弟功臣相互辅助的好处,并斥责周青是奉承君王的过错,不是忠臣。嬴政让臣下评议两人的是非。丞相李斯明确反对分封制,并借机攻击儒生和私学,他建议"史官非秦记皆烧之,非博士官所职,天下敢有藏《诗》、《书》、百家语者,悉诣守(郡守)、尉(辅佐郡守之官)杂烧之,有敢偶语《诗》、《书》者弃市(处死暴尸)。以古非今者族(灭族)。吏见知不举者同罪。令下三十日不烧,黥(在脸上刺字并涂墨)为城旦(白天守卫,晚上筑城的劳役)。所不去者,医药卜筮种树之书。若欲有学法令,以吏为师。"这一建议得到了嬴政的批准,于是发生了焚书事件。

在秦朝统一近十年时,咸阳宫中仍然有对国家政治体制问题的不同议论,可见当时秦宫的政治空气并非十分紧张。主张重建分封制的人物,不能体谅嬴政追求个人独断,乐于役使天下的衷肠,完全从秦王朝长治久安的角度考虑,自然不能得出令嬴政满意的认识结论。秦朝执政者从维护现实政治统治的立场上看待这一认识分歧,认定主张分封制的儒生是"以非当世,惑乱黔首(庶民)",认为他们"入则心非,出则巷议",会造成"主势降乎上,党与成乎下"的局面,因而不惜用政治手段处理认识问题。焚书事件造成了古代文化典籍的极大破坏,许多优秀的文化承传由此中断;因六国史书被焚,战国纪年至今尚不能完全搞清。焚书事件表明,政治上的专制制度和思想文化上的自由争鸣是水火不容的,它表明追求专制的秦王朝已将惯于自由议论的文化人视为天然仇敌,双方的矛盾已经公开化。

焚书事件第二年,奉命为嬴政求长生不死之药的方士侯生与卢生,私下议论嬴政乐以刑杀,贪于权势,商定不再为他求仙药,于是逃亡而去。嬴政闻之大怒,认为卢生等儒生诽谤自己,有负自己尊赐之厚。他考察认定,在咸阳的许多儒生制造谣言,蛊惑人心,于是派御史逐一审查。儒生们相互告发,嬴政自己圈定犯禁的四百六十多人,全部活埋于咸阳。嬴政当时还让把这一事件传于全国,惩戒后人。这一坑儒事件是秦王朝对士人阶层长期仇视的恶性发展,表明了双方政治关系的最终破裂。约三年后,孔子的八世孙孔鲋怀抱礼器参加了陈胜的反秦义军,这代表和反映了当时士人阶层根本的政治立场。

唐朝诗人章碣在今陕西省临潼的骊山上见到秦时焚书的洞穴,心生感慨,写了《焚书坑》一诗。他认为正是秦王朝对士人的迫害削弱了王朝的社会基础,错误手段导致了不曾预料的结果。诗云:

> 竹帛烟销帝业虚,关河空锁祖龙居。
>
> 坑灰未冷山东乱,刘项原来不读书。

嬴政的专制政体和尚刑观念终使他走上了与士人相仇敌的地步。焚书坑儒之后,士人阶层的社会尊严丧失殆尽,其社会地位一落千丈,而秦王朝也因之失去了自己本来可以团结利用的特殊盟友。专制制度使最高统治者可以把整个社会踩在脚下,士人阶层高贵地位的丧失、沦落,以及与秦王朝相仇视,是嬴政权力专制的必然结果,又成为秦王朝统治基础空虚、迅速走向灭亡的重要原因。

权力独尊,滥施淫威

处在专制权力顶端的政治家常以孤寡自称,难与人平等沟通,他们确有一种高处不胜寒的恓惶不宁之隐情。持权保位的本能使他们对周围世界的人和事具有极敏感的怀疑式反应。谁在权力和地位上愈接近他们,他们对谁的疑心就越重。赢政正是这样一位狡诈奸刻、性格多疑的人物,而且,他拥有对任何一位被怀疑者严加处罚、滥施淫威的客观条件。

先朝重臣吕不韦权倾列国,终被赢政逼死,其门客舍人受到大面积的株连迫害。为秦国兼并战争出谋划策的军事战略家尉缭曾经惧祸欲逃。身经百战的秦国大将王翦常常须用"告老"、"求田"等显示政治无欲的手段保身求安。这都从一个侧面显示了赢政与高层僚属的某种关系。大约前212年间,赢政按照方士的安排秘居梁山宫(今陕西省乾县东),他从山上看见丞相出外车马甚多,很不高兴。宫中有人将此事告诉了丞相,丞相以后减少了车马,赢政发觉后发怒道:"这一定是宫中人泄漏了我的话。"遂一一审问,但却无人承认,赢政于是下令逮捕了当时在场的所有人,全部杀掉。权力独占的欲念使赢政把丞相看成了自己潜在的竞争对手,因而他把丞相外出时的盛大声势视作对自己皇权的逼近和挑战,产生了发自内心的厌恶和反感。但他既讨厌丞相的车马声势,又不愿让丞相知道自己隐秘的心理。当他判断出自己的反感之语已被人传给丞相时,立刻意识到自己身边有更亲近于丞相的人存在,这是他绝不能容忍的现象。由于审查不出,他干脆将当时在场的人全部杀掉,虽然会冤杀许多,但却保证了身边不再有丞相的亲近人。该事件的全过程曲折的暴露了赢政对朝中高级官员的强烈戒备心。

和前一事情相似,在前211年,有陨石坠落东郡,有人在陨石上刻字曰:"始皇帝死而地分",这显然是不满于秦国的统一、反对郡县制的政治言论,且含有对赢政的恶意诅咒。赢政获悉此讯,即遣御史挨次追问调查,但没有人承认服罪,赢政遂下令将石旁居住的人家全部诛杀。所不同的是这次诛杀是为了消灭政治上的反对者,他明知如此手段会错杀、冤杀一大批人,但也在所不惜,真正是草菅人命,滥杀无辜。

在处理一些私人交往关系上,嬴政也是大施淫威。嬴政是其父公孙异人在赵国为人质时出生的,他的母亲是邯郸的女子。嬴政为秦王后,在前229年的兼并战争期间,他随王翦之军前往邯郸,将当年与母家有仇怨的人尽皆坑杀,然后返回秦国。再比如,嬴政儿时随父在赵国时,燕太子姬丹也为质于赵,两人曾非常要好。后来嬴政成为秦王,姬丹又入秦为人质,嬴政对姬丹态度大变,在姬丹请求回国时,他明确告诉说:"等乌鸦的头变白,天上落下谷子,马头上长出角,你才可以回去。"后来姬丹含恨逃归,发誓报仇,于是收买刺客荆轲,发生了荆轲刺秦王的故事。嬴政曾经心慕韩非的政治理论著述而接纳其来秦国,但却不能信用,最后轻信属下毫无根据的谗言,交由狱吏治罪,害死了韩非。来秦兴修水利工程的郑国也几乎被嬴政杀掉。嬴政的儿子扶苏曾就坑儒一事对他进行中肯的劝谏,嬴政闻言即怒,竟贬派这位皇长子去上郡(今陕西榆林及内蒙古乌审旗一带)监蒙恬之军。嬴政与人交往中显露的阴狠冷酷心理,与他尚刑严罚的政治统治方式在本质上是一致的。

嬴政在他的统治后期已基本消灭了与他公开对立的社会势力,但他仍然寻求着肆虐的对象。公元前219年,嬴政在山东巡游后渡淮水到南郡(今湖北江陵),又沿江到达湘山(又名洞庭山,在湖南岳阳县西洞庭湖中),碰上了大风,几乎不能通过。山上有湘山祠,嬴政问随行的博士:"湘君是什么神?"博士回答:"听说是尧的女儿,舜的妻子,葬在这里。"嬴政闻之大怒,指派三千个服刑役的罪犯将湘山上的树木统统砍掉,使山岭变成光秃秃的一片,然后自南郡由武关(今陕西省丹凤县东南丹江上)返回。嬴政是相信神的作用的,沿江前行,遇到了神的阻力,他并没有感觉到特别的不快,但当他知道给他造成麻烦的神原来是尧的女儿、舜的妻子时,不禁勃然大怒。在他看来,尧、舜只是"五帝"之列,而自己是德超三皇、功越五帝的"皇帝",尧、舜的家人与自己作对,这是极端的大逆不道,于是对其进行了坚决的"惩罚"。嬴政为维护皇权的尊严,不惜向湘神施虐用暴,其淫威滥施已到了疯狂的病态程度。

民怨难平,长生成梦

嬴政用专制的方式独占天下利益,又用严刑重罚的手段消除了一切不俯首听命的力量,真可谓独享天下而无敌于天下。然而在他统治的后期,他却愈益感受到了来自两方面的挑战,解决起来似有希望终究无可奈何。

一是民众对王朝及他本人的仇视。公元前 218 年,他往东方巡游,行至阳武博浪沙(今河南省原阳县南),被人用重一百二十斤(秦时一斤相当于今半斤略多)的铁锤所击,幸而未中,他大举搜索二十多天,竟无所得。相传刺客为韩国名士张良指使。此事相隔一年后,嬴政有天晚上微服化装,与四名武士同行于咸阳,在他修建的称为兰池(今陕西咸阳市东)的护城河边被刺客所困,多亏武士击杀了刺客,才摆脱了危境。事后他在关中搜索二十多天,仍无所得。看来都城咸阳也不能视作嬴政的平安之地了。民众的敌对情绪同时也以舆论和诅咒的形式出现。公元前 215 年,燕人卢生向嬴政抄报了据说是从海上鬼神处得到的谶语:"亡秦者胡也",虽然看似提醒和忠告嬴政,但却是第一次公开地提出了"亡秦"的话题。前 211 年,东郡(今河南濮阳一带)发生了在陨石上刻写"始皇帝死而地分"的事件,尚未追查出结果,秋天又发生了另一件事:嬴政的使者从关东夜间路过华阴平舒城(在今陕西省华阴西北渭水边上),有人手持玉璧让使者转送嬴政,璧上写着:"今年祖龙死"。这里的祖龙,比喻开始的皇帝,暗指嬴政。使者未及追问,那人已放下玉璧隐身离去。这类事件清楚地表达了人们对嬴政的仇视态度,嬴政无论作何种理解和处置,客观上都进一步扩大了其舆论和影响。谋刺事件和舆论制作事件表明,嬴政虽然凭借专制权力滥施淫威,鱼肉民众,但并没有消除贵族势力、普通庶民和士人阶层的敌视与反抗,社会的三大矛盾一个也没有真正解决,愈到他的晚年矛盾愈益明显。

对嬴政个人统治形成严重威胁的第二个挑战来自他生命本身。前 219 年,40 岁的嬴政大概是已经感到了来自生命的威胁,即派齐人徐市(又名徐福)带领童男童女数千人入海求仙,寻找长生不死之药。齐、燕一带自战国中期就传说东海有蓬莱、方丈、瀛洲三座神山,各位神仙和不死之药都在其上。甚至相传去的人都已经望见了神山上的金银宫阙和白色禽兽,但因风大,未能到达。嬴政对这类传说看来是相信的,继徐市之后,前 215 年又派出燕人卢生等多人入海求药。徐市等人花费以巨万计,终无结果。前 212 年,求药心急的嬴政按照卢生的意思,一度秘居梁山宫,不让人知道,自谓"真人",不想卢生竟不辞而去。但嬴政此后并未死心,前 210 年,嬴政最后一次巡游至山东琅邪(今山东东部胶南之南境),数年求药的徐市回报说:"蓬莱山上的药能够得到,但因为大鲛鱼阻挡,不能到达,请派些弓箭手同去。"嬴政让入海的人携带大型渔具,自己带着连弩,准备射杀大鱼。自琅邪向北直到荣成山(今山东荣成县境内),并未遇见鲛鱼。嬴政至此并未认识到徐市的欺诈,后来到达芝罘(今山东烟台市北),射杀了一条大鱼,沿海西行。在返回途中于平原津(今山东平原县南)病重,死于沙丘平台(今河北广宗县西北),时年49岁。

嬴政死了,一条罪恶的生命终于结束了。他临死前讨厌谈死,大臣都不敢谈及死事,但他不愿意的结果终归出现了,事情本身宣告了所谓神山仙药传说的荒诞,证明了长生不死说的破灭。而且,表明了自然规律的客观性、普遍性。生死规律不以人的主观意志为转移,并且无论什么自诩高贵的人都逃脱不了。

唐朝诗人许浑途经今陕西临潼境内秦始皇墓,激愤于嬴政的残暴和奢靡,将其与附近安葬的以仁爱俭朴名世的汉文帝作比较,作《途经秦始皇墓》,诗云:

> 龙盘虎踞树层层,势入浮云亦是崩。
>
> 一种青山秋草里,路人唯拜汉文陵。

嬴政死了,但秦王朝面临的社会问题并没有解决,许多不安定因素频繁显露,社会三大矛盾已有激烈化的征兆。秦王朝的统治者看来对此有所觉察。嬴政垂危时急发诏书给在上郡作监军的长公子扶苏说:"回来参加丧事,到咸阳安葬。"并加盖御印。他以前一直没有想到自己会这般急促地命赴黄泉,因而没有做任何权力交接的准备,临事时唯一考虑的是皇权的平安交接问题。当时的随行丞相李斯等人在嬴政死后秘不发丧,把棺材装入辒凉车中,让人们在车外照常送饭和奏事,直到咸阳才为嬴政发丧。他们所以强作镇定、合谋造假,最担心的也是皇子争位和民众变乱。秦王朝的统治者都明白,嬴政身后的这个社会将是极不安定的。

是非不分,昏庸残暴的胡亥(秦二世)

公元前 210 年,秦始皇嬴政病死于东巡途中,随行的中车府令(掌管皇帝车辆的宦官)赵高串通丞相李斯伪造遗诏,以阴谋手段推举嬴政不到二十岁的少子胡亥至咸阳继位。按嬴政除谥法的规定,就位后的胡亥为二世皇帝。

继承了嬴政皇权的人必然同时继承嬴政所面临的社会矛盾。嬴政统治晚期许多不安定因素的频现表明了秦王朝所面临的三大社会矛盾有激化的征兆,这对权力交接时的秦王朝是一次重大的考验。非但如此,以阴谋手段篡取皇位的少子胡亥还面临两个严重的问题:一是他皇位的正统性问题;二是他的统治能力问题。胡亥必须得到本集团内部高层成员对他皇位合法性的认可,同时在治国上显示出一定的文韬武略,才能真正继承其父王的遗业,君临天下。但胡亥恰恰是不能正确解决这两个问题,因而使王朝原有的矛盾迅速加剧。

诛杀朝臣,维护皇权

秦朝的郡县制使皇帝独享天下的权力和利益,其他皇族亲贵都接受帝王的赐予,没有自己独立的封地。这种巨大的利益反差自然使许多皇亲贵族都可能对帝位产生觊觎之心。胡亥以少子身份窃得皇位,自知皇族成员们不会认可他的权位,内心深为不安。他对新任郎中令(掌管宫殿门户及百官出入)赵高推心置腹地分析朝中形势说:"大臣不服,官吏尚强,及诸公子必与我争",询问解决的办法。赵高也认为朝臣多未心服,他提议趁大臣还来不及谋划,迅速地找罪名诛灭朝臣和皇亲,借此清除不满的人,也可扬威于天下。胡亥采纳了这个建议。他无法取得人们对他皇位合法性的认可,于是决定用诛杀的手段对付来自本集团的挑战,维护到手的皇权。

为了窃取皇位,赵高、胡亥一伙已经伪造遗诏,逼死了长公子扶苏,清除了胡亥走向皇位的一大障碍。即位以后,胡亥按赵高的策划,在朝内实行大规模有预谋的诛杀清洗。首先他修改法律,扩大了坐株、收族的范围,同时又任用一批亲信酷吏,之后他对群臣诸公子确定罪名,让赵高审讯惩处,当时有十二位公子受戮,陈尸于咸阳,有十位公主在杜(今陕西西安市西南)被裂肢处死,其财物被没收,相连坐的郎官和近侍小臣不可胜数。

公子将闾兄弟三人被拘囚于内宫,胡亥让人传讯给将闾说:"你们不尽臣职,应当处死。"将闾回答说:"我没有违背过宫廷的礼节,没有逾越过朝廷的位次,没有说过错话,怎么叫不尽臣职呢?我愿明白罪名后再死。"使者对将闾说:"我不知道内情,只奉诏办事。"将闾三人仰天呼冤,痛哭流涕,最后拔剑自杀。公子高见胡亥迫害亲族,意欲逃奔,但恐怕诛杀家族,于是上书胡亥说:"先帝在世时,赐给我不少荣华富贵,但我却没有随先帝去死,这是我为子不孝,为臣不忠,不忠的人无资格活在世上。我愿跟随先帝去死。请求死后埋在骊山(嬴政陵墓所在地)脚下,盼能哀怜应允。"胡亥见此书后非常高兴,向赵高出示说:"这可算是急迫无奈吧?"赵高回答说:"为臣的担心死无所处都来不及,哪能图谋造反!"胡亥批准了公子高的请求,赐其十万钱安葬。

蒙恬、蒙毅兄弟是秦国名将蒙骜的孙子,蒙武的儿子,深得嬴政尊宠。蒙恬率三十万军队修筑长城,驻守北疆,威震匈奴。蒙毅位至上卿,出入于皇帝左右,为内政出谋献策,蒙氏权倾朝野。胡亥篡位时,伪造嬴政遗诏,令驻军上郡的蒙恬与扶苏一同自杀。蒙恬疑其有诈,请求申诉,被交给狱吏,囚禁于阳周(今陕西子长县西北),蒙毅被囚于代(今河北省蔚县西南)。办完嬴政的丧事后,胡亥于咸阳即位称帝,在赵高的策动下,他派使者先去代地对蒙毅说:"先帝当年欲立我为太子而你却出面阻拦,现今官员们认定你不忠,罪过牵连到你的家族,我不忍心,仅让你一人自杀,也算你很幸运了,请你考虑。"蒙毅回答说:"先主举用太子,是多年考虑的结果,哪有我劝谏献谋的余地呢?何况先主出巡时不带其他儿子,只让太子您一人随从,这种对待远远超过其他公子,太子的地位我能怀疑吗?并不是我巧言辩解以逃死罪,实在是连累了先主的名誉而羞愧,希望能加以考虑,让我死于应有的罪名。"蒙毅此时的申诉明显有曲阿之意,他把对自己"罪责"的否认通过嬴政对胡亥太子地位的肯定不移表达出来,如果他真有阻拦嬴政立胡亥的前事,那现在对胡亥已是无条件缴械,且表明他愿意做胡亥皇位正统性的证明人,但胡亥一心考虑的是要消除故旧大臣对他皇位的威胁,且有赵高的私意催逼,使者深知一切申诉都是无效的,故不曾转达就杀掉了蒙毅。

蒙毅死后,胡亥又派使者至阳周,重申了假诏书中罗列的蒙恬之罪,包括率兵屯边十多年,不能扩展土地;在扶苏诽谤朝廷时知情不匡等,告诉蒙恬说:"你的罪过多得很。"蒙恬回答说:"蒙氏对秦有三世大功,现在我统兵三十多万,虽然身遭囚禁,但有足够反叛的力量。我所以按君臣大义而甘愿死难,是不敢玷辱先人的教导,也不敢忘记先主的恩宠。我蒙氏世代忠诚,而事情竟到这个地步,必定是奸臣在捣鬼。希望陛下为国家和万民着想。"作为一员武将,蒙恬表示了自己对朝廷的忠贞,并比较刚直地指出了朝政中的问题,以必死的勇气直谏,希望胡亥能听到这些忠言并有所觉醒。使者深知胡亥和赵高要诛杀重臣的本意,他明白蒙恬的劝谏和申诉毫无用处,反而会惹来更多的麻烦,因而婉言拒绝说:"我奉诏令对将军执行刑法,不敢把将军的话转报朝廷。"蒙恬已是面对死亡别无选择,但这位耿直忠勇的大将始终不能明白,自己忠而无罪,为什么却被处死呢?最后他终于想出了原因:"我从临洮(今甘肃岷县)到辽东,挖万余里壕沟筑长城,不能保证没有断绝地脉。我得罪了上天,是该死的。"他至死不能明白胡亥的本意,却找到了一条自认充足的被诛理由,勉强达到了某种心理平衡,于是服毒自杀。

胡亥上台后在朝中大肆诛戮皇亲重臣,搞得宗室震恐,人人自危。他以这种方式消除了来自本集团内部的对他皇权的威胁,似乎解决了自赢政时就存在的王朝内部的各种利害纷争,他的专制统治也似乎显得更加稳便了。

严刻用法,逼反民众

秦王朝与天下民众的矛盾在赢政晚年就有激化的征兆,这主要是因王朝对民众的压榨与暴虐而导致的。胡亥继位后反而加重了对天下民众的役使与迫害。

前210年安葬赢政期间,胡亥让大部分阿房宫的修建者去骊山帮建没有完工的陵墓,这是一项浩大的工程。建成后他下令:"先帝时没有生子的后宫嫔妃,不宜放出。"让她们全部陪葬,死者极多。他又考虑修建陵墓的人知道墓道机关,怕他们出去后人多泄密,于是在安葬赢政后立即封闭了墓道的中门和外门,墓中的工匠和土工无一逃出。骊山墓不仅耗费了无数的民力和财物,而且直接坑杀了许多无辜的生命。安葬了嬴政,胡亥又让在墓旁栽种草木,建成山包,直到次年四月大体完工后,他又用腾出来的民力继续修建阿房宫,为显示威严,务求工程浩大。他就这样把几十万民众驱迫于整年整年的苦役劳作之中,并且没有丝毫的生命保障。

胡亥刚执政,似乎想作的事情很多,诸事务求隆重。除几项建设工程外,他还下诏增加秦始皇寝(帝王陵墓的正殿)庙(藏衣冠的处所)的祭牲品和祭祀山川的礼品。全国各地都要对始皇的所谓"极庙"进献土产和珍宝财物。此外还置有先祖七庙,群臣以礼进祠。在即位后的第一个春天,胡亥即与承相李斯、去疾等人东巡郡县,到达碣石山(今河北昌黎北),傍海而行,向南到达会稽山。在嬴政当年所刻石碑上再刻就始皇的署名,另于石旁刻上这次随从大臣的名字。其后经辽东(今辽阳市)返回。为了便于出巡,胡亥下令对已有的直道和驰道进行修建修补,驰道是皇帝专用的行车大道,宽三十丈,中央宽三丈,两旁种有松树,东穷燕、齐,南及吴、楚,比千八百里长的直道规模更大,穷极民力无数,民众赋税愈重,徭役无已。

为了守卫咸阳,胡亥在全国选征了五万身强力壮的人作驻守的屯卫,让他们演习射箭,驯养狗马禽兽,人畜所食极多,关中难以供应,于是下令征调各郡县的粮食和饲料,让转运者自带粮食,咸阳方圆三百里内不供给他们饭食。为了对付可能怠慢的民众,施法愈益严刻。

胡亥所以豪奢财物,不顾民力,追求声势,首先是要通过尊崇嬴政的未竟之业来表明自己的正统地位。他豪治丧事,立庙增礼,俨然是嬴政皇业的天然继承人。嬴政修建阿房宫耗尽民力,胡亥是知道其弊端的,但他认为:"现在放下阿房宫不完成,就等于宣告先帝建宫之事做错了"。于是在丧事办完后重新营建。即使嬴政做错了,他也宁愿将错就错,不认其错,以表示对嬴政遗业的继承。其次,胡亥还要通过做事的浩大声势来显示自己治国的能力。胡亥曾对赵高说:"朕年轻,刚登位,百姓还没有归附。先帝当年出巡郡县以显示强大,威服海内。我如果不巡行,就显示了软弱,无法宰治天下。"正是出于自我显示的目的他才修道出巡。另外,胡亥豪取天下财物、穷极民力,也是为了追求个人贪得无厌的享受。他曾对人讲:"凡所为贵有天下者,得肆意极欲。吾欲造千乘之驾,万乘之属,充吾名号。"穷奢极欲的个人享受蚝油吸鼠般地诱使胡亥走着一条对民众横征暴敛、为非作歹的险路。

为了征调天下财物和民力,王朝的法令诛罚日益严刻,群臣人人自危,民众失去了生存之路,天底下布满了干柴。胡亥即位的次年七月,一队被罚守边的贫民在大泽乡(今安徽宿县境内)揭竿而起,为首的陈胜自立为王,建立政权,攻城略地,山东各地的青壮年,都杀死当地郡县官员,起而响应,互相立为侯王,联合向西进攻,楚、赵、魏、齐等地相继丢失,秦王朝迅速沦入岌岌可危、风雨飘摇的境地,这是秦王朝严酷治民、两代君王压榨民众的必然结果。但胡亥并没有认识到事情的严重性及其原因,照样追求他所认定的帝王生活,实行他固有的治众方式。

追求享乐,督责大臣

个人享乐是一切专制帝王最终的追求,胡亥也不例外。他刚上台几天,就对赵高讲:"人生在世。就像驾着六骥之车飞奔过缝隙,非常短暂。我既然已君临天下,就想要尽力满足我的各种欲望,享受一切乐趣,使国家安定、百姓快乐,长有天下,直到我的寿命终结。"胡亥大概是从他父亲追求长生失败的教训中有所醒悟,倒没有不死的幻想,但他却由人生苦短产生出惜时享受的念头,赵高对此大加赞赏,认为"这是贤明的君主所能做到、而昏乱的君主所禁忌的。"二人一拍即合,并且商定把诛杀朝臣作为"长有天下"的第一个重要步骤。

享受天下的君王同时负有治理天下的责任。但胡亥对后者没有多少兴趣,且缺乏应有的自信。他的许多治国措施,如出巡、刻石、大兴工程、戍徭重赋、严刑峻法、喜造声势等等,多是模仿嬴政,没有丝毫创举。治理一个危机四伏的社会,是他的能力远远达不到的。赵高乘机对胡亥说:"陛下现在年轻,未必熟悉朝中事务,如果坐在朝廷,决事有不当之处,会把短处暴露给大臣,就不能显示君主的圣明。"他建议胡亥深居宫禁,让他和熟悉法令的侍中(侍从皇帝左右伺应杂事的官员)在朝中听取大臣奏事,等回宫研究妥当后,再作回复。胡亥高兴地采纳了这一建议,一则他觉得免除了在朝中处事的责任和麻烦,二则在商议后决断,不至于把自己的无能显示出来,能落下圣主的名声。独享天下而毫无责任,无才治国而取圣主之名,胡亥的算盘似乎打得很精。自此,他居于深宫,不见朝臣,心安理得地与嫔妃宫女们游玩宴乐,也常在林光宫(在今陕西省淳化县西北)观看摔跤杂戏表演。

前208年,陈胜部将周章已率兵入关,攻至戏地(今陕西省临潼东),秦少府章邯率兵拒之,虽一时取胜,把战线推至关外,但根本不能扑灭各地起义的燎原烈火。秦王朝因无休止地征召兵力,其能够控制的关中之地已有兵源枯竭之势。右丞相去疾、左丞相李斯及将军冯劫进谏说:"关东(指函谷关以东地区)许多盗贼同时起事,都是因为兵役、运输和建筑劳苦,赋税太多,恳请暂时让阿房宫修建人员停工,减少四方兵役和运输徭役。"胡亥听到后很不高兴,说:"尧、舜、禹当年治理天下,为天下的事个人受苦,连奴隶也不如。名义上贵为天子,而实际上处穷苦之位,自殉于百姓,还有什么效法的呢?人主所以贵有天下,在于能肆意极欲,让天下的一切供自己享用。况且君主自己没有得到好处,怎么能治理天下呢?我愿意扩充欲望,长久地享有天下。但我即位两年来,群盗四起,你们不能禁止,又想终止先帝时的工程,这是上不能报答先帝,其次又不能为我尽忠,凭什么占据官位呢?"于是把三位进谏者交给狱吏,追究他们的罪责。去疾和冯劫认为:"将相不能受侮辱",两人自杀身亡,李斯被囚禁,遭受刑罚。

在秦王朝危机存亡的关头,去疾、李斯等高级官员凭应有的责任心向胡亥陈述严重的政治形势,分析原因,忠诚地提出了削减徭役,通过抚民而安定天下形势的具体设想,秦王朝如果认真实行,改弦更张,也许能够走出危机,再图恢复。但胡亥却坚持他本有的为君观,把个人享受看作君主尊贵的当然体现,认为它高于一切,不愿稍作削减,因而拒绝了官员们的意见。非但如此,根据胡亥的为君观,丞相们关于停工减赋的建议即是对君主不忠和失去信心的表现,拘捕和追究他们的罪责也在胡亥的情理之中。

不久,胡亥又接受了所谓的"督责之术",这种方法要求君主查察臣子的过失而处以刑罚,使臣子不敢不竭其心身以献忠诚。以此保证君主的欲望无不得到满足。胡亥自此严行督责,把向民征税多的看作好官,把杀人多的视为忠臣,以至造成了路上行走的人有一半是受刑的犯人,大街上每天有许多尸体堆积。看到这些,他高兴地认为督责之术已经实施了。在朝中,胡亥逼死去疾、冯劫等官员后,又把丞相李斯交给赵高审讯,并让调查李斯长子李由守三川(今河南中部潼关以东至开封一带)而不出击的谋反之罪,收捕其宗族宾客,最后将李斯腰斩于咸阳,诛其三族。

前207年夏,秦将章邯在巨鹿(今河北省平乡县西南)之战中被项羽击败后屡次失利,胡亥即派人去责备章邯,章邯让副将司马欣回朝请示指示,因赵高阻隔,竟不得相见,章邯迫不得已,率众降楚。在与关外义军的对抗中,胡亥的督责之术直接起到了为渊驱鱼、为丛驱雀的作用。至此,秦王朝失去了最后一支有战斗力的军队,东部关门洞开,覆没的命运已不可免。

胡亥后期把守国的赌注全押于赵高身上,拜其为中丞相,让处理全国政事,赵高就是他全部的信赖和希望。赵高曾多次向他说过:"关东的盗贼成不了气候。"这就是他能放心享乐、并不断督责大臣的依凭。及刘邦血洗武关(今陕西省丹凤县东南丹江上),率军进入关中后,赵高见局面无法收拾,乃称病不朝,胡亥这时才多少有些恐慌,他梦见白虎咬死了车驾的左骖马,心中极不舒坦,让人解梦占卜,结论是:泾水之神作怪。胡亥于是去望夷宫(故址在今陕西省泾阳县东南)斋戒,打算沉下四匹白马以祭祀泾水之神。同时他又一次行使督责之术,派人去责备赵高,被赵高派人攻杀于望夷宫。

胡亥有自己独特的为君观,他独享天下而不愿治理天下,企图用邪恶的督责之术来实现两者的统一。他要通过督责臣子来压榨民众,通过压榨民众来满足自己的一切欲望,同时又把督责臣子的责权交由赵高代理。这样精明的盘算却忽视了两个重大的问题,一是他把自己摆在了天下民众的对立面,也摆在了臣属的对立面,当民众反叛成燎原之势时,没有真正愿意为他赴难的臣属,章邯降楚就充分地说明了这一点。其二是他把治国和督责的权力交付赵高,实际是处在了赵高的玩弄和控制之下,作为贵有天下的皇帝,他其实成了被赵高蒙蔽而不自知的傀儡,成了其手中的玩物,形势紧迫时,他成为赵高对付局面的牺牲品当是必然的。享受天下的人不愿治理天下,用非其人又幻想取得圣主之名,搞什么督责的邪把戏,实在是拿江山性命开玩笑。

不辨是非,命丧奸臣

在沙丘改诏时赵高向李斯推举胡亥,说他是"辩于心而讷于口",即认为他说话笨拙,但心里聪明,能明辨是非。实际上,从胡亥执政后的许多事情看,他根本没有明辨是非的能力。

比如,在享受天下和治理天下的关系问题上,他像嬴政一样要独享天下,但却和嬴政"衡石量书",一天秤百二十斤文件来批阅,"贪于权势"的情况截然相反,常有一种逃避治国的心理。他不明白,享受天下仅仅是治理天下的派生物,反而是把治理天下当作享受天下的派生物。政局失控、权柄他移,自己却想独享富贵,身亡国灭的结局怎能避免?又比如,丞相李斯曾在政局危机之时不得已上书揭露郎中令赵高的罪责,胡亥百般替赵高辩解,这且不说,事后竟把李斯的上书私告赵高,最后又把李斯交给赵高查办。李斯的职位在赵高之上,且当时并没有任何罪名,把无罪的高职官员交由他上书揭露的对象去查办,实不知这个转化关系在一个昏庸的大脑中是怎样完成的。赵高以严刑逼使李斯认可了强加给他的所谓谋反之罪,胡亥见到审讯结果后感激地说:"如果不是赵君,我几乎被丞相所欺骗。"这就是他对一种是非的判定。

陈胜初反关东时,有使者自东方来报告,胡亥听后非常恼怒,将使者交付狱吏治罪。以后使者回来,回答胡亥问话时便说:"有一些盗贼,各郡守的将官正在追捕,现已全部捉拿,不值得担忧。"他听后则非常高兴。后来有一次,胡亥召集许多博士儒生询问:"楚戍卒攻克蕲县,已入陈地(今河南淮阳县),你们怎样看待此事?"其中有三十多人上前说:"带兵的臣子不听调遣,就是反叛,反叛者罪死无赦。希望陛下火速发兵征讨。"胡亥听后立刻变了脸色。来自山东的待诏文学博士叔孙通上前说道:"众儒生的话都说得不对。现在天下合为一家,各郡县都毁掉了城堡、熔销了兵器,再也没有战争了。况且上面有英明的君主,下面有完备的法令,人人尽忠职守,四方人心凝聚,哪里敢有反叛的!这只不过是一群盗贼在搞些鼠窃狗盗的勾当,何足挂齿。各郡的守尉正在捉拿定罪,哪里值得忧虑。"胡亥听罢,高兴地表示:"说得好。"他又遍问在场的各位,众人有的说是反叛,有的说是盗贼。事后胡亥派御史(掌管文书和记事,兼有弹劾纠察权的官员)查究,把判定为反叛的人交给法官惩办,而对判定为盗贼的人不予追查。还赐给叔孙通布帛二十四(古代四丈为一匹),衣裳一套,将其由待诏博士(约相当候补博士)提升为博士。

陈胜起事对秦王朝是极其严重的冲击,但胡亥却不敢正视、不愿承认现实的状况。他不断地派人去打探,似乎要了解情况,但不管真实情况如何,都要人们顺着他的主观想象来汇报和回答,并对作了相反回答的人打击迫害,这种做法实在比掩耳盗铃还拙劣。他召集博士儒生征询看法,似乎是要提高情况判断的准确性、权威性,但却只允许人们发表乐观的看法,仍然喜欢听到谀谀之言,对如实反映了严重情况的人,说他们"非所宜言",说了不该说的话,真不知召博士们是为了解情况还是让粉饰太平。可以说,胡亥实在是因惧怕而不敢面对严重的现实,他打探情况、征询意见,是想得到利好的消息和判断,以安慰自己失望、无奈和痛苦的心灵,但每当他得不到期盼的安慰,反而遭受到再一次消息打击时,就要迁怒于情况的提供者,并加以阴毒的报复。至于惩罚了提供情况的使者和儒生后对现实问题的解决有何帮助,这颗昏庸的头脑就顾之不及了。

胡亥最大的昏庸处在于对赵高的信用。赵高诱逼李斯,推胡亥为帝,其后诱使胡亥诛戮朝臣,又在内政政策上投胡亥所好,暴虐百姓,他积怨甚多,怕大臣入朝奏事时毁谤自己,借口皇帝在朝中当面决事会有失误,诱使胡亥深居宫禁,使自己取得了代替胡亥听事和回复的特权,胡亥被其蒙蔽欺骗反而暗自庆幸。他曾评价说:"赵高本是个宦官,但他不因为安逸而放肆,也不因危难而变心,他廉洁向善,因忠心而得到提拔,在职位上讲求信义,我确实认为他很贤良。我年轻时就死了父亲,没有多少知识,不熟悉治国之法,赵高为人精明强干,下知人情,上识我的心意,我不依靠赵高,该用谁呢?"出于这样的认识,胡亥放手地把自己的许多权力托付给这位满腹险机的阴谋家,让他决断朝事,处置大臣,以致发生了枉杀李斯、逼反章邯的严重事件,而胡亥尚不知实情,反而提赵高为中丞相。

赵高为巩固自己的权位,故意在朝中演了一场指鹿为马的鬼把戏,事后对不随声附和的大臣,捏造罪名加以迫害。这本是威慑人心、暗夺皇权的阴计,但胡亥浑然不知。胡亥认定是鹿,但左右大臣都随胡亥说是马,胡亥于是以为自己认物不清,是被鬼神所惑,招来太卜占卦,最后按照太卜的指使,去上林苑(今陕西西安市西南)进行虔诚的斋戒。斋戒期间,他却每天游玩打猎,有次竟亲手射杀了过路的行人。后来又听人说:"天子无故杀害无罪的人,这是上帝所禁止的,鬼神不会享受其祭祀,上天会降下灾祸,应当远离皇宫去消灾。"加上其他原因,他又去望夷宫居住避灾。胡亥就是这样一位受人愚弄而不清醒,没有识见、难于长进的弱智人物。

前 207 年,在刘邦已入武关,天下局面不可收拾时,赵高终于决定要把胡亥作为他的政治牺牲品抛出去。他让郎中令为内应,谎称望夷宫有大盗,又让自己的女婿闫乐调兵遣将,率千余人至望夷宫殿门,缚绑了卫令仆射(卫兵首领),故意诘问:"盗贼入宫,为何不阻止?"卫令回答:"房子周围设兵严防,盗贼怎敢进宫?"闫乐斩掉卫令,带兵射箭冲入,郎官侍宦们大惊,有的逃跑,有的格斗,反抗的被杀死了几十人。郎中令和闫乐一同进入,用箭射中胡亥的篷帐和坐帷,胡亥大怒,召唤左右侍卫,他们都惶恐不敢格斗。有一个侍服的宦者在旁,胡亥进内室问他:"你为什么不早告诉我实情? 竟到了这个地步?"宦者回答说:"我不敢说实情,因而才保全活命。假如我早说了,会同样被杀,怎能活到现在?"闫乐上前历数胡亥罪责说:"你骄横放纵,暴虐诛杀,天下都反叛了,你自己拿主意吧!"胡亥相继提了四个选择:想见到丞相赵高;愿为一郡之王;愿为万户侯;愿与妻子儿女当老百姓,均被一一拒绝。闫乐告诉他:"我受丞相之命,为天下人诛杀你,你说得再多,我也不敢报告。"他指挥士兵上前,胡亥不得已而自杀。后被赵高以百姓礼仪葬于宜春苑(今陕西长安南)。

望夷宫之变是赵高长期弄权、迫害朝臣、蒙蔽君主,其私人势力恶性膨胀的结果。赵高的权威已经到了使皇宫侍卫闻之慌悚的地步,守卫宫殿门户的郎中令也已投入了赵高私人的怀抱,但胡亥竟毫无觉察,其政治嗅觉的迟钝和是非辨别能力的低弱已到了难保自身安全的程度。事发后他责备侍卫宦者知情不报,却没有想到他平时根本不给下属提供知情实报的安全,临事已悔之不及。他以为自己与赵高的关系非同寻常,事发后仍然幻想见到赵高,面请王侯,真是痴人说梦。一个没有正常智力的人窃取神器,在至尊的位置上胡作非为,只能自取灭亡!

昏庸为君,徒遗臭名

嬴政的妻妾嫔妃很多,一共为他生有二十多个儿子,胡亥的生母是秦国灭赵时自赵王宫中选来的后妃胡姬,她才思敏捷,能歌善舞。据说在荆轲刺秦王而被击杀的当晚,嬴政在内宫设宴压惊,后宫嫔妃纷纷前来问安,这位胡姬在嬴政面前奏琴而歌曰:"罗毂单衣兮可裂而绝,八尺屏风兮可超而越,鹿卢之剑兮可伏而拔,嗤彼凶狡兮身亡国灭!"胡姬在歌中描述了嬴政当日在堂上从荆轲手中撕裂衣袖,以屏风隐身,瞅机会伏背拔剑,最终斩杀刺客的英勇搏斗场面。嬴政听罢非常喜爱,当即赐给一小箱缯绮,晚上就宿于胡姬之宫。后来胡姬生下一子,即胡亥,母子一直受到嬴政的宠爱。嬴政曾下诏让赵高向胡亥教习法律审判和书法,看来对此子确有器重之心,但赵高在沙丘之变中向李斯荐举胡亥为君时,介绍说他"仁慈笃厚,轻财重士,辩于心而讷于口,尽礼敬士"。赵高的介绍肯定要拔高和夸大,但也多在难以验证的德行方面.涉及能力方面,赵高也承认他语言迟钝("诎于口"),只说了一条无法证实的优点,即内心有分辨能力("辩于心")。此外再也没有可拔高的地方了。可见胡亥虽然子因母荣,但并没有继承他母亲的才情。当政前他就是一位说话结巴、无所优长的顽子。

赢政最后一次出巡时,因胡亥的请求而带上了这位少子,但赢政临死前明确地要把皇权移交给前曾贬斥的长公子扶苏,以赢政的性格,选嗣不会过多顾及嫡长子的名分束缚,他一定明白,胡亥可以作为爱子,但不可以作为皇位的继承人,因为治理一个赫赫大国,最需要的是治理者的能力及其衍生而来的威望。

赵高出于个人的目的,在赢政死后扣压了其向扶苏的传位诏书,准备推举随行的胡亥为帝,胡亥开始是不敢接受的,他认为:"废兄而立弟,是不义也;不奉父诏,是不孝也;才能浅薄而抢夺他人功业,是不智也。在这三方面违反道德,天下不服,自身难保,国家也会灭亡。"作为受宠的少子,他根本没有为君的思想准备。但在赵高的引诱和说服下他默许了其策划,后来和赵高、李斯一起实施了逼杀扶苏的篡位阴谋,终于成了秦王朝的二世皇帝。

胡亥本质上不是一个政治型人物,这恐怕是他即位前没有篡位意识、并曾拒绝赵高推举的根本原因。他因外在原因成为天下至尊,处在了政治核心地位,立刻在重大问题上显露了其政治上的昏庸低能。

首先,他一上台就大肆诛戮皇亲重臣,虽然是为了维护个人的皇权和地位,但把诛杀范围一直扩大到愿意缴械的反对派和宁愿顺从支持他的朝臣,实际上是严重削弱了自己的统治基础,动摇了王朝的存在根基。他后来的所谓督责之术甚至把打击的矛头对准了愿意为自己统治效力的忠信之臣,更是对自己统治力量的戕害,以至于后期朝中失去了对某种邪恶势力的任何牵制,终于走上了受人玩弄和控制、自绝于天下的道路。

其次,狭隘的政治眼光使他根本无法看清赢政统治时期的方向性失误,他上台后继续执行赢政时期横征暴敛、严刻用法的统治政策,为一人的享受无休止地役使天下,加深了赢政时期就已显露的社会总危机。本来,赢政暴虐民众的统治方式给继位者提供了治理天下的良好机遇,胡亥上台之时,劳苦已极的天下民众引领期盼新君主的到来,"劳民之易为仁",如果胡亥能一反前政,改弦更张,天下百姓自会感恩拥戴,前朝暴政反而可能成为他获得皇位合法性和巩固统治的依凭。如扶苏当年评价赢政的政策时就认为:"天下初定,远方百姓尚未归附,人们喜欢儒家仁政,若严法治之,恐怕会天下不安。"但胡亥不具有扶苏的政治识见,他继续前朝暴政,有过之而无不及,竟认为即使嬴政搞错了的工程也要继续。他的荒唐的为君观、享乐观,真正是视治国为儿戏的幼稚心态。关东反叛的怒潮,实在是胡亥对民众雪上加霜、逼迫出来的。

西汉贾谊在《过秦论》中认为,胡亥继位时,天下嗷嗷待哺的民众都期盼有一个好政策。假使胡亥有一般平庸君主的德行,任用忠臣贤人,纠正嬴政时的失误,裂地分封,省刑减赋,天下人自会安居乐业。但胡亥变本加厉地暴虐民众,繁刑严诛,赋敛无度,从君卿到百姓,人人都怀自危之心,处于痛苦不安之状。致使陈胜奋臂一呼,天下响应。秦王朝的灭亡,直接是胡亥的昏庸统治导致的。

像胡亥那样没有德行和能力的平庸、昏庸君主,具有一些共同的特点:第一,没有起码的政治识见,提不出自己的施政方针,一味模仿前任,把前任的错误及政治模式也都继承下来,拉大旗作虎皮,吓唬世人,也借以证明自己的正统地位。第二,治世的自信不足,喜欢虚张声势,想以此证明自己为政的功绩,也借以掩饰自己的心虚。凡事务求规模、讲究声势,对由此给社会造成的负担是不大顾及的。第三,追求超乎客观条件的个人享受,对游玩娱乐有极浓厚的兴趣,而对许多棘手的紧迫政事则采取鸵鸟政策,埋头不理,或能拖就拖。第四,对许多有声望的属下心存戒备,尤其是在个人地位得之非正时更是嫉恨贤能,将他们的存在视为对自我地位的威胁,必欲除之而后快。因而其施政的主要注意力总是在内不在外,在人不在事。第五,以严刻的手法消除可能有异动的力量,专制体制是其实施打击的个人工具,塞责诿过是其常用的手法。第六,把治政看成轻而易举的事情,尚未作为就喜欢听到奉承谗谀之言,其身边必有能投其所好、满腹险机的大奸。

胡亥作为典型的昏庸君主,执政三年,激化了嬴政时就已显露的社会矛盾,把秦王朝引向了无可挽回的崩溃之地。他身死国灭,遗臭万年!

一意博贵,为虎作伥的李斯

李斯是秦代著名政治人物,原为楚国上蔡(今河南上蔡西南)人,年轻时为郡(周代郡统属于县)中小办事员,后来师从大学问家荀况,学习政治理论和治国方法。战国末年西入秦国,开始为吕不韦舍人,又先后被嬴政任为长史、客卿,就兼并战争和国家建制问题向嬴政提出过不少建议,均被采纳,也曾受命进行过文字整理。后来升任丞相。嬴政死后,他追随赵高,拥立胡亥为帝,后为赵高所忌,前208年受诬陷被杀。

李斯出身贫民,他以学问家的身份挤入秦国政治集团,极大地优化了集团决策层的素质结构,推动了秦国兼并战争的进程。但李斯为提高和巩固自己的政治地位,不顾集团的整体利益而大搞个人投机,放纵和推动秦王朝走上了腐败和自毁的险路,最终为王朝的灭亡而祭血。

观鼠为悟,设计人生

李斯在为楚郡小吏时,观察到了一种现象,对他很有启发。他看到办公处厕所中的老鼠吃着脏东西,因接近人和狗,经常受到惊吓;他又看到粮仓里的老鼠住在大屋子中,不受人和狗的惊扰,吃得也很好。李斯由此感悟到,一个人是否有出息,就像老鼠一样,完全在于能否给自己找到优越的环境。这一认识极大地改变了李斯的人生态度,他开始着手设计自己的人身。

赵国人荀况是当时很有影响的思想家,他曾先后到齐、楚、赵、秦等国讲学,有一套成熟的思想理论体系。李斯认为,诸侯争夺之时,游说者可以参与政权,于是选定向荀况学习治国的本领,与他同时学习的还有韩国的公子韩非。李斯完成学业后,料到楚王成不了大事,而六国都很衰弱,没有建功立业的希望,不值得为他们效力,最后决定西入秦国。

可见,李斯对自己人生的设计过程是,首先,看清天下大势,选定一个炙手可热的领域作为自我提升的入口处;然后瞄准着这个入口处,着力培育自己在此处得以竞争的本领;最后还要找到一个能使自己乘风顺势、大显身手的切入点。他要利用秦国在列国争雄末期已经取得的强大优势地位实施自己的政治抱负,顺势稳取"仓中鼠"的优越环境。

李斯入秦前,对他的老师荀况说明了所以选择秦国的理由,并且抒发了自己对人生的感慨:"耻莫大于卑贱,悲莫甚于贫困。久处卑贱之位、困苦之地而责难世俗,厌弃名利,还标榜自己与世无争,这不是读书人的真情。"他认为处卑贱之地而不想改变自己的处境,就像只有看到现成的肉才会张嘴吃的禽鹿一样,虚有人的外表。李斯的感慨,表明了他身处贫贱之位而不甘心,穷则思变,发奋努力,积极进取的人生态度,也显露了青年李斯对他人生的自信。李斯要求人们改变自己不利的处境,这也是对的,但他把卑贱看作耻辱,以此衬托富贵者的光荣,而不计较摆脱卑贱贫困、实现人生富贵的过程和方式,这就必然容纳了为个人富贵而不择手段的人生追求。一种只讲目的与结果,而不计较手段的道德价值观,被一位富有才华的青年所认定,这对他人生的影响注定是喜忧参半。

数谏嬴政,影响政局

李斯于前247年进入秦国,满怀激情地去追求自己的人生价值。当时正值嬴政的父王去世,13岁的嬴政继位秦王,国政由秦相吕不韦主持,李斯先做了吕不韦的舍人。他的才能很快得到吕不韦的赏识,被任为郎(隶属郎中令的宫廷侍卫官),取得了接近嬴政的机会。自此以后,李斯就秦国政治运作问题向嬴政作过多次成功的进谏,推动了秦国兼并战争的进程,他的官爵职位也不断攀升。

李斯任为郎后不久,他对嬴政进谏说:庸人常常失去机会,能成就大功的人,在于能利用机会发狠心消灭敌人。他分析了当时秦国与关外六国的力量对比,提出了乘时兼并六国的主张,认为"灭诸侯,成帝业,为天下一统,此万世一时也。"嬴政采纳了这一建议,从此开始了统一天下的兼并战争,拜李斯为长史(设于丞相府中总揽众事的诸吏之长,约相当于现在的秘书长)。

在兼并战争中,李斯提出了先取韩国,以震恐列国的主张。韩国在六国中最弱，且又与秦为邻。李斯的建议基本确定了秦国兼并的步骤。经过约七年的战争，韩国于前230年终被秦国吞并，列国遂成瓦解之势。

赢政还采纳李斯等人的建议，暗中派智谋之士携带金银珠宝去游说各国国王，对各国有影响力的人物，可以收买的就交结拉拢，不能拉拢的就设法刺杀，借以离间各国君臣关系。得手后再派兵攻打，以武力征服。由于这一办法很奏效，赢政任李斯为客卿（以客礼相待的卿）。

约前237年，韩国恐惧于秦国的兼并，派遣治水的工程人员郑国去游说秦国兴修水利，想以此消耗秦国力量，阻止其东伐。后来秦国察觉了这一阴谋，一些王族大臣都认为来自六国的人，大抵都是为他们本国服务，破坏秦国事业的，建议全部驱逐。赢政于是下了逐客令。来自楚国的李斯在被逐途中向赢政呈交了《谏逐客书》，雄辩地论证了宾客对秦国事业发展的促进作用，赢政览书后立即取撤销了逐客令，派人自骊邑追回李斯，恢复其官职，继续使用他以前的政治策略，任他为廷尉（主管司法的最高长官）。

赢政统一天下后，丞相王绾等人建议在齐、燕、楚等地分封诸子，以便镇抚远方。赢政下交群臣讨论此议，廷尉李斯反对说："周文武所封子弟同姓很多，但他们的后裔关系疏远，相互如仇敌般攻击。现今天下统一，皇子功臣可以用公家的赋税厚加赏赐，也便于控制，不应该再分封诸侯。"赢政当众肯定了李斯的意见，选择了郡县制的国家体制。

前213年，赢政在咸阳宫设宴，博士淳于越对郡县制提出异议，建议改用分封制。赢政将这一意见下交群臣讨论。时任丞相的李斯起而为郡县制作了辩护，他最后认为对郡县制产生非议是因为有私学存在，建议用行政法令的力量严禁私学。赢政立即采纳了他的意见，于是发生了焚书事件。

《汉书·主父偃传》中记载，赢政统一天下后决定用兵匈奴，李斯曾劝谏说："匈奴没有城郭粮积，游迁而居，很难制服。如果轻兵深入，粮食必绝，如果运粮而行，则耗费太大。占领了土地，我们得不到好处，掳获其民众，无法为国家所用。这种战争只能给中国带来重大损失，是不可取的。"也许赢政是受到"亡秦者胡也"一句谶语的迷惑，他为了保证社稷江山的牢固，宁愿不顾一切地打击"胡人"（匈奴）。这次他没有听从李斯的劝谏，坚持派蒙恬率兵进攻匈奴，征发大兵前往北境，驻守十年。这是历史记载中李斯的建议唯一没有被采纳的一次。

李斯无疑是秦代最有影响的政治家之一,在嬴政主政的二、三十年间,他的许多建议和策划,极大地推动了秦国的兼并战争,确定了秦国的国家体制及其政治走向。没有李斯,秦朝的历史肯定要改写。李斯对秦代政治影响的痕迹是抹不去的。

凭才博贵,顺风使舵

李斯以楚国平民之身进入秦国政治核心,获得丞相职位,他唯一凭借的是他的才能。早年见老鼠之状而想到人生,足见他的悟性之高。后来经过荀况的培养,他成了一位学识才艺上佳、出类拔萃的人物,进入秦国后很快崭露头角,得到嬴政的赏识。他曾受命作《苍颉》七章,构成汉代《三苍》的重要部分。相传他以秦国文字为基础,参照六国文字,制定小篆,写成范本,对后世影响颇大。现存中国历史博物馆的《琅邪台刻石》和现几残毁的《泰山刻石》出自李斯手笔,他的书法被后代专业人士评价为:神虑精微,笔法精尽。是书法中的极品。

从《谏逐客书》中我们能管窥到李斯的文思才情。针对嬴政的逐客令,李斯一是用秦国历史上穆公用五子、孝公用商鞅、惠王用张仪、昭王用范雎的事实及功效,论证了逐客的错误;二是通过秦宫遍采天下良马珍宝、喜纳异国女乐的事实类比论证了使用六国人才的合理性,进而把逐客说成是重物轻人的表现。最后,他把该事情上升到一般规律的高度,深刻指出:"太山不让土壤,故能成其大;江河不择细流,故能就其深;王者不却众庶,故能明其德。"据此,认为在兼并战争中实行逐客,事实上是把兵器抛给敌寇,把粮食送给强盗。李斯激情所使,一气呵成,他用脍炙人口的语句和优美的文笔,集中论述了一个明确的观点,整个论证紧紧和秦国历史相连,和嬴政熟悉的事情相连,和兼并战争的预料结果相连,对嬴政产生了巨大的感染力和说服力。

李斯是秦国兼并战争的倡导者和主要策划人,他能看清天下大势,把握时机,选准重点,运用灵活的战略方针。秦国兼并战争的顺利推进,包含着对他政治才能的鉴定和确认,也是他职位不断升迁的主要原因。李斯在人生设定中选择以秦国为自己事业的根本立足点,使秦国的发展和自己人生价值的实现相辅相成,这既是他善于把握天下大势的聪明之处,也是他善于策划自我人生的精明之处。

博取功名、自我实现,是李斯早年人生设计的明确目标,也是他在秦国政治策划的最终动因。当秦国与六国相对立、兼并正在进行时,李斯的许多策划无疑促进了秦国兼并战争的进程;而当秦国完成了统一,面临如何处理集团内部利益分割的主要问题时,李斯的许多建议就明显地体现出了迎合最高当权者政治意志的倾向,为此,身为廷尉的李斯不惜与官阶更高的丞相王绾等同僚公开对立和翻脸,任相后也不惜提出对博士儒生打击迫害、封杀私学的拙劣政策。

秦国刚实现统一时,李斯与丞相王绾、御史大夫冯劫一起,受命为嬴政拟定帝号,他们初拟了一个比天皇、地皇更尊贵的"泰皇"称号,嬴政犹嫌不足,自定了"皇帝"称号。李斯由此发现了嬴政极强烈的独尊意识,这使他对秦廷有关权力和利益分割的问题极为警觉。李斯还敏锐地发现,嬴政对那些自己内心不同意又不好直接驳回的进谏,总是下批群臣讨论,他是要在下属群臣中寻求支持的力量。如对王绾关于实行分封制的建议、博士淳于越非难郡县制的提议,均是这样。李斯根据嬴政的独尊意识及其对待两个建议的异常程序,已经能够在某些问题的讨论中基本判断出嬴政的态度,于是他敢于捷足先登,义无反顾地提出与同僚建议相反的观点,他要为嬴政的否决意见提供充分的根据,凭才博宠,讨好最高当权人,以此作为进身和保位的手段。李斯这种不露声色的政治赌博手段两次都收到了理想的效果。能辨清政治风向、顺风使舵,本来就是李斯的过人之处。

李斯因精于用功,后来深受嬴政的宠信,他是嬴政后期几次巡视天下的随行亲臣,身为丞相,权位达到了无以复加的程度。李斯的长子李由为三川郡守(三川辖境相当今河南黄河以南、灵宝以东的伊、洛水流域和北汝河上游地区,以境内有河、伊、洛三川得名,治所在今洛阳市东北),儿子们都娶了秦公主,女儿们都嫁给了皇族子弟。有一次李由请假回咸阳,李斯在家中大摆宴席,文武百官都去祝贺,门前车马以千计,李斯感叹说:"我本是上蔡小街的平民百姓,君主把我提拔到这个地位,当今为臣的没有比我地位更高的,可算是富贵至极了。"李斯凭借自己的才能和精明,也终于达到了他原初人生设计的目标。

投机政治,出卖灵魂

李斯善于迎合嬴政的政治意志、顺风使舵,这是他猎取功名富贵的一个诀窍。前210年,嬴政猝死沙丘平台,李斯立刻失去了他处事的依托和主心骨,他本是要按照嬴政的临终安排行事的,但在赵高的胁迫利诱之下,李斯终于放弃了自己的职责,并且参与了伪造遗诏、杀死扶苏和拥立胡亥的政治阴谋。

赵高是看清了李斯为人处事的内心特征而对症下药的。他说服李斯时一再谎称嬴政的遗诏在胡亥手中,故意造成胡亥已接任大权的印象,使善于顺风使舵的李斯一时不辨风向,无所适从;赵高又以扶苏信任蒙恬作衬托,让李斯真正感觉到扶苏上台对自己地位的严重威胁。李斯虽然声称"斯奉主之诏,听天之命",仍然坚持不负君主之命的道德原则,但保守功名富贵之心已使李斯的原有信念发生了动摇。最后在赵高的威胁劝说下,李斯流着眼泪感叹说:"独遭乱世,既已不能死,安托命哉!"以功名富贵为人生最终目标的李斯,在嬴政猝死后感到无所寄托自己的命运,终于含着眼泪把自己的灵魂交给了赵高。

胡亥上台后,李斯失去了往日的尊荣。由于赵高作祟,他连面见胡亥的机会也很难找到。陈胜叛军曾攻略三川之地,李斯因儿子李由失职而受到弹劾,他非常恐惧,为了保持爵禄,想不出其他办法,于是逢迎胡亥之意,曲意发挥《韩非子》的有关思想,向胡亥上书提出所谓"督责之术",从君尊臣贱的角度论说君臣关系,主张君主应以严罚的手段督责臣子顺从尽忠,以实现独享天下。认为"督责之术设,则所欲无不得矣。群臣百姓救过不及,何变之敢图?"秦朝一直实行着严刑峻法的治民政策,胡亥执政期间法令日益严刻,受到时人非议。李斯的督责之论给君主追求享乐、诛戮大臣和暴虐民众提供了必要的依据,因而胡亥见到李斯该上书后非常高兴,他严行督责之术,把征税多的看作明吏,把杀人众者视为忠臣,于是造成了"刑者相半于道,而死人日成积于市"的状况。李斯的督责论是他助纣为虐、为虎作伥的突出表现。

出身士人的李斯参与秦政后,曾借焚书事件对士人阶层进行了大规模的残酷迫害。博士淳于越在酒宴上提出改用分封制的意见,同时也提出了他的理由,他是从自认的合理划分上下权力以保证秦王朝长治久安的角度考虑问题、提出意见的。战国时代的尊学之风养成了士人阶层言论无忌、直抒己见的习性,淳于越自然明白他的意见不合嬴政的口味,但他冒死直谏,希望嬴政能认真考虑、改正过失。不管该意见正确与否,其忠诚坦荡的品格是无可怀疑的。嬴政下交群臣讨论此议,当然希望得到支持郡县制的意见,但也有对国家体制再行判断之意。李斯赞成郡县制,也未尝不可,但他在否定淳于越的意见时,把对立意见的发生归咎于私学的存在,并且认为私学的存在会造成人们"入则心非,出则巷议"的政治怀疑倾向,以及"主势降乎上,党与成乎下"的后果。李斯把如此严重而敏感的政治恶果栽赃给私学,似乎私学与秦王朝的存在势不两立,以此引诱嬴政,借秦王朝的淫威来取缔私学,从而威慑和取消一切对立意见。这位经过私学培养而跻身政治的文化人,为了在政治领域里取宠、保势,毫不客气地对私学栽赃并下了毒手。

文化人对文化的破坏是极内行的。李斯以禁私学为名,争取到嬴政的支持认可,于是策划了一场对中华文化的空前大破坏:秦国以外的史书全部烧掉,民间收藏的《诗》、《书》、诸子百家著作,一律交给地方官销毁,有敢谈论这类典籍的处死,非议时事的灭族,官吏知情不报的以同罪论处,令下三十日后不执行的处以黥刑并罚苦役。可以保留的是医药、卜筮、种植之类书籍。如要学习法令,以官吏为师。作为一个文化人,李斯应该明白许多文化典籍的价值,但李斯抱着权势至上的心理去行事,以权势者的眼前需要决定取舍,对培育了自己的文化竟以仇视的心态去破坏,达到了近乎疯狂的程度,确属古今第一人。司马迁在为《史记》的写作搜集材料时就已深感焚书的痛楚。他说当时手头"独有《秦记》,又不载日月,其文略不具。"而诸侯国和周室的历史记载已被毁灭。这位立志"通古今之变,成一家之言"的史学大宗对此连声痛叹:"惜哉,惜哉!"李斯是中国历史上有组织地公开毁灭民族文化、追求文化专制的始作俑者。

以刻石铭文而著名的李斯本是文化人,却以焚书坑儒的手段毁灭民族文化。唐人证山作《李斯》之诗,对其进行讽刺云:

古今都付劫灰余,牵犬东门祸已储。

偏是铭山文字好,不知平日读何书。

李斯的同学韩非说话口吃,善于著书,二人同在荀况处学习时,李斯就自知不如韩非。事过多年,嬴政读到了韩非的著作,非常喜欢,公开表示:"寡人得见此人与之游,死不恨矣!"前234年韩非自韩出使秦国,被嬴政挽留。李斯与一名叫姚贾的大臣对嬴政说:"韩非是韩国的贵公子,现在大王想兼并诸侯,韩非终究会助韩不助秦,这是人之常情。大王如果放他回去,也是自遗祸患,不如找过错依法杀掉。"嬴政一时相信了此话,把韩非交给狱吏治罪。廷尉李斯派人送毒药给韩非,让他自杀。韩非本来想向嬴政当面陈述,但见不到嬴政,无奈于前233年自杀于云阳(今陕西省淳化县西北)狱中。后来嬴政后悔了,但已救之不及。李斯对韩非的诬陷，出自他保位持宠的需要，也出自他强烈的嫉妒心。他自知才能不如韩非，嬴政又一直倾慕韩非，韩非来秦并被挽留，使他立刻感到了才学上和政治前途上的压力，这位极重个人名利的人物，按照他只讲结果，不计手段的固有心性，对自己有生存缺陷的同学进行了毫不怜惜的诋毁和毫无根据的陷害，竟不顾他二、三年前在《谏逐客书》中为六国之人仕秦辩护的观点，似乎也忘了他是一位楚国之人的基本事实。为清除仕途上假定的竞争者，真是急不可耐、利令智昏、丧尽天良！其卑劣的人格和丑恶的灵魂已暴露无遗。

西汉时流传有《秦零陵令信》一篇，是时人责难秦相李斯的篇章，我们现今虽已看不到佚文的内容，但相信其对李斯已不会有任何好的评价。

聪明自误，反被人欺

李斯按照自己固有的人生设计，费尽心思地钻营处事，确也实现了他的人生目标，成为一统天下中一人之下，万众之上的权势人物。当年他为长子李由告假设置家宴，百官祝寿，门庭若市，可谓显赫无比，威风八面。但他的头脑始终是清楚的，曾为此深深地感叹："荀况曾说过'物禁太盛'。我李斯是上蔡街巷的一个平民，现在身为人臣之最，富贵到了顶点。物极必反，我不知道我的归宿在哪里？"李斯一生太看重权势了，当他用不乏恶劣的手段获得了人臣最高的权势后，既有一种惊喜，又有一种担心失掉的惶恐。

为了保位持禄，维持自己到手的权势，李斯在自己的丞相之位上更加谨慎地窥测风向，小心翼翼地顺风使舵。嬴政暴死沙丘时，诡计多端的赵高在他面前大造胡亥掌权的虚幻之风，并以扶苏上台必用蒙恬为相相威胁，保位心切的李斯终于放弃自己应尽的职责，甘心充当一场政治阴谋的同谋人。他追随胡亥与赵高，是要保持自己的权位，但不想那场政治阴谋的实际受益者只是赵高和胡亥，事件向赵高证实了他正是一个没有血性和灵魂的软囊，他至此成了赵高的掌中之物，成了被捉弄的对象。

胡亥上台后，李斯发现自己的权势被赵高侵蚀几尽，因长子李由失三川之地，自己反处沦落被诬的险境，这时，他没有想到如何去挽救王朝覆灭的命运——事实上这已是不大可能的事情了，他首先想到的是如何保持自己受宠的地位。李斯按照自己以往的人生经验去行事，卑恭地向胡亥上书，提出所谓督责之术。他是摸准了胡亥只求享乐而不顾其他的心性,想以此逢迎胡亥,争到宠信。这次上书为一贯严刻治民的胡亥提供了肆虐天下的"理论根据",造成了极恶劣的后果,对行将覆灭的秦王朝无异雪上加霜。后来李斯在入狱难脱的窘境中回顾说:"二世的昏暴超过了桀、纣,他杀兄而立,诛戮忠臣,大修宫殿,横征暴敛。如今天下有一半人已经反叛,他心里还没有醒悟,将来盗寇一定会打到咸阳,宫廷会变成麋鹿嬉游的废墟。"李斯这一认识和判断的正确性已被后来的事实所证实,我们由此可见李斯的聪明和一贯的清醒。然而,以如此清醒的头脑,却在王朝危急存亡之秋,向本来就昏聩残暴的君主贡献什么督责之术,献媚求宠,以保位持荣,足显其品行的丑恶和灵魂的卑鄙。

在胡亥时的秦廷,李斯始终没有放弃求宠保位的机会,但狭隘的私欲把他导入了与赵高相互碰撞的狭窄之道。工于心计的赵高对他防范有加,陷阱四设,使他数受捉弄,终于走入悲惨的绝境。第一次,李斯对胡亥不坐朝廷有所非议,想劝谏却见不到胡亥。赵高知情后主动给李斯提供胡亥闲空的时间,但李斯每次去见胡亥,总是碰到胡亥与宫女饮宴娱乐正酣的尴尬境况,使胡亥对李斯极为不满,甚而有所愤恨。第二次,李斯在见不到胡亥的情况下,上书揭发赵高的罪责,但赵高大献谗言,诬陷李斯与陈胜相通,在他主持的审讯中将李斯屈打成招,并以囚犯不得上书的理由将李斯给胡亥的信弃掷一旁。第三次,赵高使人冒充胡亥派来的复审官,等李斯在复审中反其口供后给以更严重的毒打,以假乱真。等胡亥派人真正复审时,李斯以真为假,再也不敢反供,承认了通贼谋反之罪。其时李由已战死疆场,李斯的反供已丧失了一切机会。

身居囹圄的李斯对自己的死似有心理准备,他曾感叹说:"过去夏桀诛杀关龙逄,商纣杀掉王子比干,夫差戮死伍子胥,三位忠臣不免于死,是因为他们所忠者为无道昏君。现在我的智慧比不上他们三人,二世的无道超过那三位君主,我因为尽忠而死,不也很合适吗?"李斯助纣为虐,作恶不少,此时在保位不得、求生无望之时,却以历史事实相类比,自我确认了忠臣的名分,使其扭曲的心理得到了稍许满足。

李斯被屈打成招后,曾向胡亥上书委婉地表白自己对秦国的功劳,其中提到他为秦国兼并天下所做的计谋,他为北逐胡、貉(东北部族名),南定百越(指东南众多部族)的筹划,他对秦国体制建设的贡献,以及他为度量衡和文字统一等事业所立的功劳等等。的确,李斯的政绩是巨大的,然而,李斯把他的才能完全奉献给了一种独裁专制的确立和建设,以践踏人类尊严为代价,以自我灵魂作抵押,确也从专制制度的运作中分享到了优于万众的一杯美羹。这杯美羹曾经滋润了他的肺腑,使他感受到无限的尊荣与满足,得到它,似乎是人生的成功。然而,专制体制下的美羹是吸吮天下人的血液骨髓制就,它以泰山压卵的态势对付天下万民,包括分享过美羹的寄生物。李斯自谓聪明地设计人生,靠建设专制强权之功分享美羹,但这种建设在把天下万民置于泰山压顶的险境时,他自己也处在同样危险的境地,这是一颗聪明的头脑所能料到,但却因强烈的功名心而顾之不及的。

在专制权力的顶层,李斯与赵高狭路相逢,势难两立。李斯自然比赵高生理健全、文化水平也高,但专制制度崇尚、信奉的是权力、狡诈,而不是真理、文化或其他。一条阉竖凭其狡诈和心计,借用专制的力量轻而易举地将李斯陷于死地。

前208年七月,李斯被判处五刑(古代以墨、劓、剕、宫、大辟为五刑),与他的次子一同被押解,他回头对儿子说:"我想跟你牵上黄狗,一同出上蔡东门去逐兔打猎,再也办不到了!"父子相对而哭。李斯被腰斩于咸阳(或曰云阳),三族被灭。临死前,这位一生苦苦追逐权力的人物似乎大彻大悟,萌生了回复当年上蔡平民生活的愿望,但早已殉身专制建设的人物不是随意就能得到解脱的,平民的生活常人简单易得,但对一贯视权势为生命的李斯已是无法实现的奢望。秦宫中那颗最聪明的头脑终究没有凭聪明避免粉身碎骨的悲惨下场。

唐人胡曾读史至此,对李斯颇生同情,作《上蔡》一诗,认为李斯功成之后如南回家乡上蔡作平民,远比投机朝廷为好:

> 上蔡东门狡兔肥,李斯何事忘南归?
>
> 功成不解谋身退,直待云阳血染衣。

太史公在说到李斯时认为:"斯知《六艺》之归(要旨),不务明政以补主上之缺,持爵禄之重,阿顺苟合,严威酷刑,听高邪说,废適立庶。诸侯已叛,斯乃欲谏争,不亦末乎!"剖开李斯卑鄙、丑恶的内心世界,才能深刻理解他一反文化人常态的所作所为,才能认清其为虎作伥、作践人类和自我的可耻一生。

秦廷孽物，诡谲乱朝的赵高

赵高原是赵国的宗族远支，他的母亲在秦国服刑，因而兄弟数人一出生就受宫刑。赵高先曾为秦廷内官厮役，因精明强干，通晓法律，被嬴政任为中车府令，主管皇帝车驾，并兼管皇帝印信，曾奉诏教习胡亥法律和书法。公元前210年夏，嬴政在出巡途中病死于沙丘，赵高诱逼随行丞相李斯一起伪造遗诏，拥立胡亥为二世皇帝，升任郎中令，执掌宫殿门户，成为皇帝的亲信大臣。赵高利用手中的权柄和与胡亥的特殊关系，耍尽权术，消除异己，独擅朝政，一度升任中丞相。前207年，刘邦率军入关后，秦朝灭亡在即，赵高恐受诛罚，在望夷宫发动兵变，逼令胡亥自杀。他篡位不成，随立子婴为秦王，被子婴诱杀。

赵高原本是秦廷宦官，在胡亥执政的三年间成为炙手可热、权倾朝野的核心政治人物。他的行为极大地影响了嬴政之后秦朝的政治走向，激化了原有的社会矛盾，把秦国推向了灭亡的绝地。

拥立昏君，借宠擅政

嬴政临死前明确表示要把皇位移交给长公子扶苏，并且写定遗诏，交代了安葬的后事。但赵高却利用自己掌管皇帝印信的权力，私自扣压了诏书，分别说服胡亥和丞相李斯，伪造遗诏，逼死扶苏，拥立不足二十岁的胡亥为二世皇帝。在专制制度下，君王个人的品行、能力及其政治倾向，对王朝的兴衰和社会的发展会有绝大的影响。赵高为秦王朝选定了一个品质低劣、昏庸无能的皇帝，从此使王朝走上了加速下滑和朝向崩溃的道路。

扶苏曾劝谏过嬴政的坑儒行为，颇有仁君之名，如陈胜在关东起事时，就曾假托扶苏的名义，可见他在民众中也有威望。赵高所以要抛弃扶苏而选定胡亥，其一是他早年就奉诏为胡亥教习过法律和书法，与胡亥私交较深。他知道扶苏信用的是蒙恬、蒙毅一批重臣,与自己毫不沾边。他希望通过拥立胡亥能够爬到更高的权力位置。其二是在专制制度下,帝王与朝臣存在一种权力分割关系,而权力就是享受和尊严,因而帝王的软弱实在是权臣的幸事。胡亥是一位只知贪玩享乐而政治上昏聩的劣子,这正是赵高所以推他为君的理由。赵高知道他从胡亥那里可以得到蒙骗君王、独擅朝政的机会,而这种机会在扶苏处是断难得到的。其三,扶苏的信用之人蒙毅曾是赵高的仇人。当年赵高在中车府令的位置上犯有大罪,嬴政让上卿蒙毅按法惩治,蒙毅不敢违背法律,判赵高死罪,除其宦籍。嬴政觉得赵高办事认真,下令赦免,恢复原职。赵高极怕扶苏上台后蒙氏得到重用,他想通过拥立胡亥来挤掉扶苏,并伺机报复蒙毅。可见,赵高舍得冒天下之大不韪,伪造圣旨,拥立胡亥,完全是从一己私心出发的,是他在秦王朝派系分立中为实现个人野心的孤注一掷。

赵高的拥立阴谋是违背圣意、不合人心的,其所以能实现,主要是他借用了嬴政皇权的影响力。嬴政在出巡中突然死去,本该继位的扶苏远在北境上郡,权力未及交接,出现了谁也未曾料到的"皇权真空"。嬴政生前讨厌谈死,群臣们对其权力交接没有丝毫准备和预防,李斯之外的大臣们也不知道嬴政之死,"皇权真空"是不透明的。赵高一直在嬴政身边执事,对其病情恶化及后事处置非常清楚,并有应对的准备。他瞅准了这一千载难遇的"皇权真空"期,并不失时机地按照自己的意志在其中进行暗箱操作,借皇权的威力蒙骗天下,实现了自己的丑恶目的。

为了蒙骗世人,赵高首先策划把嬴政尸体放入一辆关门就温、开门就凉的辒凉车中,让几个知情的宦官陪乘坐旁,像没发生什么事一样。大臣照常在车外给嬴政送饭奏事,根本不知其死。当时正值暑热,尸体已有臭味,赵高传假诏让随从官员拉了一车鲍鱼,这是一种盐腌的鱼,有腥臭味,以此淆乱了尸臭。

在皇权真空出现而天下人丝毫没有觉察的时候,赵高利用掌管皇帝符玺的职务,在"暗箱"中伪造诏书,以嬴政的名义责备扶苏说:"你与蒙恬领兵在外多年,毫无功绩,反而几次上书诽谤我的行为,因为不能回朝为太子,日夜怨恨我。你为人子不孝,其赐剑以自裁!"扶苏在上郡接到诏书后痛哭不止,在使者的催促下最终自杀。赵高听到回报后大喜过望,他利用嬴政的权威逼死了扶苏,清除了胡亥篡位的最大障碍。车驾回到咸阳后,又假托嬴政遗诏,立胡亥为皇帝。秦宫中一次最大的政治阴谋就这样实现了。

胡亥即位,赵高职位升迁,受到重用。胡亥担心自己地位不稳,赵高乘机进谗说:"先帝任用的大臣,都是天下几代名贵之人,功劳积累,世代相传。我素来名小位卑,幸得陛下抬举,让我管宫廷事务,大臣们郁郁不乐,表面顺从,其实内心不服。"他建议在群臣未及谋划时大肆诛杀,消除隐患。于是有秦廷修改法律,一连杀害诸公子、公主二十余人和戮死嬴政信臣蒙恬、蒙毅的事件。赵高曾高兴地对胡亥说:"臣子们担心死都来不及呢,哪里顾得上图谋造反。"皇亲重臣被诛,胡亥失去了一批精诚治国的依靠力量,得以专任赵高;赵高清除了自己在朝中的反对势力和竞争力量,具备了独擅朝政的基本条件。

丞相李斯曾对胡亥的某些治国方法进行过劝谏,引起了胡亥的不满,赵高又乘机诬陷说:"沙丘定位之谋,丞相是参与了的。现陛下已就帝位,而丞相的地位并未提高,他的意思是要割地封王。楚盗陈胜等都是丞相邻县的人,所以丞相长子李由镇守三川城,不肯出击楚盗。况且丞相在外面,权力比陛下还大。"赵高这里一连列举了李斯的三项罪责,一是不满于已有的地位,二是与陈胜叛军有染,三是侵犯皇权,权重压主。每条罪状似乎都有根据。胡亥信以为然,先派人去调查李由与陈胜叛军勾结之事。赵高听说李斯此时还向胡亥上书毁谤自己,遂私下对胡亥说:"丞相现在所怕的就是我,我一死,他就可以像田常篡齐那样行事了。"胡亥听罢,即把李斯交给赵高审讯。于是有李斯被屈打成招,被腰斩于市的事件。李斯被杀,赵高清除了朝中最后一位略可匹敌的同僚,他升任丞相,朝权独揽,恣意横行,胡亥真正成了他的掌中玩物。

奸诈诡谲,愚弄主上

专制国家的权力属皇帝独有。赵高所以能从胡亥手中窃得朝政,实现权柄暗移,是通过他一系列的奸诈阴谋以及对胡亥的愚弄蒙骗完成的。他把胡亥的注意力引导到娱乐享受方面,然后以为主分忧的姿态出面决事,凌替了皇权反使胡亥感激不已。

胡亥一上台就迷恋于声色娱乐,赵高不仅极力称赞胡亥关于"欲悉耳目之所好,穷心志之所乐"的荒唐为君观,而且在朝中出面为胡亥的享乐行为辩护。如丞相李斯曾就胡亥娱乐误政之事进谏说:"放弃《诗》《书》,醉心于声色,这是祖伊(商纣时的贤臣)所担心的事;轻视小过,沉湎于通宵宴饮,这是殷纣所以灭亡的原因。"他以史为鉴,劝胡亥收敛声色,看重国事。赵高则挺身辩护说:"五帝、三王的音乐各有不同的名称,表示彼此不相因袭。上自朝廷,下至人民,都靠音乐来交流欢乐,融合感情,否则和悦的感情不能沟通,布施的恩泽不能传播。每一代都有自己的风尚和应时的娱乐,难道非得有华山的骥耳(周穆王的八骏之一)骏马才能走远路吗?"赵高在辩护中把是否要以乐废政的根本性问题偷换成听取什么音乐的非实质性问题;用各代都有自己不同风尚的音乐变化观来否定李斯对历史政治的借鉴,把两个领域、两个性质的问题有意混淆,张冠李戴,说得振振有词,竟然得到了胡亥的赞同。实际上,赵高完全是明白人说糊涂话,他是有意引导胡亥专注于娱乐享受,这是他一个险恶的政治步骤。

赵高接着对不谙世事的胡亥说:"陛下您还年轻,不熟悉朝中事务,坐在朝中当着群臣之面决事,如有失误,就暴露了能力的短缺,不能显示陛下的圣明。"他建议胡亥深居宫禁,由他出面听朝,闻奏后回宫商议决断,再由他代表胡亥出朝回复大臣。赵高还在"朕"字上做文章,朕,本意为朕兆、预兆,是看不见的。他煞有介事地对胡亥说:"天子所以尊贵,就在于群臣只能听到他的声,见不到他的面,因而自称为'朕'。"胡亥本来就一心追求声色,无心治政,听到赵高这项建议,不知是计,高兴地予以采纳。从此,赵高隔断了大臣与皇帝的直接联系,连李斯那样的高级官员也难见到胡亥。赵高所以要用诡谲的手段愚弄胡亥,不让他与朝臣见面,一是因为他害人较多,他怕有朝臣起而向胡亥揭露他的罪恶;二是因为他垄断了朝臣与皇帝见面的机会,就能够以皇帝代言人的身份出现在朝臣面前,便于他居中用事,实现更大的阴谋。

赵高奉诏审讯李斯暗通陈胜之罪,收捕其宗族。李斯本无此事,被杖打千余,支持不住,冤屈地认了罪。事后他从狱中上书胡亥,希望能得到赦免,赵高拿到上书后说:"囚犯怎能上书!"扔到一边不理。他料到李斯还会对胡亥心存希望,而胡亥也可能再派人来复审李斯,于是想了一条毒计;他让自己的门客分别冒充胡亥派来的御史、谒者、侍中,轮流去复审李斯,李斯见是皇帝派人复审,遂在堂上反供,皆以无罪的实情相告,但每次反供均落入胡亥之手,反而遭到更严重的棒打。后来胡亥果真派人前来复审李斯的口供,李斯以为又和前面几次一样,怕遭毒打,终究不敢更改口供,委屈地招供认罪。胡亥看到复审供词,非常高兴,以为多亏赵高,才挖出了暗通叛军的朝臣,李斯不久即被处死。

赵高对李斯的审讯自然是对李斯的迫害,但同时也是对胡亥的愚弄。赵高派人假冒皇帝使者,本身就是对皇权的侵犯。他诱出李斯的反供后施以更残酷的棒打,使李斯再也不敢更改口供,这一诡计完全是为对付胡亥而行使的,他要保证在胡亥派人复审时能完全得到与自己审讯相同的口供。他蒙骗了胡亥,反而得到了胡亥的称赞与感激。

赵高在权力之路上清除了来自朝臣的一切障碍,剩下的就是徒有名分的胡亥了。为了对付胡亥,他要了一次指鹿为马的把戏:他向胡亥献了一头鹿,却故意说:"这是一匹马。"胡亥笑着说:"丞相说错了吧,怎么把鹿认作马。"于是问左右侍臣,侍臣们有的沉默不言,有的讨好赵高说是马,也有的说是鹿。事后赵高暗中给那些说是鹿的人强加罪名,加以陷害。原来,赵高是要通过这一把戏测试胡亥身边人对他的权威的顺从程度,对那些不顺从的人,他坚决清除,毫不手软。他是要用实际行动告诉胡亥身边的人:在丞相与皇帝的分歧中,要无条件站在丞相的一边;即使丞相的权威建立在极其荒谬的基础上,也必需不打折扣地顺从。胡亥一直是非常信任赵高的,把他视作自己为君的全部依靠,但位高权重、野心膨胀的赵高已经把胡亥看作下一步的打击目标,他要首先消除胡亥所具有的最后一点防卫势力。

在指鹿为马的场合,因大部分人说是马,胡亥还吃惊地以为是自己看错了,出了幻觉。最后被掌管占卜的官员告知,是被鬼神所惑,才看错了,于是他按太卜的吩咐去进行虔诚的斋戒和祭祀。不能排除这位宫中太卜是遵照赵高的意旨去行事。如果这样,那赵高就不仅彻底掩盖了自己对付胡亥的阴谋,而且摧除了胡亥对外物最简单的认知自信,使他真正成为一具只知俯首听命、毫无主观判断力的走肉行尸。

工于心计,满腹险机

赵高由一位卑贱的隐宫宦官而成为秦皇信用之人,应当说,他是有相当个人才能的。他精通秦律,擅长篆体书法。作中车府令时曾受令作《爱历》六章,与丞相李斯的《苍颉》七章、太史令胡毋敬作的《博学》七章,被汉时人合称《三苍》,部分地书录了周宣王时太史所作教习儿童识字的《史籀篇》,省改古文用小篆,在后世曾有不小的影响。嬴政当年让他教习胡亥,并因其办事精明而免其大罪,都是有根据的。

　　沙丘之变中赵高显露出了他过人的心计。他首先封存了嬴政给扶苏的玺书，前去见胡亥说："先帝崩驾了，无诏书分封诸公子。扶苏为帝后你将无尺寸封地，该怎么办呢？"他把扶苏即位与胡亥的生存危机联系起来，是要促使胡亥在绝境中图谋生路，逼使其铤而走险。针对胡亥对伦理规范的信守观念和心存的担心，赵高一是明确提出："方今天下之权，存亡在子与高及丞相耳。"认为有把握取得君权。二是向胡亥对比说："让人称臣和向人称臣、控制别人和被人控制，是完全不同，不可同日而语。"以享乐之利引诱胡亥，实施劝进之策。三是以"大行不小谨，盛德不辞让"的说教说服胡亥打消思想顾虑，让他抓住当前的时机，成就大业。终于使毫无作君意识的胡亥默许认同。

　　赵高接着去做丞相李斯的工作，他前去对李斯说："先帝的诏书尚未发出，现保管在胡亥手中，确定太子就在你我一句话，事情该怎么办呢？"诏书本由自己封存，赵高却有意说成在胡亥手中，以此为要挟，一开始就给李斯造成了较大的心理压力。他见李斯立意坚持嬴政的传位心愿而扶立扶苏，拒绝作非分考虑，于是一口气向李斯提了五个问题："你觉得你自己能力比得上蒙恬吗？功高比得上蒙恬吗？深谋远虑不出失误比得上蒙恬吗？民众拥护比得上蒙恬吗？和扶苏的故旧情谊比得上蒙恬吗？"李斯摇头作了否定的回答，赵高接着说："扶苏即位后必用蒙恬为丞相，而你即使熬到告老回乡，也得不到荣归故里的光耀，这是明摆的事。"他向李斯介绍了胡亥所谓"仁慈笃厚、轻财重士，辩于心而讷于口"等一时不能验证的长处，又对犹豫不定的李斯说："方今天下的权命悬于胡亥，我能体会出他的意向。你若听我的，就能富贵长寿，如不这样，就会祸及子孙。"在这里，赵高抓住李斯贪图富贵的致命弱点，以蒙恬作为衬托对比，让李斯明白他从扶苏继位中得不到任何好处，且有侯位难保之虞，使李斯的原有信念发生动摇。然后他又利用李斯胆小怕事的性格弱点，夸大胡亥的才能，并且捏造了胡亥对继位之事的决定权，对李斯威逼利诱，终使李斯同意了他的改立计划。

　　赵高说服了李斯，完成了改立谋划中关键的一步，他对胡亥回报说："臣请奉太子明命以报丞相，丞相斯敢不奉命！"在这里，他明确地把胡亥称为太子，似乎胡亥继位是顺理成章、名正言顺的。以此更坚定胡亥的信心。同时，他把前去说服李斯有意歪曲为奉命报告李斯，似乎李斯只有奉命接受的份儿，这就抹杀了李斯在其中的作用，极大地贬低了李斯的地位。通过奉承胡亥和贬低李斯,赵高已为三人以后的相处关系作了阴险的铺垫。

胡亥为君后,担心当面决事会有失误,因而身居宫禁,让赵高担当他与大臣联系的中介人。赵高本是此事的主谋人,当他听说李斯对胡亥不坐朝廷有所非议后,前去对李斯假惺惺地说:"关东群盗很多,现今主上却加紧征发劳役去修建阿房宫,搜集狗马之类无用的玩物,我想劝谏,但地位卑贱。您身为君侯,为什么不劝谏呢?"李斯说他想劝谏,没有机会。赵高表示说:"您真要进谏,等我看到主上有空的时候通知您。"赵高故意等到胡亥正和宫女们饮宴取乐的时候,让人通知李斯前来奏事。李斯跑到宫门求见,却碰到尴尬的情景,一连几次都是这样。胡亥发怒说:"我常有空闲的日子,丞相不来,每逢我私宴娱乐时,丞相总来奏事,丞相是看不起我呢?还是故意让我难堪?"自此对李斯产生了怨恨之心。

赵高以阴谋的手段隔断了群臣与胡亥的直接联系,他对群臣的心理活动是明明白白的,这是他的精明之处。为了打击李斯,他耍了一个两面派手法,表面上他顺着李斯之意说话,让他进谏君主,答应给李斯寻找和提供进谏的机会,并借自贬的方式满足李斯骨子里的自矜心,使其对自己毫无戒备。但在实际上,他却故意安排李斯在最不该出现的时候去进谒君主,使他们双方互相刺激,加深怨恨。以便借胡亥之势除掉李斯。他是以甜言蜜语引诱李斯扑入暗含杀机的陷阱。

赵高以狡诈的诡计捉弄李斯,在胡亥对李斯心存怨恨时,乘机进谗,以三川守李由暗通陈胜等罪名诬陷李斯,后来还借胡亥的信任,取得了对李斯的审讯权,将李斯屈打成招,送入牢狱。为防止李斯在胡亥复审时推翻口供,他又派人反复组织假复审,诱出反供以毒打,借此让李斯形成一个确定的观念:一切复审都是假的;任何反供都会带来更大的不幸。他以假乱真,终让李斯认真为假。在胡亥复审时服服帖帖地签字认罪。不久李由在战场上被项羽所杀,关于他暗通陈胜之罪死无对证,赵高的诬陷遂得以成立。

赵高对胡亥的多次愚弄和蒙骗,包括唆使其杀戮朝臣、引诱其深居宫禁,以及指鹿为马等,无不包含着诡谲的伎俩。

赵高无疑是一位很有心计的人物。这位宦竖出身的人物在感情世界里几乎无所拥有,因而在权力世界里产生了无限的贪婪,他要用尽可能大的权力来满足自己在世界上的占有欲,以补偿他生活世界的不足。同时,生活世界的不足使他对世界上的人们产生出了强烈的嫉恨和仇视。他的权力越大,心理会越不平衡,一种变态心理使他对周围世界有阴狠的报复心和戒备心。这种阴狠的心性一旦和其过人的心计相结合,必然是冷酷、奸诈的处世态度。赵高在派自己的女婿阎乐率兵去望夷宫攻杀胡亥时,虽然安排内应,做好了一切部署,但仍未忘记将阎乐的母亲劫持到自己公馆,他要以阎母作为对阎乐进行最终控制的质当之物。这既表明了他超常的奸猾诡诈,也表明了他在感情上没有一个真正信任的人。他的阴冷之心是针对整个天下人的。满腹的心计使他满腹险机。

惑乱朝政,身败名裂

胡亥上台大约三年时间秦王朝就被推翻,虽然王朝的灭亡是嬴政时期一系列内政政策的必然结果,但胡亥时期的政治行为无疑使这一必然结果大大提前。赵高是胡亥三年执政时期实际上的主要决策人,他的许多行为不仅从结果上直接影响了王朝的政治走向,把王朝推到了濒临灭亡的绝地,而且他的许多丑恶政治行为的推行过程腐化了朝政,使王朝在濒临灭亡的绝地失去了任何自救的功能。

扶苏是嬴政确定的继任人,为人孝慈,天下瞩目已久,颇有威信,连赵高自己也承认:"长子刚毅而勇武,信人而奋士。"但他偏偏推举昏庸的胡亥为君。虽有伪造的遗诏,但瞒不过智识之人。如陈胜起事时就对人们讲:"吾闻二世少子也,不当立,当立者乃公子扶苏。"朝臣身在宫廷,对此事肯定有心明如镜者,有心存狐疑者,只不过不敢言语,要静观待变而已。赵高的推举,不立长,不立贤,开了王朝史上以近臣个人好恶定君主的恶劣先例。群臣们怎能气顺?怎能对现政投入感情?嬴政采用的郡县制曾经因利益分割而引发了统治集团内部的矛盾,胡亥的上台使皇亲重臣原有的分割利益的希望最终破灭并产生激愤,使集团内部离心离德而毫无凝聚力可言。

赵高唆使胡亥大杀朝臣,也许是软弱的政治核心保证自我地位不受凌替的手段,但他们无节制地扩大打击范围,而且杀人不讲理由,还以此为乐事,造成了宗室震恐、朝臣自危的局面,使集团成员对王朝及其核心失去了起码的信任,绝不会产生出为王朝出生入死、英勇献身的人物。

在关东叛军蜂起的存亡危急之秋,赵高仍一心蒙蔽胡亥,他投昏君之所好,报喜不报忧。当前线战将章邯派人入京汇报时，垄断了面君之权的赵高拒不出见，还欲加收捕，结果逼反了章邯。赵高是胡亥"鸵鸟政策"的支持者和纵容者，这种政策导致王朝在关东军队的进攻面前只有束手待毙的结局。

赵高在朝中玩弄的指鹿为马的把戏，实在是公开提倡人们屈服淫威，不说真话，以人画线。一个难讲真话、屈服淫威的团体注定是无救的，何况它正面临外部打击的严重危机。

赵高经过两、三年的经营准备，在诛杀了胡亥后，准备自己上台为君。其时刘邦军队即将入关，赵高为维持局面，派人前与刘邦约降，想要灭掉秦宗室，与刘邦划分关中而称王，刘邦则派魏人宁昌入咸阳，谈判招降条件。但赵高称君得不到朝中左右百官的支持服从。有一次他自佩玉玺，登台上殿，殿堂几次像要倒塌。这位干尽坏事的阴谋家疑心是上天不允，于是决定把君权交给胡亥的侄儿公子婴。考虑到秦国原来兼并的关外之地已全部丧失，六国已经复立，皇帝的称号徒具虚名，故立公子婴为秦王。

以奸诈手段蒙骗了别人许多年的赵高做梦也没有想到他最终钻入了别人的两重圈套。刘邦假意招降，实际是对他的欺诈，无非想让守城的秦将解除武装，便于自己迅速入关。被赵高立为秦王的子婴已知其降楚称王之谋，他假称有病，诱赵高来请，安排人将赵高刺杀于斋宫，灭其三族。混迹宫中、罪恶累累的秦廷孽物终于在秦朝灭亡月余前得到了应有的下场。

一个丑恶的孽物曾经加速了王朝的腐朽，王朝的腐朽和毁灭使这个孽物遗臭万年。

力挽王朝，覆于狂澜的章邯

秦朝的暴政终于激起了天下民变。前209年，陈胜义军揭竿而起，关东大地迅速掀起了武装反秦的汹涌浪潮。陈胜所派的周文一支部队于前208年冬很快西向入关，几十万军队到达咸阳之东约百里的戏（今陕西省临潼东），准备发起最后的进攻。秦王朝在覆灭的命运眼看指日可待的关键时刻，出了一个试图挽狂澜于既倒的章邯。

章邯是秦国少府（掌管山海池泽收入和皇室手工业制造，九卿之一），在周文之军即将兵临城下时，他向秦二世胡亥建议说："盗贼已到眼前，人多势强，现在征发邻近各县的兵力已经来不及。骊山刑徒很多，请赦免他们，发给兵器以抗击盗贼。"胡亥乃赦免骊山刑犯和奴婢之子，让章邯组织成军队。章邯带领这支临时凑成的队伍东向出击，竟然打了一连串的胜仗。

章邯在戏地出手击败了周文之军，有效地遏阻了关东之军对咸阳的威胁。周文军队退出关内，章邯则乘胜追击，两月多后在曹阳（今河南灵宝东）再败周文，十多天后在渑池又大破其军，周文自刎而死，军队溃散，秦都咸阳面临的最大威胁遂告解除。

陈胜所派的另一支军队长时间攻不下李斯长子李由守卫的荥阳，围城的楚将田臧听说周文之军已被击破，料到章邯不久就会率军到来，于是让部将李归以少量兵力围荥阳，自己调动全部精兵迎击章邯，两军战于敖仓（秦代在敖山上所置谷仓，故址在今河南郑州市西北邙山上），田臧战死，军队溃散，章邯进军至荥阳城下，击破围城之军，李归死于军中。

荥阳之战后，章邯又得到了朝廷派来的长史司马欣、董翳两支部队的补充，军势颇大，他分兵攻破陈胜部将邓说、伍徐所驻扎的郏（今河南郏县）、许（今河南许昌市东）两地，扫清外围，旋率得胜之军直逼陈胜所建张楚政权的中心陈地（今河南淮阳县），陈胜所任的上柱国（楚国所设置的保卫国都之官）蔡赐战死。

部将张贺出兵迎战,陈胜亲自出马督阵,但楚军还是被章邯击溃,张贺死于阵上。陈胜被迫弃陈退至汝阳(今安徽阜阳),很快又退至下城父(今安徽涡阳县东南),被部属杀害。

陈胜死后,秦军和楚军对陈地进行过几次反复争夺,虽然该城终由楚将黥布占领,但章邯部队的进攻和争夺给楚军造成了不小的消耗。另外,陈胜前不久曾派遣宋留自南阳入武关,宋留中途遇阻,回军新蔡(今河南新蔡县),与章邯之军相遇,被秦军招降。

当时关东诸国都已称王自立。章邯在陈地得手后挥师向北,在临济(今河南封丘县东)进击魏国,君王魏咎派周市向齐、楚求救,齐王田儋、楚将项它分别率兵来援,章邯夜间偷袭敌军大营,攻杀齐王田儋和魏将周市,乘胜包围临济,魏咎为保全民众而请求投降,随后自焚而死。

章邯与项梁部队进行过多次交锋。攻魏前曾在栗地(今河南省夏邑县)打败项梁部将朱鸡石,斩杀馀樊,逼项梁入薛(今山东省滕县南)。破魏后章邯追田儋之弟田荣于东阿(今山东阳谷县东北),时在齐地的项梁急忙引军救援,章邯战败,引军后退,项梁追至定陶,又取得一些小胜。这时,秦国戍守北方边塞的军队在王离率领下前来增援章邯,恰逢项梁几次小胜后骄傲轻敌,又将项羽一支主力派去进攻外黄(今河南省民权县西北)、陈留(今河南开封市东南陈留城),力量薄弱,章邯乘机向项梁军发起军事突袭。他让军士把筷子一样的小棒(称为"枚")衔在口中,两端用绳带系在颈上,称为"衔枚",以防止行军喧哗,在晚间秘密行动,进攻楚军。项梁麻痹大意,不曾提防,被斩杀于定陶,全军溃败。

秦军败楚后渡河抵赵,赵王武臣与大将李良已有不和迹象。秦将假托二世皇帝胡亥的名义给李良写了一封没有封口的信,说:"李良如能叛赵归秦,我一定赦免李良的罪过,让李良得到显贵。"李良见信后持疑不决,后来在赵国内讧斗争中失利,于是归降章邯。

章邯率兵至赵都邯郸,把附近的居民都迁徙到河北,毁坏其城郭。赵国君臣逃入巨鹿(今河北省平乡县西北),秦将王离率兵包围巨鹿,章邯军驻在城南的棘原,修筑甬道(两侧筑墙的甬道,防御敌方袭击抢掠)与黄河相连,给王离供应军粮。当时巨鹿城内食尽兵少,赵军人心不稳,而秦军锐气颇盛。赵国大将军陈馀在城外派五千兵将试战,结果全军覆没。燕、齐、代等诸侯的救赵之兵扎驻城下,不敢与秦军交战,秦军破城眼看已成定局。

章邯在巨鹿攻占即将取胜的关键时刻,遇到了出兵以来一位真正的军事对手。楚将项梁之侄项羽在安阳(今山东省曹县东南)制造兵变,夺得上将军之位,率黥布、蒲将军等数万军马渡过黄河,破釜沉舟,首先经几次交战断绝了秦军甬道,随后包围了巨鹿城下的秦军,激战中俘获秦将王离,使副将涉间自杀,击溃秦军,解了巨鹿之围。项羽旋率得胜之兵驻军漳南,与驻棘原的章邯军相持。

章邯军在与项羽的对峙中不能得胜,数次后撤。秦二世胡亥行督责之术,派人责备章邯,章邯恐惧,派长史(约相当于秘书长职务)司马欣到咸阳请示,当时朝中赵高为相,司马欣在皇宫外门等候了三天,赵高不曾接见,表示不信任。司马欣设法摆脱了赵高的追捕,潜逃至军中,向章邯告知了赵高在朝中的所为以及章邯得不到朝中信任的危险境况。恰好此时赵将陈馀恳切地招降章邯,秦军又在汙水之战中被项羽打败,章邯于是决定投降项羽,而项羽考虑到自己军队粮食短少,难以久战,因而同意受降,二人在洹水(今河南省北部的安阳河)之南的殷墟(殷盘庚建都的遗址,在今河南安阳市西北小屯村)会谈立盟,章邯率几十万军队投降了楚军。

章邯是从腐败垂死的秦朝统治集团中杀出的一匹黑马,他在秦王朝濒临覆灭的危急情况下,率领一批由刑徒奴子乌合而成的军队,凭借自己的智谋才能和秦人的勇战精神,竟然取得了巨鹿决战之前一系列人们不能预料到的军事胜利。这些军事胜利的意义是极其巨大的,一是攻破周文之军,消除了叛军对咸阳的威胁,直接保卫了秦都的安全;二是分化瓦解了关外的军队。如陈胜的助手吴广监诸将西攻荥阳,部将田臧顾虑在迎击章邯军队的作战方针上难于意见统一,竟假传陈胜命令杀害了吴广,逼取了楚令尹之印和上将之职。陈胜派出的攻秦的武臣、周市等将领,因惧于秦军力量,竟放弃西进,向北攻掠,自立赵、魏等王国,分散了义军的目标和力量。秦军围困巨鹿城时,许多救赵的军队不敢上前应战,他们各怀鬼胎,致使赵国的立国将相陈馀与张耳反目为仇;楚怀王所派援军中的次将项羽斩杀了上将军宋义等。三是章邯军队的东进有效地打击了楚军的有生力量,如定陶之战中击溃项梁之军,尤其是陈地交战的胜利导致陈胜被杀,使关东军队失去了统一的领导核心,沦为各自为政的散乱局面。章邯进军的胜利,改变了秦王朝的危局,一时扭转了王朝的军事被动局势,如果这种胜利持续下去,章邯大概可以力挽王朝既倒之狂澜。

前207年的巨鹿之战是章邯军事生涯和个人命运的转折点,他所以在战后不久投降了项羽,军事失利固然是一个原因,但最重要的原因是秦王朝政治上的腐败。赵高当政的王朝对这位效命沙场的功臣没有抚慰和鼓励,只有督责意义上的责备,入京请事的长史非但奏事无门,反而沦落到性命难保的险地,他们得不到朝廷丝毫信任,正如司马欣向章邯分析所说:"赵高用事于朝中,外面的人不可能有作为。如果作战取胜,赵高必定嫉妒我们的功劳;战斗不能取胜,免不了一死。"赵将陈馀也向章邯分析说:"将军居外久,内多隙,有功亦诛,无功亦诛。"章邯在自己的政治前途和个人性命得不到任何保障的情况下与项羽军队相持,心理上早已失去了战胜的勇气,军事失利当是自然的结果。他在殷墟约降立盟时面对项羽痛哭流涕,诉说朝廷奸臣当道之事。可见不得朝廷信任正是他在战场上难以释怀的块垒,是他全军降楚的根本原因。

事实上,军事是政治的组成部分,它服务于政治并且受政治状况的制约。秦朝的军事出击,在章邯的率领下确实取得了一系列重大的胜利,但军事胜利扭转不了腐败的政治,反而要受后者的制约和牵累,这就决定了章邯的军事胜利只能是暂时的,而失败的结局却是必然的。

章邯降楚,从秦王朝的沉船上潜离逃生,但却导入了另外一种不幸的结局。他所率领的几十万军队中大部分官兵出身关中,他们当年曾对来关中服徭役或守边的关外官兵多有不恭之处,现在做了降兵,关外各路官兵乘机报复,随便侮辱折磨他们。军队到了新安(今河南省渑池县东)时,秦军官兵私下议论说:"章将军骗我们投降诸侯,如能入关破秦则好,如果不能,诸侯军俘虏我们去东方,秦国肯定会杀尽我们的父母妻子。"项羽听到了这些议论,认为秦军官兵人数很多,内心不服,入关后不听指挥,将会非常危险。于是布置手下人连夜行动,将秦军二十多万人坑杀,与章邯、司马欣、董翳三位高级将领入关。三人于前206年分别被项羽封为雍王、塞王和翟王,置三秦之地(今陕西省中部和北部地区)。与刘邦的汉王等十五王同时受封。雍王章邯领咸阳以西之地,以废丘(今陕西兴平东南)为都。

项羽封章邯等三人于关中,实是要他们堵截刘邦自汉中(今陕西秦岭西部以南之地)出兵的道路。章邯等人原本秦将,熟悉关中的风土人情及地理,本是极好的人选,但由于他们起先率关中子弟出关作战,其间士兵伤亡极多,降楚后二十万士卒被项羽坑杀,唯独他们三人受到项羽保护,入关为王。秦民因而对他们毫不信任,甚而迁怒和怨恨他们。正如韩信对刘邦分析的那样:"秦父兄怨此三人,恨入骨髓。"这反倒成为刘邦兵出汉中的良好条件和重要原因。

前206年冬,刘邦采取"明修栈道,暗渡陈仓(今陕西省宝鸡市)"的战略方针,佯修褒斜(今汉中褒河至陕西眉县西南斜峪)栈道,调动章邯主力前来堵击,汉兵主力则从陈仓道出兵,攻下大散关(今宝鸡市南大散岭上),在秦岭以北的陈仓、好畤(今陕西凤翔东)连续击败章邯,章邯退守废丘。前205年刘邦在彭城(今江苏徐州市)兵败后退至关中,引水灌废丘,章邯自杀。

章邯是秦王朝末期一位出色的军事将领,他想凭自己战胜攻取的作战才能挽救王朝覆灭的命运,并且取得了一定的成效。然而,秦王朝的覆灭是由它和民众的尖锐对立以及自身的政治腐败促成的,章邯的军事胜利改变不了王朝的政治态势,那么他就只能延缓、而不能挽救王朝的灭亡。章邯的个人结局如何无疑带有偶然性,他被天下政治狂澜所覆没却是必然的。

执舵破轮,殉命江海的子婴

秦王朝的政治统治在赵高专权时期到了混乱不堪、无法收拾的地步。陈胜义军揭竿而起,天下反叛的烈火在熊熊燃烧,王朝统治面临灭顶之灾。前207年,丞相赵高恐怕二世胡亥追究自己的责任,恶人先下手,派人将胡亥攻杀于望夷宫(今陕西省泾阳县东北)。赵高本想自立为帝,一是百官大臣不服从;二是殿堂几次几乎倒塌,他认为不祥,于是立胡亥的侄儿子婴为君。因为当时关东六国均已反叛,秦国能管辖的地域很小,于是取掉君主皇帝的尊号,复称秦王。

秦王子婴的头脑始终是清楚的。他接到赵高让自己斋戒后在宗庙中拜祖先、会群臣、受玉玺的通知后,立即与两个儿子作了商量,得出的结论是:"赵高杀掉二世,恐群臣诛讨,乃假装行义立我为王。"在情况并不十分明确的形势下,子婴甚至把局势估计得十分严重,他认为赵高让他斋戒庙见,是要在庙中杀掉自己。于是商量策划了诛杀赵高的计划。

子婴接到庙见群臣的通知后声称自己生病,并不前往,赵高派了几批人前来相请,都没有请来,赵高遂亲自前来相请,以宗庙大事为由,劝子婴前行,却被事先藏于密室中的宦者韩谈及子婴的儿子杀死。子婴下令灭赵高三族,并在咸阳示众。

子婴为秦王四十六日,刘邦率军队攻破武关已至霸上(今西安市东),派人对子婴劝降。子婴权衡了天下形势,深深地认识到秦朝的灭亡已无法避免,于是他用绶带系着颈项,乘坐白车白马,做出知罪的姿态,在一个叫"轵道"的亭旁将君王玺符献给刘邦。

从子婴接受王位和投降楚军的情形看,他是一位善于以低姿态处世、能够放弃政治欲求、具有较强生存技巧的人物。赵高曾唆使二世胡亥大肆诛杀皇亲贵族,子婴当时能侥幸免祸,这一条可能是极重要的原因。

子婴以无欲示外,其实是一位十分关心政治且有见地的人物。当年胡亥信赵高之言欲诛杀蒙恬、蒙毅兄弟,子婴面见胡亥,向他讲述了战国时赵王迁、燕王喜和齐王建杀忠任奸,导致国灭身亡的例子,劝谏胡亥说:"轻虑者不可以治国,独智者不可以存君,诛杀忠臣而立无节行之人,将会导致群臣猜疑,将士离心。"他的观点鲜明,认识切中要害,可惜胡亥没有听进这些意见。赵高杀掉胡亥后曾与刘邦秘密联络,子婴不久即告诉两个儿子:"我听说赵高与楚有约,灭秦宗室而称王关中。"他密切注视着朝廷的政治动向,信息渠道也极灵通,这均是他政治敏锐性的表现。

在被立为秦王的个人命运转折时刻,子婴能清醒地看到赵高的险恶用心,从最坏处盘算不明确的情况,在朝中毫无个人势力的情况下仅凭身边数人,用引奸入室的机智方法,轻易地除掉了朝中权高势盛、为非作歹的恶魔,做了一件大快人心的好事,一时稳定了局面,这是极不容易的,子婴的才能可见一斑。

子婴为王时,秦王朝的大厦已经倾倒,无论他有多么高超的政治才能,已经来不及挽救王朝的灭亡。贾谊在《过秦论》中认为:"向使子婴有庸主之才,仅得中佐,山东虽乱,秦之地可全而有,宗庙之祀未当绝也。"司马迁看来也是赞同此议的。然而东汉时的班固则充分肯定了子婴的贤能功绩,认为子婴为君时秦王朝已是"河决不可复壅,鱼烂不可复全。""天下土崩瓦解,虽有周旦之材,无所复陈其巧。"明确指出贾谊的看法是错误的。这是一种少有偏见、颇有见地的认识。

子婴投降刘邦后月余,项羽率诸侯军队到达关中,他听刘邦手下司马曹无双送来情报说:"刘邦欲在关中称王,安排子婴为相国。"项羽闻之大怒,准备以武力粉碎刘邦的计划。后来由于种种因素的作用,他在鸿门(今陕西临潼东北一山坡名)宴上放掉了刘邦,不久却杀死了子婴和秦朝众皇族,烧毁了咸阳全部宫室,将财宝和宫女与诸侯瓜分,分封十八诸侯王后西返。子婴因为先降刘邦而被项羽猜忌,在楚汉分争的序幕尚未拉开时就殉命咸阳。作为一名末代君主,他得位于破轮沉没之时,虽有顶风舵航之才质,但难挽败亡之局。他在诸侯入关时身遭杀戮,实际上是殉命于灭亡了的王朝,留下了无限的惋惜。

关于秦国覆亡的议论

秦王朝以武力灭掉六国,创立了幅员辽阔的一统江山,他们建国改制,睨视四方,最高当权者以少有的才略伸张意志、重塑天下,他们在享受到无限的尊荣时,以为自己的铁铸江山可以自此开始,传至万代而无穷。但现实和他们开了一个极大的玩笑,巍巍帝国在垅上耕夫的振臂一呼中顷刻崩溃,社稷胤脉二世而绝。

预料中的万世江山只存在了短短的13年,表面上强大的帝国本质上极其虚弱。这些巨大反差的形成实在不是无缘无故的。

秦王朝建立之时面临的与六国贵族的矛盾、与天下民众的矛盾,以及内部各种政治势力的矛盾,王朝的最高当权人毫无意识。他们贪图于个人独享天下的目的,为了个人意志的无限伸张,选择了一种权力独揽的专制性政治制度。这种制度拒绝和本集团内部各政治势力的权力分享,最终把可以争取利用的士人阶层,以及其他皇族枝叶逼迫到了不愿合作、冷眼旁观的地步。最高当权人真正成了与天下为敌的匹夫。胡亥继位后,为维持自己非合法得到的权力而大肆诛戮朝臣,其后又大行"督责之术",把本来还想维护王朝统治的皇族亲贵更是逼到了叛离与对抗的地位。王朝大厦失去了赖以支撑的力量,自然经受不了任何程度的疾风骤雨。

以暴力征服天下的秦王朝在经营天下中仍然崇拜暴力,他们沿用战争年代的方式,以严刑峻法统治天下。他们不顾多年战乱后民众急需休养生息的需要,为了个人的享受而大兴建设工程,穷极民力,压榨百姓,把无数民众逼到了死亡的边缘。嬴政死后秦王朝面临着一次治政方式重新选择和调整的机遇,但继位的胡亥继续了暴虐的方式,并且变本加厉,终于激反了失去求生希望的民众。正是王朝的统治者为自己呼唤出了遍地的掘墓人。

集权制的专制统治是不受监督、无所制约的权力独占,政权操作因而具有非公开化、不透明的特点，这是权力独占的必然要求。这样的操作方式固然保证了政治权力不为他人所分割和分享，保证了执政者个人意志的最大伸张，然而也极易出现被奸人利用、以售其奸的空隙，尤其是在皇权交接可能发生的"权力真空"期。秦王朝的赫赫统治震慑万民，威及四方，但在嬴政丧命沙丘后的一段时间内，其操纵权绝对地落在了一位宫中宦竖手中，百官大臣不曾丝毫知情。当中车府令赵高按照自己的好恶废置嗣裔、安排后事和朝政之后，大臣们除了认可既成事实、听任摆布与宰割外，已没有其他的选择。恰好赵高是一位满腹险机、诡诈无行的孽物，按照他的意志去处事和治政，王朝迅速走到了腐败和虚弱的极点。

秦王朝崛起于西部偏远之地，以武力征服关外诸国，始终没有形成自己更为优胜的文化形态，缺少文化理念的军事帝国固然不乏强大，但难以在广阔的大地上扎下根系，缺乏被认同和支持的社会基础。建国不久又采取了焚书坑儒的极端措施，以政治暴力手段对付不相认同的文化现象，表明了他们对历史上治国经验的拒绝和不引前鉴、我行我素的狂妄心态。历史的发展总有自身的惯性，这种惯性会体现在人们对某种固有文化的认同上。秦王朝要改制兴国，不是采取对该文化兼收并蓄，力求超越的文化建设方针，以此引导人们转变为新的文化认同，而是对人们原已认同的文化采取仇视和消灭态度，并对主要负载该文化的读书人取暴力坑杀的方针。他们以为消除了历史文化，就可以中止历史发展的惯性，就可以按自己的政治意志重建社会，殊不知，暴力可以焚毁典籍，却难以消灭文化。任何较优越的文化都体现了当时人们对复杂的社会发展规律一定程度的体认，要武断地消除这种文化，实际上是把自己放在了与社会发展规律相对立的境地。秦王朝正是这样荒唐处事而不自知的行险者。

恶劣的制度无法防止恶劣之人的恣意妄为，恶劣之人在无所制约的制度空隙中诡谲钻营，惑乱朝政，制度的恶劣和人的恶劣在恶性加强，必然把新起的王朝推向崩溃。纵有敢于力挽狂澜的英雄，也有愿意扭转航程的舵手，终于不能避免大厦倒倾、轮船破沉。这就是秦王朝必然的命运。

秦王朝的覆亡表明了暴力治政的虚弱和荒唐，启发后来欲有作为的政治家看重民心，关注民情，珍视民力，它给历史留下了一面鲜亮的镜子。

【天下共逐之——】

群雄逐鹿

揭竿而起的陈胜

在秦二世的残暴统治达到最极端、最黑暗的时期，出了一个揭竿而起的陈胜，秦朝的一统之网被豁然撕裂。

陈胜（？——前208），字涉，阳城（今河南登封车南）人，早年为人佣耕。秦二世元年（前209年）七月，陈胜等九百贫民被征发屯戍渔阳（今北京密云西南）由两位将尉（带领戍卒的县尉）监护，陈胜被任屯长。他们行至大泽乡（今安徽宿州东南），为大雨所阻，不能按期到达。按照秦朝法律，过期要杀头。陈胜在无奈中和他的同伴吴广一起策划了一场惊天动地的壮举。

死中奋起，斩木为兵

陈胜等九百人被征发至渔阳服苦役，这是以暴治民的秦朝统治者交给他们的唯一生路。在秦朝的严刑苛法面前，一场大雨竟阻断了他们服役求生的道路。雨后赴戍，不能按期到达，无异自投罗网。生的希望破灭后，陈胜与另一位屯长吴广作了一番死的探讨，他们商议说："现在逃亡的结果是死，举行起义的结果也是死。同样是死，死于国事不是更合算吗？"秦朝的暴政把他们逼入了求生无门的死亡之地，他们要选择政治抗争的死亡方式，要死得更有价值、更有意义。

陈胜无疑是具有政治头脑的人物，他不仅选择了死中奋起抗争的道路，而且设计和实施了一连串组织戍卒、引导庶众的方案：

第一，打扶苏、项燕的旗号。下层民众反抗朝廷的起义，必须借助某些有影响的人物，打起他们的旗号，才能深孚众望，震慑人心。为此，陈胜选定了两个有号召力的人物。他认为："天下民众长期遭受秦朝暴政的苦难，痛恨秦二世的统治，大家都知道长公子扶苏贤良，不知道他被秦二世杀害。另外，楚将项燕多有战功、爱抚士卒、深得楚人拥戴,他的生死不明。借助他们两人的名义起兵,一定会得到天下响应。"陈胜这里选定的人物一是身份高贵、地位显赫、民间口碑良好,人心所向,有号召力;二是民众不知道他们的确切下落,便于名义假借,迷惑外界;三是他们已经为人所杀,实不在位,并不造成对义军各种决定的干涉和制约。尽管扶苏和项燕分属两个互相对立的政治集团,两人根本走不到一块,但他们都满足上述三项条件,陈胜还是选定了他们,他要的只是两人的名义和由此带来的实际效果。

第二,借鬼神而威众。陈胜吴广要聚兵反秦,其中包含着巨大的政治风险,他们的心情狐疑不定。像当时通常人一样,举事前他们行卜决断。卜者知道他们的意图,大概是出于对他们反抗行为的同情和理解,抑或是出于对秦政的憎恶而宁愿鼓励他们,卜断后告诉说:"你们的事可以搞,能成就大功。"然后卜者提醒道:"你们还应该向鬼神问卜呀!"陈胜吴广很高兴于卜断的结果,他们琢磨卜者的提醒,领悟道:"这是教我们借鬼神威众呀!"于是策划了两项行动,一是,他们用朱砂在帛上写下"陈胜王"三字,偷偷塞进别人用罾网打捞的鱼腹中,戍卒买鱼烹食,得到了鱼腹中的帛书。二是,吴广到驻地树丛的神祠中,夜间点起篝火,装作狐狸嗥叫呼喊:"大楚兴,陈胜王",让戍卒们听到。两件怪异的事情使戍卒们非常惊恐,他们似乎感到了神意所在,次日到处谈论此事,都指指点点地瞧着屯长陈胜。陈胜用这种鱼腹丹书、篝火狐鸣的计策,假托鬼神之意,利用人们迷信鬼神的心理威服众卒。

第三,挑衅将尉,激怒众卒。屯长吴广平时体贴人,戍卒中很多人乐意听他的使唤。押送戍卒的将尉正好喝醉了酒,吴广故意多次扬言要逃跑,果然激怒了将尉,将尉笞打吴广,又拔剑欲刺,吴广乘机夺剑杀死将尉,陈胜也前来相助,将两个将尉先后杀死。吴广、陈胜的行为表面上是被迫自卫,加之他们平日良好的人际关系,因而赢得了众戍的支持。

杀死了两个将尉,陈胜召集戍卒们说:"我们因为暴雨误了时间,误期会被杀头,即使不被杀头,死于戍边徭役中的也会有十分之六七。况且大丈夫不死则已,要死就要干出惊天动地的名声。王侯将相从来就不是天生的!"戍卒们听了他分析,又为他的激情所鼓舞,大家表示愿意听命。

陈胜按照预定的计划,打出公子扶苏、项燕的旗号,号称"大楚",以将尉的头作祭品,立坛盟誓。陈胜自立为将军,吴广为都尉。这样,与一统王朝相对立的第一支武装集团被组织起来了,秦王朝的强暴高压终于在陈胜一伙戍卒们的钢铁硬汉身上迸溅出了炽热的星火。

救生黎民,点火燎原

陈胜在大泽乡把九百戍卒组织成了属于自己的武装力量,并且明确了反秦的目标。其后,他立即攻占了大泽乡,继而攻取了附近的蕲县(今安徽宿州南)。在蕲县,他充实军马,兵分两路;一路由葛婴带领,向东南进军,使其寻机攻占地方,发动群众。该路军马后来攻至东城(今安徽定远县东南五十里);陈胜则率领主力向西进发,依此攻取了铚(今安徽宿县西南)、酂(今河南永城西)、苦(今河南鹿邑县东十里),柘(今河南柘县东北)、谯(今安徽亳县)等城,沿路招收人马,扩大队伍。及西至陈县(今河南淮阳县),已有兵车六七百乘,骑兵千余,步卒数万人。攻陈时,恰好县令不在,县丞在城楼下抵抗,失败战死,陈胜遂率义军进据了陈县。

过了几天,陈胜召集当地三老(帮助县丞推政令掌教化的乡官)豪杰(有声望的地方大户士绅)商议大计。三老豪杰举荐说:"陈将军披坚执锐,伐无道,诛暴秦,复立楚国之社稷,论功应当为王。况且各地响应义兵,监督天下诸将,不称王是不行的。"魏国名士张耳、陈馀劝陈胜扶立六国的后代,为秦树敌,同时率兵迅速西进、乘虚攻入咸阳,谋取帝业。陈胜采纳了他们的建议,自立为王,国号"张楚",张大楚国的意思。这是秦王朝的一统江山中由武装斗争的烈火炼就的第一个对立政权。

张楚政权建立后,陈胜再派出六路军队向各处进军,发展势力。同时,各地百姓久苦于秦政,纷纷杀秦吏响应陈胜,尤其是楚国旧境,数千人为聚的队伍不可胜数,反秦斗争的高潮在全国范围内很快高涨。

除在蕲县派出葛婴一支部队向东南进军外,陈胜建政后向各处先后派出的军队有:

第一,任命吴广为假王,这是暂时代行王权的职位。使吴广监临田臧、李归等将领西攻荥阳。

第二,命部属武臣为将军北攻赵地(约今山西中部与河北西南部),使张耳、陈馀为该部左右校尉(略次于将军的军职)。武臣在赵地得手后又自派韩广攻取燕地(今河北北部和辽宁西端),派李良取常山(今河北省西部恒山一带),又派张黡攻取上党(今山西省东南部)。

第三,命邓宗领兵攻九江郡(包括今安徽、江苏、长江以北,淮河以南及江西大部分地区,治所在今安徽寿县)。

第四,命部将周市率兵北攻魏地(今河南中部、北部,山西南部)

第五,任周文(又名周章)为将军,西向攻秦。这支部队沿路扩大势力,至函谷关(今河南灵宝西南)时,已有兵车千乘,步卒几十万人,一直攻到了离咸阳不远的戏水(今陕西临潼东),一时对秦朝形成了极为严重的威胁。

第六,命宋留领兵攻取南阳,让其自武关(今陕西丹凤县东南丹江上)入秦。

第七,命广陵人召平率军攻取广陵(今江苏省扬州市)。

第八,邓说领兵居郏(今河南郏县);伍徐领兵居许(今河南许昌市东)。

各地响应陈胜起义的有:(一)骊山逃亡刑徒英布与番阳令吴芮联兵数千人起事。(二)东阳(今江苏盱眙县东南)少年杀掉县令;推举陈婴为长,队伍迅速发展到两万人。(三)秦嘉、朱鸡石、郑布等几股军马起兵包围郯城(今山东郯城县北),陈胜曾派将军武平君畔去作几支部队的监军。(四)当过秦泗水(今江苏沛县东)亭长的刘邦在沛县豪吏萧何、曹参拥戴下,杀掉沛令,组织成了一支二、三千人的武装。(五)齐国的田儋击杀狄(今山东高青东南)令,自立为齐王。(六)楚国的项梁、项羽叔侄袭杀会稽(今江苏苏州市)守殷通,项梁自立为会稽守,以项羽为神将,聚集了一支八千人的子弟兵。

陈胜的张楚政权及其派往各地的部队,以及响应陈胜的起义队伍,一时遍及关外各地,他们都是与秦王朝对立的势力。公元前209年到前208年之间,正当秦二世胡亥及赵高一伙在咸阳宫中大搞督责之术、指鹿为马、互相欺诈和残杀时,关东的反秦烈火已成燎原之势。

目短性狭,功败垂成

陈胜的反秦义举迅速得到了关东各地的响应,如果陈胜能有效地团结和协调各路人马,集中力量,精心部署,那么,推翻秦朝而重整河山,不是没有可能的。然而,这位农民起义的领袖却由于自身素质及社会条件的限制,缺乏远大的战略眼光,致使反秦斗争遭受到重大的挫折,使自己的事业功败垂成。

夺取陈地,无疑是义军起事以来的一个重大胜利,但与推翻秦朝的政治目标还有极大的距离。陈胜本应乘兵势强盛、人心归附的大好时机号召四方,全力西进,以不灭秦朝誓不罢休的精神去继续奋争,但他却轻信了当地人的奉承之言,急于做官为王。当然,建立一个临时性的战时政权也未尝不可,要害在于,陈胜的张楚政权是模仿楚国的政权模式而建,不仅有令庸耕贫民们难以涉足、并会为之惊叹的宫殿,而且设有令尹、上柱国,甚至有掌管人事的正中、纠察群臣过失的司过等官职,他俨然是一个新立的享国"楚王"了。陈胜在和秦朝政权并没有发生多少实质性较量的时候,就被眼前的微小胜利所陶醉,急不可耐地称王天下,要过荣华富贵的生活。

陈胜在陈地的铺张,产生了两方面的恶果:一是分兵驻陈,减弱了西征的军势,迟滞了进逼咸阳的步伐,使秦王朝得以组织起章邯之师进行凶猛地反扑。张楚政权建立后,陈胜派吴广监田臧、李归之军作主力西进,但该军在荥阳受到秦将李由的阻拦,数月难以前进。后来所派周文一军绕过荥阳,直抵戏地,而宋留一军自南线西进,已至南阳,但两军终因孤军深入,势力单薄,均被章邯打败。田臧之军后来也被章邯击溃。陈胜在陈地建驻本部,虽然连续派遣了三支西征部队,表现了对西攻咸阳的极大重视,但终是重心在陈,前线兵力不济,不能一鼓入关,误了灭秦大计。章邯之军反扑得手,以致后来成为张楚政权的夺命之师。

二是陈地立王显露了反秦领袖的个人私欲,对各路义军的政治目标发生了消极误导,使这场声势浩大的反抗运动一开始就染上了个人名利的浓厚色彩,大家所共有的政治目标反而模糊不清。事实上,关东所以能发生陈胜一呼、四方响应的情况,就是因为天下民众痛恨秦朝的残暴,有推翻秦王朝的共同心愿。陈胜只有始终打起灭秦的旗帜,才能团结和调动各路义军,而陈地称王包含了过多的个人欲求,一时模糊了关东义军的目标定向。受陈地称王的影响,各路首领互相攀比、争相立王,甚至为此而互相猜忌和攻击。如陈胜派攻赵地的武臣,兵至邯郸后自立为赵王,下设大将军和左右丞相。武臣派往燕地的韩广,在燕地得手后自立为燕王,不久又为争夺地盘与武臣之军发生火并。武臣派攻常山的李良,平定常山后因个人意气反攻邯郸,竟杀掉武臣,投了秦军。陈胜派攻魏地的周市兵至狄县时,狄人田儋借义军神威杀掉狄令,掌握齐政,旋又率兵击败周市,自立为齐王。周市败退魏地后扶持魏咎为魏王,自为魏相等等。大敌当前,各路首领已失去了统一的目标,他们争相称王、相互攻击,最后大多被秦军各个击破。除李良败降章邯外,周市、魏咎、田儋均在章邯军的进攻下败亡于临济。

陈胜早年受雇耕田,就向同伴们抒发自己的"鸿鹄之志"。对大泽乡的九百成卒他公开宣称:王侯将相是人力可为的。他一直不乏英雄的豪情和远大的志向,在陈地建政称王,实现了他固有的抱负和理想,但从他称王后的一系列政治行为看,他缺乏一个王侯将相应有的胸怀和才能,是一个志大才疏、难当大任的人物。

敢于问鼎天下的陈胜,首先缺乏应有的战略思想。陈地建政后,他看不到张楚政权与秦王朝的不共戴天之势,不是拼全力去灭秦,而是坐镇一隅,分兵四向,分散了西攻咸阳的兵力。他不懂得战略上应以怎样的旗帜来号召天下。在军事进展较顺利的一段时间,他被胜利冲昏了头脑,且过分夸大了秦政之乱,以为秦朝的军队已经不堪一击,因而在军事部署上轻敌懈怠。博士孔鲋进谏说:"兵法上认为,不要侥幸于敌人不来进攻,要依靠自己不可战胜。现在大王的部署不是把希望寄托在自己身上,万一有个闪失,恐怕悔之无及。"陈胜回答说:"寡人的军队,无须先生牵念。"轻敌、浮躁、骄傲,导致他战略思想上的种种失误。他以为只要凭借两三支西征之军就可以击溃秦王朝,在陈地安坐天下了,这是一种目光极其短浅的思想。

其二,在领导方式上,陈胜沿袭了秦朝君主的严责群臣之术。陈地建政时,他创设了中正、司过两职,前者考察群臣,后者专司群臣过失,他把两职分别交给朱房和胡武两名亲信。各路将领回来汇报,若不听命的,即被逮捕问罪,亲信们以严治群臣来显示忠诚,反而能得到陈胜的赏识。自蕲县进军东南的葛婴攻取了东城,大概是为了镇抚地方,遂立贵族襄疆为楚王,不久听说陈胜在陈地已立为王,于是立即杀掉襄疆,返回陈地报告,但陈胜最终还是处死了葛婴,因为在陈胜看来,葛婴的行为无论如何已经侵犯了自己为王的独尊地位,是无法饶恕的。从郏地兵败归来的邓说亦被陈胜斩杀。陈胜并没有秦皇嬴政开国时的气度和胸襟,但苛察群臣不亚于二世胡亥,他常常对自己不满意的下属不去交给狱吏按法处置,而是亲自出面治罪,使陈地小宫殿弥漫着一种恐怖气氛。被派攻赵的武臣正是在听到"陈王听谗,还报,恐不脱于祸"的恐惧心理下被人劝说,走上了自立为王的不合作之路。

其三,受个人素质的局限,陈胜在用人和处事上有一系列的缺失。秦嘉等几股起义部队包围了郯城,陈胜派去作监军的武平君畔一则年轻,再加没有作战经验,难孚众望,被秦嘉借故杀掉。在西攻的主力部队中,将军田臧与假王吴广在荥阳作战中意见不合,遂假借陈胜之命杀掉了吴广,将其首级献给陈胜。对这样一个矫命欺君之人,陈胜竟派使者向其送去楚令尹之印,拜为上将,成了张楚政权的二号人物,这或许是陈胜看中了田臧的个人才能吧,但身为令尹的田臧在与秦将章邯的敖仓对抗中一战败死,使西征的主力部队全军覆没,可见其并无多少突出的才能。对田臧的这次晋升,虽然不无笼络之意,但对义军内部擅杀大臣的邪恶行径却起到了姑息纵容的作用。武臣在邯郸称王后,陈胜一怒之下捕获了武臣的家室老小,准备全部诛杀,后在上柱国蔡赐的劝谏下勉强派使入赵祝贺,但却继续将武臣的家属转移关押,致使楚赵关系一开始就被浓重的阴影所笼罩。

陈胜称王后,他的旧友与过去一同庸耕田亩的同伴前来投奔,敲着宫门喊:"我要见陈涉。"宫门守令要将其捆绑起来,经友人一再解释,才给予赦免,仍不给通报。陈胜一次偶然出宫,同伴们在路上看见呼喊,方被召见入宫。召见的人中也有陈胜的岳父,因陈胜接待中长揖不拜,有失礼行为,岳父当面斥责他"怙乱僭号,而傲长者,不能久矣",竟负气而别。有位客人受召后满心欢喜,口无遮拦,向人们谈及陈胜过去庸耕时的事情,陈胜以为客人的这种自我炫耀严重伤害了他为王者的尊严,在身边人的劝说下即将其斩杀,由此,过去的同伴都全部离去,当年他佣耕垄上时与同伴们相约:"苟富贵,毋相忘。"看来他称王之后的心境已大不相同,与佣耕同伴之间已有无法逾越的鸿沟。

由于政治行为上和个人性格上的种种缺陷,陈胜控制的军队终于不能抵御秦将章邯的反扑,军事上一败涂地,而其故旧亲随也不堪猜忌而纷纷离去。在陈胜称王不到六个月的时候,章邯的军队击破了陈县,陈胜退至下城父(今安徽涡阳县东南的下城父聚)作困兽之斗,被他的御者庄贾杀害。结束了其悲壮的一生。

热血溅地,彪炳千秋

陈胜在专制暴虐的华夏大地上首创了如火如荼的抗秦风暴,但终其生命,并未推翻秦政,如愿张楚。这位热血男儿所以血溅中原,壮志未酬,不仅由于他个人素质诸方面的局限,也是由于社会历史条件的限制。首先,秦王朝的统治是在止息战乱的基础上建立的,千百万民众身受其压榨和奴役,但却并不愿再回到秦之前分裂割据、遍地厮杀的时代,狭隘的眼界限制了他们对理想社会的想象和设计,他们宁肯厮守和忍耐现有的生活。加之秦王朝历时十年许,赵高败政二、三年,人们对这一专制王朝的本质及其后期的腐败尚未认识清楚,故此黎民百姓大多尚没有产生与之拼死抗争的思想准备。陈胜反秦,本质上也并不是代表他们的利益,因而广大民众始终是这场反秦斗争的旁观者。义军西征兵败后不能得到有效的兵员补充,章邯率军出关后竟能一路势如破竹,就是这一原因。

另外,秦王朝是在十三年前灭亡了六国,他们和六国贵族的矛盾尚未被时间所消化。陈胜揭竿而起,四方响应者多是贵族后代和游离于主流社会之外的政治投机者,他们各有自己独立的政治目的,这就决定了反秦阵营中的成分极其复杂。如张楚政权的上柱国蔡赐为楚国贵族,任陈胜博士的孔鲋是孔子的八世孙,武臣攻赵部队的左右校尉张耳与陈馀是原魏国名士。齐王田儋、魏王魏咎,会稽起事的项梁均是六国贵族,沛地起事的刘邦和东阳起事的陈婴均为秦朝低级官吏等。不同的社会地位决定了他们有不同的政治目标。陈胜不能用反秦的旗帜将其统一起来,而陈地称王,又为他们提供了各行其是的借口,相互间的利益分歧使他们很难一致行动。十三年前,秦国利用关外六国的利益分歧对其分而治之,一统海内;十三年后,历史几乎又要重演。若不是由于咸阳宫中腐败不堪、已非昔日之比,反秦的火苗在此难免被荡灭。

陈胜个人到手的政治目标很快破灭了。他的遇害使反秦斗争失去了共认的首领和核心,打击了人们抗秦的信心,一时间形势急转直下,秦军益发肆虐。各路义军多被击溃;西征南阳的宋留兵败降秦,被毫不留情地车裂于咸阳,关东各地笼罩在一片恐怖之中。然而,陈胜首创的反秦斗争的余绪并未立即中断。受命南攻广陵(今江苏扬州市)的召平在军事失利、又听说陈胜败走、秦军大兵将至的情况下,他渡过长江,找到在会稽起事的项梁,假称陈王之命,让他立即带兵,向西击秦。项梁、项羽叔侄遂率八千子弟兵渡江而西,后与陈婴、黥布、刘邦等部队相会合,重整旗鼓,掀起了又一波更大规模的反秦浪潮,风雨飘摇的秦王朝终于被覆没。

秦始皇创制了一个极端专制集权的国家,暴虐天下,以为他的铁统江山可以传至万世。被逼上死亡境地的陈胜登高一呼,揭竿而起,打翻了秦王朝赖以生存的金瓯之盘,被秦王朝以威势镇压着的各方"魔鬼"遂即从地下冲窜出来,兴风作浪,最终灭亡了王朝。

陈胜个人并不是一位杰出的政治人物,他个人惨遭杀害,功败垂成,似乎都在情理之中,但他在日月昏暗、万马齐喑的绝境上敢于振臂呐喊,刀枪抗暴,显示了一个热血男儿应有的气概。陈胜的反秦义举,像一道闪电划破夜空,唤醒了人类的灵性和尊严,戳破了秦王朝及一切腐朽统治者纸老虎的原型,告诉了后世人水可载舟,亦可覆舟的千古真理。刘邦建立西汉后,派人在他的墓葬地砀(今安徽砀山南)住守祭祀,意在实现对他永久的纪念。陈胜在中国的发展历史上功绩不朽、英名永存!

追随陈胜的诸豪杰

大泽乡起义点燃了反秦斗争的烈火，这一惊天动地的壮举是陈胜和他的追随者共同推动实现的。这批英雄豪杰的各种作为使一场浩大的斗争表现出得异常曲折多变、波澜壮阔。

辅佐起义，血洒荥阳的吴广

吴广，字叔，阳夏（今河南太康县）人，前209年七月，他与陈胜等九百人同被征发屯戍渔阳，在遇雨失期、按法定斩的死亡境地，他和陈胜一起策划和组织了大泽乡起义。

吴广是陈胜筹谋起义时唯一的知情人和辅佐者。当他听说了陈胜的起义方案后，立即给予了积极支持。他为此事暗中行卜，明白了卜者关于借鬼神威众的提醒后，一手策划和实施了鱼腹丹书、篝火狐鸣的事件，为建立陈胜的威望作了种种舆论上的准备。

九百戍卒由两位将尉监护，在做好了各种准备后，吴广按部署去向两位将尉挑衅。他乘对方酒醉时故意在其面前扬言逃跑，将尉果然被激怒，用鞭子抽打吴广，后来竟拔剑来刺。吴广早有准备，他起而夺剑，在陈胜的协助下杀了两个将尉，消灭了戍卒们的监护人，随即向大家陈明利害，公布筹划，设坛盟誓，揭竿而起。一场燃遍九州的反秦烈火在吴广的辅助下点燃了。

看来吴广是一位较有组织才能的人。他在接受了陈胜的起义方案后，非常明白应以怎样的方式来对付戍卒、争取人心，他玩弄了几个简单的把戏，在极短的时间内就使陈胜成了戍卒们议论和敬畏的人物。为除掉将尉，他采取以言激之、忍而不发、甘受其笞的方式，把主动的挑衅外示为生命危急下迫不得已的自卫，博得了戍卒们对他犯上作乱行为的极大同情。吴广平素善于体贴人，很多戌卒本来就乐意听他的使唤,他采用的这种挑衅方式更便于对戌卒的鼓动。

相对而言,吴广在起义准备阶段所做的工作并不比陈胜少,然而,他在一开始制造舆论时,就把陈胜推为事件的中心;设坛盟誓时,他把将军之位留给陈胜,自己担任职位较低的都尉,甘作配角和副手。所以这样,首先是因为陈胜本来就是九百戌卒的屯长,起事的方案也主要由陈胜提出,同时也是因为吴广本身具有轻淡名利,随和谦让的优秀品格。

起义军攻下大泽乡和蕲县,后来又攻克陈县,建立张楚,陈胜受尊为王。大概是考虑到吴广的功绩和西征战事的需要,陈胜任他为假王,即代行王权的职位,使其督率几位将领西攻荥阳。这支部队的对手是秦相李斯的长子、时任三川郡守李由,义军开始打得很顺利,李由连吃败仗,以致三川战局成了秦廷赵高弹劾李斯并使李斯大为惊慌的原因。但义军推进至荥阳城,却久攻不下,战事处于胶着状态。后来,秦将章邯数战击溃了另一支由周文所率的西征部队,向荥阳扑来,这时,吴广与他督率的部属田臧、李归等将领在作战计划上发生了分歧。田臧提出用少量兵力围困荥阳,而以精兵迎战章邯,吴广则坚持全力攻克荥阳。田臧遂假借陈胜之命杀掉了吴广。

田臧与吴广在军事战术上的分歧,究竟孰优孰劣,我们不了解具体情况,无法做出完满的判断。然而,事态后来的发展是:田臧从陈胜那里得到楚令尹之印和上将之职,他让李归等将领围困荥阳,自己率精兵西迎秦军,在敖仓(今河南郑州市西北邙山上)与章邯交战,兵败而死,章邯继续进军荥阳,李归等人亦死于战中,这支西征部队全军溃散。田臧当时指责吴广待人骄横,不知用兵谋略。事情的结果说明田臧自己的用兵谋略并不怎么高明。

一代豪杰吴广因为不能善处与部属的关系,终于血洒荥阳,抗秦斗争因此蒙受了重大损失,历史在此留下了深深的惋惜。

北徇赵地,自立为王的武臣

陈胜率军攻下陈地,建立张楚,一时声势颇大。他接受了关于收复河北(泛指黄河以北地区)的建议,在派兵西征的同时,任命自己的故旧相好陈地人武臣为将军,率领三千人进攻原赵国之地。并任邵骚为护军(调节各将领关系的官职),张耳、陈馀为左左校尉(职位次于将军的武官)。

武臣领军自白马渡口（故址在今河南省滑县东北）过了黄河，到各县向头领们游说，向他们说明了秦政所激起的民怨之大，夸张了西征军的声势，分析秦朝必亡的前景，劝他们转变立场，以成封侯之业。许多头领都很赞同他们的意见，率军接受收编，部队很快发展到几万人，占领了十多个城邑，武臣自立名号称为武信君。

武臣向东北方向进军，兵至范阳（今河北省定兴县南固城镇），经一位名叫蒯通的当地人两头游说，武臣与范阳令达成协议：范阳令举城投降，受封为侯，并由他去说服燕赵各地的县令。武臣因此再收服三十余城。

部队的北向进军开始是极为顺利的。过了黄河，兵不血刃，凭游说和招降的手段，就收复了四五十座城邑。这些胜利是反秦斗争顺应民心的反映，也是武臣采取正确用兵策略的结果。

武臣一行后来到了邯郸，他们陆续听到了两则消息：一则是说周文的西征部队进入关中，在戏水被打败后退；二则是说受命向各地进军的将领，许多人因陈王轻信毁谤谗言而被加罪诛杀。张耳、陈馀两人早因任职太低而怨恨陈胜，于是劝武臣乘机自立为王，武臣采纳了他们的建议，登位作了赵王，任陈馀为大将军，张耳为右丞相，邵骚为左丞相。

他们派人就立王之事向陈胜报告，陈胜闻之大怒，准备尽诛武臣家室，并发兵攻赵，但他听从了下属劝谏，为避免军势转弱时树敌太多，因而改变策略，派人向武臣等祝贺，并催促他们立即发兵西向，入关攻秦。武臣等人一块儿计议，认为陈胜来贺并非本意，在赵楚关系的对立中，发展赵国的势力最为紧要。于是拒绝了西攻秦国的指令，派韩广、李良、张黡三将分头向北用兵。

在这里，武臣等人不仅建立了与张楚并列的另一政权，而且一意走上了与陈胜不合作的道路。他们所以这样，固然是由于陈胜对部属的苛察严责所刺激，更主要的，是由于他们在北方势力大增后私欲膨胀。西征部队受挫，张楚政权在秦军的进攻下穷于招架，为他们提供了叛立的机会，他们正是要乘陈胜无力北顾的时候大捞一把，并不顾及对共同利益的伤害。政权建就后，他们完全站在与张楚对立的立场上考虑问题，认为楚若胜秦，必移兵攻赵，于是制定了回避秦军，放手发展自己的方针。这是一种看似精明实则极其短视的见识，因为他们没有想到，在秦王朝远未被挫伤的前提下，自己的命运和张楚的命运是紧密联系的，张楚垮台之日就是他们行将覆灭之时。

赵国政权的建立是反秦阵营开始分裂的标志,它在起义队伍中开了拥兵自重、割据称王的先例,张扬了私欲,涣散了人心。这一苦果最终首先会让其酿造者得到最多的品尝。果然,武臣派出的韩广不久自立为燕王,并且在燕赵相争中一度俘获了武臣。几乎是在陈胜殉命的同时,获释后的武臣又被他派攻常山的部属李良反兵击杀。

武臣主要是因为和陈胜的故旧关系而被任将,他受命北徇,采取灵活适宜的策略,几乎收复了全赵,极大地推动了全国反秦斗争的高涨,其能力和功绩是无法抹杀的。然而他在军事势力大发展的同时个人私欲迅速膨胀,受某些政治投机人士的唆使,利令智昏,思想狭隘,走上了分裂割据的自灭之路,毁败了反秦阵营,也吞食了自酿的苦果。

以怨报德,居燕自重的韩广

武臣受命北伐,自立为赵王,并且摆脱了陈胜控制,一意走上了独立发展之路。他为了进一步壮大自己的势力,又派出三支部队自邯郸出发向北部和左右两翼用兵。其中一路由部属韩广率领,向北攻略原来的燕国之地,相当于现在河北北部、辽宁西部一带。

当时关外政治形势一片大乱。各郡县的人苦于秦朝的暴政,都乘陈胜起义之势,纷纷杀掉官吏。韩广率兵攻燕,一路非常顺利,不久即占有了燕地。旧燕国的豪门贵族对韩广说:"楚、赵都已相继立王,我们燕也属万乘之国",因而力劝韩广立为燕王。韩广顾虑他的母亲在赵国,不敢背赵擅立。燕人向他分析说:"赵国现今西边担心秦国来攻,南边担心楚国讨伐,哪有力量来限制我们燕国。况且以张楚那样的强大力量,尚不敢加害赵王将相的家属,赵国岂敢加害您的家属!"韩广以为这种分析极有道理,于是自立为燕王。数月后,赵王武臣将韩广的母亲与家属送到燕国。

韩广占有了燕地,是反秦势力进一步壮大的标志,若能万众一心,并力击秦,自然会有更大的战果与成就。然而,受武臣自立称王的引诱,韩广在燕国旧贵族的支持和纵容下,也走上了一条割地称王、独立发展的道路,使关外反秦势力进一步分散化。韩广在走上这条道路之前也曾彷徨过、犹豫过,但他所顾虑的已经远不是反秦力量的削弱,而是留赵家属的安全,因为留赵家属本来就是赵王武臣派他出征时有意掌握的人质,如果背赵自立,这些人质将面临极大的生命危险。从武臣的留质和韩广自立前的顾虑,已可以看出,反秦义军各势力间的相互猜忌、相互防备已到了非常严重的地步,他们攻城略地的所思所虑已完全脱离了反秦的统一目标。

应该说,那位燕人对韩广所做的关于燕赵关系的分析确实反映了当时的现实状况。赵王武臣走上独立发展之路后,就与秦、楚两面为敌,落到了自顾不暇的地步,根本没有制约燕国叛立的力量,也很少有与燕国为敌的可能。而且,不久前赵国立王时,虽然楚王陈胜极其痛恨,但顾忌树敌太多,也隐忍未发,佯示祝贺,软禁了武臣的家属而未敢伤害。以同样的道理,韩广背赵立燕,留质的家属在赵国当不会有性命之虞。事情后来的发展果然如前所料。互相默许和承认独立,这是反秦各政治势力相互关系必然逻辑的演变。非但如此,赵王武臣为了进一步修好与燕王韩广的关系,并未像陈胜对自己那样长期扣留韩广的家属,数月后他将韩广家属送至燕国,显示了对韩广的宽容与恩德。

然而,居燕自重的韩广至此已利欲熏心,贪婪无已。对武臣所给予的宽容与恩德他并无多少感念。在得到留赵家属、消除了任何叛立的顾虑后,反倒恩将仇报,乘机邀利,在独立和反叛的路上走得甚远。事情的经过是:赵王武臣与部属张耳、陈馀率兵向北攻至燕国边界扎驻,武臣在一次空闲时私自外出,被燕军俘获,燕将囚禁了武臣,提出让赵国分出一半土地给燕国,换回了赵王。赵国十多次派使者去燕国交涉,都被燕国杀掉。大将军陈馀和右丞相张耳均无计可施。后来多亏一勤务兵前去燕国巧妙地游说,方诱使燕国放归武臣,化解了一场干戈。可见,在反秦义军中生长和弥漫起来的个人私欲,已彻底瓦解了相互间的默契与联盟,使燕、赵两股势力几乎达到冰炭不能同炉的地步。

那位勤务兵所以能说服燕人,使其放归赵王,关键还是抓住了燕国君臣的私欲心。他前去对燕人将:"张耳、陈馀两人名义上求归赵王,其实想让燕人杀掉赵王,这样他两人就可以分赵而自立为王。现在一个赵国尚且够燕国来对付,何况两个有才能的贤王互相扶持,如果他们来追究杀害赵王之罪,那灭亡燕国也是件容易的事情。"这位勤务兵把杀掉赵王武臣,诬称为对张耳、陈馀有利的事,并以两人将分赵自立、合力讨燕相威胁,他用这种利害关系的颠倒方法诱使燕国放掉了武臣。虽然其说辞中逻辑关系的陈述并不十分高明,但事变转化及其结果明确地反映了燕国君臣在处事中已遵循着集团利益至上的原则,反秦的共同目标已在他们心中荡然无存。

韩广原是上谷(治所在今河北怀来县东南)的卒吏,他追随武臣,受命北攻燕地,一举成功,割据称王。燕国在关外诸侯国中当属偏远的北地,比较远离章邯反攻的河北主战场,因而得以暂时自保。前206年项羽在关中分封十八王,因为燕将臧荼在参与救赵的巨鹿之战后随从项羽入关,因而被项羽封为燕王,在蓟(今北京市西南)立都。大概是因为韩广未随楚入关,项羽改封韩广为辽东王,辖地相当于今辽宁省大凌河以东。数月后,臧荼自关中回到燕地,驱逐韩广往辽东,韩广拒不听从,双方发生火并,韩广被击杀于无终(今天津市蓟县),其土地被臧荼兼并。

韩广在天下反秦烈火燎原之势的大好形势下攻取了燕地,扩大了义军的领地,把反秦斗争推到了一个新的高度。然而,在事业走向成功之时,私欲作祟,利令智昏。他效仿武臣,但又以怨报德,在个人利益的经营上比武臣走得更远。他脱离了义军的统一目标,虽然割据称王,苟安一隅,但终归被社会运动的洪流所淘汰。

挑起内讧,反叛义军的李良

武臣自立为王后,派出三支部队攻略周围之地,其中一支是由李良率领攻取常山,略相当于今河北省西部。

李良出兵亦很顺利。他平定了常山后,向赵王汇报,赵王又命令他攻取太原。李良兵至石邑(今河北石家庄市西南),因章邯所领的秦兵在井陉扎营,无法前进,双方一时形成对峙局面。狡猾的秦将临阵施计,假冒二世皇帝胡亥的名义给李良写了一封没有封口的信,说:"李良如能叛赵归秦,我一定赦免李良的罪过,让李良得到显贵。"李良见信后持疑不信,难于决断,最后决定回邯郸请赵王增兵。临近邯郸时,望见前面百余骑随车而来,声势浩大,李良以为是赵王,跪在路旁拜见,不想却是赵王武臣的姐姐外出赴宴,喝醉了酒,因不知道跪拜的是将官,派了一个骑士来答谢。李良向来显贵,起身后当着众位从官的面感到非常难堪。有一位从官鼓动说:"天下叛秦,能者先立为王。赵王的地位本来在您之下,现在一个女儿家竟不为将军下车,请追而杀之。"李良于是派人追杀了武臣的姐姐。其后他率兵袭击邯郸,邯郸方面没有准备,赵王武臣、左丞相邵骚竟被斩杀。张耳、陈馀两人的耳目随从较多,因此逃脱。他们收拾邯郸残兵,又组织了数万人的军队。由于武臣已死,乃访求赵国王族的后代赵歇,立为赵王,迁都信都(今河北邢台市),重整旗鼓。李良进兵追击,被陈馀击败,于是归降了秦将章邯。

李良是反秦义军中一位颇有战功和成就的将领,最终却非常遗憾地走上了攻赵降秦的背叛之路。究其直接原因有三:一是素来显贵的李良偶然受到了武臣姐姐无意间的不恭敬对待,使他在从属们面前丢净了脸面,为了发泄怨恨,挽回面子,他追杀了这位带给自己羞辱的女子。由于被追杀者与赵王的特殊关系,李良已在反赵的路上欲罢不能,他干脆一不做,二不休,将错就错,率兵袭击邯郸,直至杀掉了赵王武臣。二是李良邯郸得手后,进攻信都,被陈馀打败,使他失去了在赵地重新组织政权、再图个人发展的机会和资本,于是要重新寻找个人发展的途径。三是秦将在战场上的诱降计策发生了作用。李良虽然对所谓二世皇帝的许诺持疑未信,但心底里总以为秦朝那边可能存在一片更广阔的发展空间。正是这一心理作用支持他踏上了杀王之姊的反赵之路,最终又在兵败信都后投靠了秦将章邯。

章邯在不久的巨鹿之战后全军投降了项羽,李良即使不曾战死,想必在自认为诸侯之长的项羽掌握中也不会有好的前途。历史忘记了记载李良个人的最终结局,但他对秦国幻想的破灭比秦王朝自身的灭亡来得更早,却是毫无疑义的。历史上的背叛者,其结局未必全坏;但背叛了正义,却难有好的结局。

李良的背叛反映了反秦义军组成成分及其思想状况的复杂性,是反秦队伍中个人利益原则登峰造极的表现。这一事件在军事上造成的损害不久即被消除了,但追逐小集团利益和个人至上的观念一直蔓延在义军队伍中,影响到日后许多重大事件的发展方向。

攻地立魏,甘为"忠臣"的周市

陈胜建立张楚政权后不久,曾派周市(音 fú,通"黻")北攻魏地,魏地相当于今河南中部、北部和山西南部。这是陈胜所派出的多支部队中的一支。

周市率兵从陈地入魏,一路得到当地起义者的响应,进军非常顺利,一直攻到了齐国的狄(今山东高青县东南)。当时狄人田儋杀掉了狄令,自立为齐王,对张楚政权取不合作的反对态度,以兵击败了周市。周市败退至魏地,见各诸侯国纷纷自立,遂欲重建魏国。当地豪杰要拥立周市为魏王,齐王田儋、赵王武臣也各派车五十乘前来支持,周市坚辞不受,对人们讲:"天下昏乱,忠臣乃见。今天下共叛秦,按道义必须立魏王的后代才对。"于是选定了故宁陵君魏咎作魏王。

魏咎是战国时的魏公子,被封于宁陵(今河南宁陵县南),因号宁陵君,秦灭魏后成为平民。陈胜起义,魏咎前往奔投。周市欲建魏国时,魏咎尚在陈地陈胜身边,周市先后五次派使者来请,陈胜终把魏咎送回魏国,让立为魏王,周市作了魏相。

从周市立魏王的复杂过程不难看到:其一,在天下叛秦的形势下,各诸侯国的复立已演变成了一种社会趋势。在当时的人们看来,这既是反秦斗争的成果,也是与秦对抗的形式。周市不愿自立为王,但也必须确立这样一种政治形式以镇抚地方;相邻的齐、赵对魏国复立给予了热情的支持,齐国甚至忘掉了不久前的狄地争战而以此示好;首义人陈胜是最不赞成各国分立的人,最后也答应了魏咎为王。由此可见,诸侯国复立已得到了天下的共同认可。其二,各诸侯国的旧贵族在民间尚有不小的影响,这种影响既来自于他们本身的地位和声望,也来自于许多传统观念对人们的引导。周市坚持立故魏王之后裔为王,就典型地反映了这一点。

周市本是魏人,对魏国的情况是比较熟悉的。他受命攻取魏地时,兵至丰地(今江苏省丰县),当时刘邦刚在家乡沛、丰起兵不久,从秦将手中夺得丰地,派同乡故人雍齿镇守。周市派人前去对雍齿说:"丰,曾是魏国的迁都之地。现在我们魏国已收城几十座。你若降魏,魏国为你封侯,让你继续守丰;若不降,攻破后屠城。"周市强调了丰地对魏的历史从属关系及其重要意义,暗示了必取的决心,威胁利诱,一度招降了雍齿。丰地降魏曾造成刘邦心中几十年的隐痛,它是周市攻魏时的一次智胜。

周市立魏后不久,秦将章邯攻破陈胜,率兵与魏咎对阵于临济(今河南封丘县东)。当时阳武(今河南原阳县东南)人陈平随一伙少年前来奔投魏国,魏咎任陈平为太仆,管理车马之事。陈平向魏咎提出过一些建议,未被采纳,有人在魏咎面前诋毁陈平,陈平遂逃亡离去,其后依附了项羽。面对秦军的进攻,魏咎派丞相周市去齐、楚求救。楚国大将项它出兵来援,齐王田儋派将军田巴随周市来魏,随后又亲自率兵至临济,结果战斗失利。章邯击破各军,继续攻城。魏咎见临济危在旦夕,考虑到民众的安全,请求投降。降约确定后,他自焚而死。周市与田儋均在临济投降前的防卫战中被秦军击杀。

周市受命北征,使魏地在暴秦的控制下解脱出来,为反秦斗争立下了很大的功劳。他一反征战者自立为王的前例,坚决地迎立魏咎为王,以乱世忠臣自命,表现出了一种独立持行的人格风貌。魏咎虽然有不拒谗言、轻视人才的不足,但在临济危机的关头心念民众,为民赴死,看来不失为讲究道德与责任的仁人。周市在陈地出兵前与魏咎同在陈胜身边,两人都是魏人,一定相当熟悉,他在复立魏国时一心一意地选定魏咎,无疑是看准了两人在感情上的相通之处,对传统观念的信念是他们共同的思想基础。

投靠张楚,力扶赵国的张耳

陈胜攻下陈地后,在陈地隐姓埋名、为人守门多年的魏国名士张耳与陈馀前来拜谒。张耳和陈馀是秦国悬赏通缉的人物,陈胜及身边人早就闻听其名,以前未曾相见,陈地相见后非常高兴。

当地的豪杰父老劝陈胜立为楚王,陈胜征求张耳两人的意见,他们劝谏说:"将军您英勇反秦,为天下除暴,深得人心。如果现在就称王,就是向天下人显示了自己的私心,恐怕大家会离心离德。希望将军您不要称王,立即率兵西征,同时派人立六国贵族的后代,为秦树敌,扩大自己的势力,等到攻取咸阳后号令诸侯,则帝业可成。"陈胜没有听从这一意见,自立为楚王。

在反秦事业向前发展的重要关头,张耳向首倡人提出了全力攻秦、缓后称尊的建议,并提出了扶立六国、为秦树敌的策略。无论其策略是否合适,但其战略意图是十分积极、极其高远的。事实上,陈胜在政治舞台上并没有什么特殊的背景,他之所以能登高一呼,天下响应,就是因为他的义举反映了人们的共同愿望。他的行为只有始终代表人们的共同利益,并以恩德感召人们,才能完成反秦大业,最终镇服天下,赢得至尊地位。如果陈地称王,无疑是对战略目标的放弃和破坏,而且,在人们的共同利益还远未实现的时候,就张扬一己之私,势必在义军中开创唯私利是逐的先例,会使人心涣散。可惜陈胜的目光看不到这么深远,果然就做出了坐地称王的事情。

陈胜称王后即派兵四处攻地，在派武臣北攻赵地时，让张耳为校尉随行。这支部队收复了赵国大片土地，张耳遂劝武臣说："陈王以蕲县起兵，到陈县就称王。将军现以三千人攻下几十城邑，单独隔在河北，不称王无法镇守，希望勿失时机。"武臣在张耳的建议下自立为赵王，把陈胜在义军中显示出来的私欲进一步张大。

陈胜听说武臣立为赵王，无可奈何，佯为祝贺，并发令让武臣、张耳一行立即率兵向西攻秦。他大概料到这支队伍中出谋定计的核心人物是张耳，于是封张耳之子张敖为成都君，张敖去成都就封必须经过关中，陈胜是以此引诱赵国君臣全力攻秦，足见其无奈而又明确的良苦用心。新立的赵国面临着一次选择。

在赵国复立后何去何从的关头，张耳两人又对武臣讲："陈王祝贺我们，并非他的本意，只是一种策略。楚如灭秦，必然加兵于赵。我们不必向西攻秦，只要向北面和南面用兵，扩大我们的地盘，将来也不怕楚国。"武臣同意他们的建议，因而拒不西征，派出了韩广、李良和张黡三支部队执行自己的计划，一意走上了脱离陈胜而谋求独立发展的道路。

张耳随武臣出征以来，在立国和发展两大问题上均提出了重要的建议。他关于赵楚关系的分析似乎也有些道理，因为只有赵国自身强大起来，才能不怕张楚的进攻。然而，这里面有一个立场问题，究竟是应该站在反秦全局的立场上来考虑问题，还是只站在河北一支军队的立场上考虑问题。如果是前者，那着重考虑的当是与秦的对立，不可能有对张楚的顾虑；张耳没有想到与秦的生死关系，只考虑到对张楚的提防，说明他的立场已发生了根本的变化。

张耳在稍早前曾向陈胜建议暂勿称王，显示了比较深远的战略眼光，随武臣到河北夺得地盘后，却让武臣效仿陈胜而称王，表现了对小集团利益的公开追求。所以会发生这样巨大的转变，一是因为他的建议没有被陈胜采纳，心怀不满；他也由此看到了陈胜一伙属于目光短浅、难成大事之人，因而决定要在形势尚好时大捞一把，抓住眼前的利益不使丢失。二是随武臣出征时他本想得到将军的职位，但陈胜只任命他为校尉，这是比将军次一级的官职。他本来就出身稍贵，在义军首领面前有一种不甘为下的优越感。通过复立赵国，他由校尉一跃而成为首席丞相，个人的欲望立刻得到了满足。三是他听说许多出征将领回去复命，都被陈胜听信谗言而诛杀。唆使武臣立王属于对张楚的脱离和背叛,自然要提防张楚并且不顾一切地壮大自身。

张耳本是魏国大梁(今河南省开封市西北)人,年轻时曾是战国信陵君魏无忌的门客,后来娶了外黄(今河南民权县西北)一家富豪的女儿为妻,凭优厚的家资广交朋友,其中与平民时的刘邦亦有数月交游。后来他还做了外黄县令,秦朝时至陈地隐姓埋名十余年。陈胜义军攻入陈地时,张耳被裹挟和推到了更大的政治舞台上。他是一个极有生活经历和政治识见的人物,本来可以为义军的发展盘算全局、指点迷津,但由于种种原因,包括他自身的私欲作祟,却做出了为个人和小集团利益而严重伤害义军整体利益的种种盘算。从给陈胜和武臣两种立场相反的建议看,他已演变成一个政治投机人物,这是他个人和张楚义军的双重悲剧。

赵国建立后不久,即经历了李良反叛之难,赵王武臣被李良攻杀于邯郸。张耳逃脱后在信都扶立赵歇为赵王,旋被秦将章邯率兵围困于巨鹿。当时城中粮尽兵少,城外陈馀、张敖及燕、齐救兵皆扎营驻守,不敢向前。张耳被围数月,几乎困死于巨鹿,真正地尝到了自己损害反秦整体利益的苦果。他危急间督促陈馀舍身赴敌,遭到辞绝,两人遂反目为仇,个人利益至上的原则最终也必然地毁坏了两人的生死之谊。

前207年冬,项羽率楚军破釜沉舟,解了巨鹿之围,张耳死中逢生,次年跟从项羽进入关中,被封为常山王,领有赵地,建都襄国(今河北省邢台市西南)。一心经营赵国的张耳,因为历史的转机居然逢凶化吉,拥有了自己的王国。但他到国后被心怀不平的陈馀击败驱逐,无奈之下,凭故旧关系投靠刘邦,前204年刘邦派大将韩信率兵向北经营,夺回了张耳的失地,又封他为赵王。前202年张耳死,儿子张敖袭位。

张耳参加义军后投机政治,一意经营赵国,谋求独立发展,几经凶险,终也捞到了不小的利益。他是踏着张楚义军的鲜血来获取张家的王冠。

喜好儒术,疏于用兵的陈馀

在张楚义军中,有一位与张耳相齐名的人物,他就是陈馀。

陈馀也是魏国大梁(今河南开封市西北)人,喜好儒家学说,也娶有一家富人的女儿为妻。几次到赵国的苦陉(今河北省定县东南)游历,年轻时认识张耳,执晚辈之礼,两人结为生死之交。

秦灭六国后,陈馀与张耳都成了秦国悬赏通缉之人,他们一起逃入陈县,改名换姓作了十多年看门人。陈胜起义后,他们一起投奔义军,向陈胜出谋献策;武臣北上攻赵,他们两人为左右校尉相随;义军占有河北之地后,他们一起劝说武臣立为赵王,又同时支持武臣放弃西进攻秦而独立发展。

在赵国政权中,陈馀担任大将军,实际掌管兵权。他和首席丞相张耳对赵国的内政、军事、外交和危机处理都有着共同的主张与态度。他们相互配合、意气相投,乃同功一体之人。

李良反赵事件中,武臣被杀,陈馀与张耳立赵歇为王,他们率兵击败李良后,由张耳在信都辅助赵王,陈馀北上常山收集李良余部。没有想到,这一分别导致了他们的情感危机和终生的政治仇恨。

陈馀刚一离开,秦将章邯就率兵攻入赵国,张耳与赵歇无法抵御,逃入巨鹿(今河北省平乡县南),章邯派副将王离率大军围城急攻,他自己负责修筑了连结黄河的甬道,给王离供应军粮。城中赵人食尽兵少,危在旦夕,城外秦军声势浩大,志在必取。陈馀在常山征召得数万兵卒,驻军于巨鹿城北,他自忖兵力不及秦军,相持了数月,不敢向前迎战。张耳在城中等之不及,派张黡和陈泽前往责备陈馀说:"当初我与你结为生死之交,现在我与赵王死在旦夕,而你拥兵数万,不肯相救,哪儿还有效死的情分呢? 假如还讲信义,我们赴敌俱死,况且还有十之一二的生路。"陈馀解释说:"我顾虑前去迎战最终不能相救,只是白白送死。我之所以不愿同归于尽,就是想报效赵王和张君。现在大家都去赴死,就像把肉扔给饿虎,有什么好处?"他仍然坚持不予出战的方针。张黡二人督促说:"情况已很紧急,现在要赴死守信,顾不了许多。"陈馀见难说服他俩,于是拨了五千人马让领去尝试,告诉他们:"我以为赴死没有什么好处。但事情还是按你们说的办。"张黡、陈泽两人领兵向前,结果全军覆没。

半生追随张耳的陈馀在巨鹿之战的生死关头,与张耳发生了意见分歧,由于两人所处境况的不同,这一用兵方针的分歧必然引发私人感情及其政治联盟关系的危机。事情发展到这一步,两人都是有责任的。首先,张耳不应该让陈馀只是出兵不计后果,顾及战果应是军事活动中永远优先的原则;同时,他也不应该把出兵救援与个人交往混为一谈,身为赵国丞相,对陈馀以国家大义相要求未尝不可,但把要求出兵视为个人情谊的印证,反而降低了对其军事行为的约束力,也使他们自己督促出兵的理由显得黯然失色。也许他们所处的时代特重信义,或者他们自信是看重信义的人物,但是,处在求援状态下的张耳,要求救援者陈馀赴死出兵,本身就含有只想自己求生而不顾对方生死的非信义成分,他以守信义来要求陈馀出兵,实在没有百分把握。

陈馀作为赵国大将军,率兵救难本是他应尽的职守,他在此前曾经击败叛将李良,并收集常山之兵,扎驻城北以待机,都是尽本分之职。作为领兵之将,攻击前点数胜券多寡,也不失为负责任的态度,但驻军数月之久,却没有任何军事动作,在巨鹿城旦暮将破的情况下,一味消极观望,这就不能算一个上好的将军。当时燕、齐、楚诸国派兵来救,张耳之子张敖亦率万余代地之兵相助,城中张耳之军有必死的决心,而秦军已有屡战疲惫之弊,加之粮草运输线路过长,赵国组织反击绝不是毫无作为之处。陈馀作为赵国主将,在救援中应该组织各国力量,发现和创造出进攻的战机,积极行动,即使不能全胜,也能多少缓解城中的压力。但他在这里未能很好地履行自己主将的职责,没有对各国军队进行有效的组织和部署,被秦军的气势吓破了胆,采取了自保观望的态度。巨鹿窘况本是陈馀支持赵国实行独立发展之错误战略的恶果的延伸,观望态度则表现了陈馀战术韬略的极度缺乏。

面对张耳所派使者张黡两人非理性的指责,陈馀强调不能做无味之死,也不愿为信义赴难,这都具有一些合理性,但他却由此放弃了自己国家主将的责任,以秦军的强大作为自己见死不救、长期观望的理由。更为错误的是,在张黡两人的反复请求下,他竟意气用事,派出五千人任其赴敌,他没有任何配合与防御,以五千人的毁灭来推卸自己救援的责任。

陈馀的驻军观望想必不会使赵国在巨鹿有任何好的结局。但峰回路转,项羽不久率虎狼之师,为赵国解了巨鹿之围。张耳出城责备陈馀,并追问张黡与陈泽两人的下落,陈馀发怒说:"他们催我去拼死,我让他们领五千人去试试秦军,结果冲进去没有跑出来的。"张耳不信,以为是陈馀杀了他们,就多次盘问陈馀,陈馀愤怒地说:"想不到你恨我如此之深!你以为我贪婪将军之位吗?"于是解下大将军的印信推给张耳。张耳吃了一惊,不愿接受,但在陈馀上厕所时,张耳的一个宾客乘机力劝张耳收取,并认为是:"天与不取,反受其咎"张耳受此劝说,遂自己佩上大将军的印信,接收了陈馀的部队。陈馀返回后,见张耳没有还印之意,乃转身离去,领着手下亲信数百人到黄河沿岸的水泽中捕鱼打猎,彻底结束了他与张耳的政治合作。

巨鹿解围，赵国绝处逢生，陈馀与张耳若能放弃前嫌、重修旧好，继续提挈扶赵，对他们两人及赵国都会不无益处，但从他们先前分歧发生的思想基础看，看重个人利益，意气用事，已使双方难有和好的可能。果然，张耳一见面就追问张黡二人的下落，并对陈馀的答复表示了极大地不信任，最后还在他人的唆使下把将军印信收归己有，以壮大自己的职权。陈馀拥兵在手，救援无功，本应该向张耳陈明情况，以求谅解，但他不仅没有一点负疚之心，反而把五千军马覆没的责任全推给张黡二人，似乎是他们无端责备自己的结果。因为张耳不相信大将军会如此不负责任地任五千军去赴死，故而怀疑他的答复，这时，陈馀又一次意气用事，竟用辞职解印相威胁，无论他是想以此证实他的答复的真实性，还是想以此消除张耳对他忠诚之心的怀疑，都不是奏效的方法和合适的态度。他自然没有想到张耳会佩印自留，收其兵权，只是权作一种发泄、示威，大概希望张耳有挽留的表示，以此来平衡情绪，缓和争执，但当弄假成真时，他已没有了挽回的余地，无奈之下，只好在捕鱼狩猎中去勉强寻找快活。

前206年，张耳随项羽入关，被封为常山王，陈馀因为未随入关，只受到南皮（今河北省南皮县东北）三县之封，为侯爵。陈馀本已无心争执，但见张耳被封为王，愤愤不平，乃派夏说游说齐相田荣，借来兵马，并尽起三县之兵赶走了常山王张耳，收复了赵地，把被项羽徙为代王的故主赵歇迎接回来，复立为赵王。赵歇感念陈馀的恩德，封立他为代王，号为成安君。陈馀为代王，但考虑到赵国初定，国势较弱，因而让代相夏说守国，自己留赵辅佐赵歇。

前205年，汉王刘邦准备东击项羽，相约与赵国一同行动，陈馀知张耳已投奔了刘邦，遂向刘邦提出条件：汉王杀了张耳，赵国才肯跟随相助。不久陈馀果然得到了刘邦送来的张耳首级，于是派兵助汉。后来他发现张耳并未死去，原来刘邦送来的是一个与张耳相像者的首级，因而又背叛汉王，与楚讲和。前204年，汉将韩信与张耳率兵破魏后进入赵国，在井陉口（今河北省井陉县东北的井陉山上）之战中击败赵军，斩杀陈馀于泜水（今槐河）岸上。

井陉口之战，陈馀率赵军号称二十万，对付汉兵大约万人。赵国谋士李左车向陈馀献计说："井陉之道，战车不能并列，骑兵不能排行，行军队伍拉开距离，粮食一定在后面。我请求率三万骑兵，抄小路去截获粮草，断其后路。您可深沟高垒，守营勿战，敌人向前无仗可打，向后无法撤兵，又得不到粮食，不过十天,就会全军溃败。"陈馀则坚持认为,汉兵人少,又千里奔袭,势已疲惫,如果赵国避而不战,以后遇到更强大的敌人就更无法对付,因而否决了李左车的建议。韩信听说陈馀没有采纳李左车的建议,非常高兴,于是大胆地引兵接战,出奇计背水列阵,于是才有陈馀的败亡。

从陈馀立赵为大将军起到丧身泜水的数年间,虽然有击败李良和驱逐张耳的用兵之胜,但在巨鹿之战和井陉口之战的重大军事行动中他没有恰当的战略部署和战术安排,有的则是在强敌面前的畏敌如虎和在"弱敌"面前的盲目轻敌。他以带兵和从事军事活动的身份参与时代政治,但因疏于用兵,终究是屡屡受挫,难得成功,甚至最终自身不保。

司马迁在评价陈馀时说道:"成安君,儒者也,常称义兵不用诈谋奇计。"这位喜好儒术的人物虽然疏于用兵,但在政治领域不是没有他的特长。张耳被围于巨鹿时,项羽这支救兵是陈馀多次催促而来。在项羽与章邯决战未定的关键时刻,他给秦将章邯送去一封有情有理的劝降书:

"白起为秦将,南征鄢郢(均为楚国国都),北坑马服(指马服君赵括),攻城略地不可胜计,而竟赐死。蒙恬为秦将,北逐戎人,开榆中地数千里,竟斩阳周。何者?功多,秦不能尽封,因以法诛之。今将军为秦将三岁矣,所亡失以十万数,而诸侯并起滋益多。彼赵高素谀日久,今事急,亦恐二世诛之,故欲以法诛将军以塞责,使人更代将军以脱其祸。夫将军居外久,多内隙,有功亦诛,无功亦诛。且天之亡秦,无愚智皆知之。今将军内不能直谏,外为亡国将,孤特独立而欲长存,岂不哀哉!将军何不还兵与诸侯为从,约共攻秦,分王其地,南面称孤;此孰与身伏斧质,妻子为戮乎?"

陈馀在书中以白起、蒙恬功高受诛的秦国当代史为证,说明了秦朝诛杀功臣的必然性,指出了秦朝宫廷的谲险和赵高嫁祸塞责的阴毒心理,认为章邯为秦朝卖命的唯一结局是遭受诛戮。其后又向章邯封爵许愿,利诱他反戈来降。陈馀的劝降说理充分、逻辑严谨,句句为真。尤其是在章邯特使去咸阳汇报,受到赵高的阻遏与追捕、仓慌逃回的情况下,陈馀的劝降对章邯更是产生了重大而直接的影响。章邯投降,这是陈馀政治活动的极成功之处。

项羽封王后,陈馀欲以南皮三县之力驱逐常山王张耳,苦于兵力不足,他分析了天下诸王的态度,选定齐国为合作伙伴,派人前去对齐相田荣说:"项羽分割天下太不公平,把他的亲信们分到好地方,原来的诸侯王分到坏地方,我陈馀不会答应。听说大王您起兵,不会听从不合理的命令。希望您能援助我一些兵力,我将进攻常山,恢复赵国,请大王以南皮作为您用兵的前哨。"陈馀向齐国借兵,首先从道义上说明了用兵的合理性,把田荣恭维成一个反对不合理秩序的正义君子,表明自己用兵是齐王反霸事业的一部分。他的说辞从天下形势和追求合理秩序方面入手,也正好迎合了田荣欲在天下建立反楚联盟的需要,因而获得了成功。外交和政治活动本来就是陈馀的所长。

诛叛复仇,追随新主的吕臣

张楚政权的宫廷中,有一位名叫吕臣的近侍,当时称为"涓人",负责洒扫内勤诸事。前208年,陈胜的驾车人庄贾在下城父杀害陈胜,投降了秦军。在政治形势急转直下、反秦前景一片暗淡的时候,吕臣在新阳(今安徽太和县西北)组建了一支以青巾裹头的部队队,称为"苍头军"。这支部队攻下陈县,杀掉了叛变者庄贾,又以陈县为楚都,试图逐步恢复张楚失去的地盘。在秦军满以为灭掉张楚、南方已定,正准备全力北进的时候,苍头军异军突起,出其不意地夺得了旧都之地,他们杀掉叛徒,报仇雪恨,显示了义军前赴后继的英勇气概,昭示了义军精神的不死。

吕臣破陈,给了秦军不小的惊异。秦军派左右校尉等将官率兵来攻,凭借强大的力量,攻下了陈县,吕臣在失败之后收拾残兵相聚,又与在鄱阳为盗的英布的军马相联合,再次向秦军发起进攻,在青波(今河南新蔡县西南)打败秦军,并再度夺得陈县为楚都。当听说项梁立楚怀王孙心为楚王时,他率军前去奔投。

吕臣组建的苍头军人数不多、力量不大,但在秦军面前却不甘失败,顽强不屈,他们始终满怀着恢复失地、再造楚国的信念,以必胜的决心去战斗,而毫无气馁之意,这是他们具有的最可贵的精神。然而,吕臣出身低下,豪气不足,数次夺得陈县作楚都,却未能建立自己意属的政权组织,除过力量弱小、人才缺乏的原因外,大概也是对自己建政的资质没有信心。当楚国贵族项梁拥立楚怀王孙心为楚王时,他立刻感到了楚政权的真实存在,自以为找到了武装抗秦所意属的效忠对象,因而前往盱台(今盱眙)归属,自愿成为项梁的部属。

吕臣奔投楚怀王,在项梁麾下作战,经历了项梁被杀的定陶之败后,他随项羽、刘邦引军在彭城周围驻军。不久楚怀王自盱台迁至彭城,他合并项羽与吕臣的部队,亲自指挥,吕臣被任为司徒,成为主管后勤的军需官,他的父亲吕青被任为令尹,掌管军政之职。吕臣许是一个对主上绝对忠诚的人,他在楚怀王的小朝廷中,父子一并受到重用,属当时所少见的情况。

不久,吕臣脱离怀王,他在陈留(今河南开封市东南)追随刘邦为舍人(派有职事的门客),以郎的身份入汉中,前203年在成皋(今河南省荣阳西汜水镇)参加汉军击败楚将曹咎的战斗,经常为刘邦效劳于鞍前马后,前196年代相陈豨谋反,他以都尉身份从征,被封为宁陵侯。他的父亲吕青在前202年以令尹身份追随刘邦,有功、被封为阳信胡侯,父子二人在历史大转折的关头,大概深感怀王朝廷的无能为力,又不满于项羽的暴戾与自负,利用他们与刘邦共事过的相识之便,先后做出了政治上的重新选择,成了汉王的部属。他们审时度势,效命刘邦,同时也争取到了不错的个人前程。

随众反秦,独树旗帜的秦嘉

陈胜在陈县立王后,陵县(今江苏宿迁东南)人秦嘉、符离人朱鸡石等数人各在所在地起义,组织了几支队伍,他们联合起来率军将东海郡守包围于郯城(今山东郯城县北)。陈胜听说此事后,派武平君畔为将军前往郯城,监督和统管几支义军部队。陈胜此举表达了与郯地义军互相联络、互相支持的良好愿望,同时也有收编和统属之意。

秦嘉是受陈胜起义的鼓舞而举事,但对陈胜派来的将军却拒不接受。大概是武平君年纪尚轻、难孚众望的缘故,秦嘉不愿接受他的统属,自立为大司马,对军吏们讲:"武平君年轻,不懂军事,不要听他的!"当武平君感受到来自义军内部的抗拒和对立时,必定有一些制止和对付的措施,但秦嘉毫不客气,以自己掌握武装力量为依凭,假传陈王命令,杀掉了武平君。也许陈胜的派将监军和武平君在前线的所为都有方法和策略上的失误,但在和秦军围城对抗的紧急关头,秦嘉为了摆脱张楚的统属,挑起义军内部的不合作,并不惜把矛盾冲突推倒极致,却从根本上不是一种明智的态度。

陈胜未及追究秦嘉的杀将之过就痛失陈县,兵败出走。秦嘉听说陈胜离陈而去,立刻立楚国旧贵族景驹为楚王,他领军到方与(今山东鱼台县西北),准备向定陶一带的秦军进攻,考虑到自己力量不足,遂派使者公孙庆到齐国去联络齐王田儋联合进军。田儋追问秦嘉为何擅自立景驹为王,公孙庆回答:"你们齐国立王没请示楚国,楚国立王为什么要请示齐国! 况且我们楚国首先起事,理当号召天下。"话不投机,田儋遂杀掉了公孙庆,秦嘉和齐国的联合行动遂告流产。公孙庆对田儋的回答多少反映着这支部队和秦嘉本人的某些观念。自关外诸国各自复立后,与国间的合作本来就有一个互相尊重的问题,但他们却以号召天下而自命,以这种傲慢的态度自然难于争取到盟国的配合与支持。尤其在于,秦嘉他们以为楚国首先起事,就当号召天下,但在首事人陈胜军败出走、下落未明的情况下他们扶立景驹为王,这一王位非但不具备对于陈王地位的合法继承性,反而有明显的叛立之嫌。以叛立的楚王行张楚之权,自己力量弱小,又傲慢于盟国宫廷,秦嘉的这种交邻与谋求合作断难有好的结果。

秦嘉率军在彭城之东扎驻,听说项梁率军渡江而西后收编了几支部队,过淮河往下邳而来,他遂作出部署,准备抵抗和阻止项梁之军。项梁告示军中:"秦嘉背叛陈王而立景驹为王,属大逆不道。"项梁在舆论上争取主动,先声夺人,并凭借力量上的优势击垮了秦嘉之军,一直追击至胡陵(今山东鱼台县东南),秦嘉回军交战一天,终于被杀,景驹亦死于逃亡途中。

项梁具有明确的反秦目标,又未见与秦嘉有公开对立的态度,不知秦嘉何以要在彭城阻挡项梁的进军之路。秦嘉自立景驹为楚王,以楚国政权自命,对于同样出于楚国、并且极具号召力的项梁,就多出一种无名的嫉恨。他的楚权得之非正,在贵族出身的项梁面前自有一种心虚之感,他要维持这个伪政权,又要霸占其中的权力,独享反秦义军的领袖地位,因而做出了与项梁部队对抗的决定。他在作出该决定时忘记了强秦的存在和自我力量的弱小,在反秦的路上,被自己挑逗起来的友军所击杀。

秦嘉在表面上追随陈胜,参加了反秦斗争,但他没有纯正的反秦理念,思想偏狭,境界极低,他把反秦斗争一开始就视作谋取权位的个人活动,在反秦大潮中独树旗帜,拒绝与友军合作,一味挑起义军内部的纷争与对抗。在自我发展的路上自设屏障、自掘坑堑,最终自我扼杀。他是义军中有严重智思缺陷的首领。

响应陈胜的诸豪杰

大泽乡起义的火种很快引烧了全国各地的干柴。从公元前 209 年起的二、三年中,关外起义蜂起,秦军的反扑摧毁了陈胜张楚政权,反秦斗争的一面旗帜被毁灭了,但反秦的烈火并没有被扑灭。各路义军互相联络,重新组织,英勇奋起,一直把残暴腐朽的秦王朝送入坟墓。

扶立楚王,重整旗鼓的项梁

陈胜建政后,曾派部署召平率兵攻取广陵(今江苏省扬州市)。召平久攻未下,后来风闻陈胜败走陈县,又听说秦军将反扑过来,于是渡过长江,找到会稽郡守项梁,假托陈胜的命令,拜项梁为楚王上柱国(上卿之爵,相当于相国),下令说:"江东已经平定,请立即率兵向西击秦。"项梁乃与侄儿率八千子弟兵渡江而西,与秦对抗,由此干出了一番轰轰烈烈的大事业。

项梁是楚国下相(今江苏省宿迁西南)人,年轻时杀了人,与侄儿项羽跑到吴中(时江苏吴县)避仇,当地的贤良士绅都不及项梁,每逢地方上有大徭役及丧事,项梁总为主办,他暗中以所学兵法约束宾客子弟,由此了解了宾客的情况,也显示了自己的才能。他是当时地方上有才能、有影响的人物。

吴中所属的会稽郡,辖地约今江苏省和安徽省南部、浙江省大部,治所在今苏州市。在陈胜大泽乡起事约两月之后,会稽郡守殷通就近约见项梁说:"大江以西都反叛了,这是上天亡秦之时。常言道先发制人,后发制于人。我想要起兵,让你和桓楚为将。"桓楚是吴中的奇士,当时亡命在外,项梁对殷通说:"桓楚逃亡,只有我侄儿项羽知道他的处所。请授命让他召回桓楚。"殷通答应后,项梁外出对项羽作了一番交代,领其去见郡守。不一会儿,项梁向项羽使眼色说:"动手吧!"项羽突然拔剑而起,斩断了殷通之头。左右随从大惊失色,乱成一团,项羽杀了近百人,满衙门的人都吓得伏在地上不敢起来。项梁自佩郡守的印信,召集过去熟悉的才干人物,说明他要起事反秦的目的,之后调集吴中兵员,并派人征收下属各县之兵,共得精兵八千,安排吴中豪杰担任校尉和司马等职。他于是担任会稽郡守,以项羽为副将,收服和安抚下属各县。

从当时的形势看,会稽郡守殷通是要反秦起事,他希望得到项梁和桓楚二人的支持以壮大势力,并希望在反秦斗争中能取得一定的先发优势。项梁其实是认同这种行动的,他以诡诈手段、并借项羽之力斩杀殷通,无非是想独自掌握起义的领导权。项梁是原楚将项燕的小儿子,优越的贵族出身使他自矜自负,不愿与他人分享权力,于是成功地实施了一场以最小的代价取得郡守之职的夺权之变。

项梁的郡守职位是抢夺来的,当召平以陈胜名义封他为上柱国,并下令让他渡江西进时,他由此感到了陈王对他的承认和看重,他本来也不准备在会稽困守一生,于是非常高兴地带领八千子弟兵渡江而西,甚至根本没有考虑召平所传命令的真假。项梁的父亲项燕十四年前被秦将王翦逼杀,他与秦国有杀父之仇,陈胜起义就曾打过项燕的旗号,这次项梁渡江西进,也获得了报仇雪恨的机会。

项梁出江东,首先团结和联络了一批反秦的政治力量。当时陈胜在陈县败走,生死不明,各路义军各自为战,相互间的联络就显得尤为重要。项梁渡江后听说陈婴已拿下了东阳(今江苏省盱眙县东南),即派人前去联络,相约一同向西进攻。陈婴是东阳县令手下的书吏,相当于秘书之职,为人诚实憨厚。当地的年轻人杀了县令,强立陈婴为首领,追随者达到两万人。陈婴不愿为王,逢项梁前来联络,就对手下人讲:"项梁家世代为将,在楚国有影响,今欲举大事,非他不可。我们倚仗名家大族,必定能灭秦。"于是这支部队就归属项梁统率。项梁渡过淮河后,黥布、蒲将军率义军六七万人,慕名前来投奔。项梁驻军下邳时,还收集了秦嘉部队的战败残军,朱鸡石部亦投于麾下。不久,在丰、沛起事的刘邦率军前来相会,接受项梁的节制,齐国的田荣、司马龙且也一度前来合作攻秦。项梁还接受张良的请求扶立韩国公子韩成为韩王,以抚定韩国故地。在陈胜的张楚政权被秦军摧垮后,项梁凭自己家族的声望和个人影响,及时地团结和联络各路力量,对反秦斗争起了重要的稳定作用。

项梁出江东后一个更大的政治行动是重建楚政权。他作会稽守时名义上受陈胜之令出江东，虽有楚王上柱国之名，但始终不知道陈胜的下落。过淮河在下邳驻军时，他听说反秦将军秦嘉在彭城（今江苏省徐州市）另立景驹为楚王，并要阻挡自己进军，乃对手下军官们讲："陈王首先起事，作战失利，未知所在。今秦嘉背陈王而立景驹，属大逆不道。"于是向秦嘉发起进攻，并乘胜追至胡陵（今山东省鱼台县东南），击杀秦嘉，收降其残部，景驹在逃跑中死于魏地。项梁对友军秦嘉的攻击不是可以称道的行为，但从中反映了他对张楚政权的拥戴和对陈胜至尊地位的认可。他自认是陈胜任命的上柱国，从个人利害上，他也不愿看到一个与张楚相并列的政权。

不久，项梁听说陈胜确实在下城父被人杀害，于是召集各部将领在薛地（今山东藤县南）商议，沛公刘邦也前来参加。年届七十的老人范增提议拥立原楚王的后代为王，项梁欣然同意。当年楚怀王被秦国诱骗扣留，客死秦国，楚人一直怀念着。项梁顺从民愿，从民间寻访到楚怀王的孙子，立为楚怀王，建都盱台（即盱眙），以陈婴为楚上柱国，他自号为武信君。项梁拥立楚怀王，使反秦义军在陈胜之后重新获得了一面能以号召的旗帜，这也是项梁对反秦斗争的一大贡献。

项梁出江东，也打过一系列的胜仗，削弱了秦军在关外的力量。他曾派军在襄城（今河南省襄城县）攻城得胜，在亢父与秦军拼杀，与齐军在东阿（今山东省东阿县西南的阿城镇）大破秦军，旋派刘邦与项羽攻拔城阳（今山东鄄城县东南），这支部队在濮阳东击败秦军，攻定陶不下后绕道雍丘（今河南省杞县），大破秦军，斩杀李斯之子、秦三川郡守李由，取得了重大的胜利。项梁指挥楚军迂回转战，但其西向击秦的用兵目标却是非常明确的，在强敌面前，看不出丝毫的怯懦和畏缩，也没有通过避战纵敌来谋图小集团利益的过多私念，表现出了比赵、燕等河北义军将领更高的思想境界。

项梁自东阿赶至定陶，再破秦军，又听说秦将李由被斩杀，因而产生了轻敌骄傲情绪。他派刘邦与项羽率主力进攻陈留（今河南开封东南陈留城）时，自己在定陶放松了警惕。秦将章邯得到了补充的兵力，夜间衔枚偷袭定陶楚军，项梁在激战中被杀。

在张楚政权被秦军摧垮，南方义军无所归属的关头，项梁率江东八千子弟兵渡江而西，团结和联络了各路义兵，并再建楚国政权，重新树起了反秦斗争的旗帜。他志败秦军，因骄傲轻敌而壮志未酬，结束了悲壮的一生。但他遏制了反秦斗争的落潮,他为反秦斗争树立的旗帜和所培育的坚强力量在他身后仍发挥着巨大作用,他人已去而功未朽。

受尊为王,力统各方的熊心(楚怀王)

项梁兵出江东后,听说陈王陈胜确已遇害,遂召楚境各路将军商议,扶立原楚怀王熊槐的孙子熊心为楚王,为南方的反秦斗争重新树起了一面旗帜。

原楚怀王熊槐于公元前 299 年被纵横家张仪骗入秦国,又被秦昭王扣留,客死秦国,楚人一直怀念他。秦一并天下后,当时著名的预言家楚南公曾断言:"楚虽三户,亡秦必楚。"大概是仇恨的种子在楚国埋得很深。反秦的烈火最初由楚国戍卒点燃;楚国的反秦活动队伍最多,力量最大;秦朝的统治从根本上是被楚人所推翻,这一切都证实了楚南公预言的正确。项梁作为楚国世族子弟,对当时的民心是了然于胸的,他顺从民众的愿望,在张楚政权垮台后寻访到了在民间为人牧羊的熊心立为楚王,仍称楚怀王,大概是想借助其祖父的影响,加强号召力。

熊心为楚王后,在盱台(今江苏省盱眙县东北)草创楚政权,于东阳率众投靠项梁的陈婴被任为楚上柱国,项梁为武信君,负责军政事务。不久项梁在定陶兵败身亡,熊心为收缩兵力,移都至彭城(今江苏省徐州市),他合并项羽和吕臣的部队,自己亲自统率,任吕臣为司徒、吕青为令尹,任沛公刘邦为砀郡长(辖地约在今安徽省砀山县一带),封为武安侯,统砀郡之兵,后来又任初到的宋义为上将军,封项梁之侄项羽为鲁公,等等。

熊心在楚王的位置上,有效地团结了楚国各路反秦力量,他们有些此后成为反秦斗争的主力军。熊心在楚国政治舞台上凝聚人心的作用是十分明显的。

熊心还对北方各国的反秦活动给予了道义上或军事上的支持,使关外各国在秦军的猛烈反扑面前稳住了阵线。当时考虑到燕、齐、赵、魏、楚都已立王,唯韩国未复,熊心乃与项梁选定韩国庶出公子、横阳君韩成为韩王,欲以抚定韩国故地。在秦军的压力面前,韩成坚守不住,不久逃往楚国,奔投熊心。当时项梁已死,熊心使刘邦率兵进攻阳城(今河南省登丰县东南),支持张良以韩司徒的身份攻下韩国原有领地。韩成一直客居熊心之宫,秦灭后改封为列侯。先前陈胜遣立的魏王魏咎被秦将章邯包围于临济,危急之下与秦军约降后焚身自杀。

其弟魏豹逃至楚国，熊心拨给他数千人马让恢复魏地。魏豹攻下二十多城后被立为魏王，后率精兵随项羽入关。赵国君臣被秦将章邯围困于巨鹿城后派使者求救，怀王熊心派出了一支英勇善战的救援队伍，击败秦军，招降了章邯，粉碎了秦军的关外军队。齐王田假因内讧失利逃至楚国，熊心明确地予以保护等等。由于熊心对楚国反秦力量的团结和对与国的友善态度，楚国一时成了关外反秦斗争的大本营和后方基地，各国反秦失利或政治受挫者，都在怀王熊心那里找到了最后的依托。

在章邯军队屡屡得手、反秦斗争处于低谷的紧要关头，熊心还对楚国军队的作战部署作了被证明为合理的安排。当时秦军正围困赵国于巨鹿，熊心决定派出两支部队，一路北上渡河，援救赵国，打击秦军的关外力量；一路兵锋西向，攻入关中，端掉秦朝的老巢。为此，熊心充分吸收了手下老将们的意见，作了认真考虑，为两路军马各选定了自认合适的将领：他让刘邦率军西进，沿路收容陈胜之将周文和项梁的散兵，直取关中；让上将军宋义率次将项羽、末将范增等北上救赵。适逢秦朝大厦腐朽即倾之时，熊心派出的两路军队后来都取得了辉煌的胜利，秦朝由此被送进了历史的坟墓。

由于团结楚军，善遇邻国和部署灭秦成功，在楚怀王熊心宫中竖起的反秦大旗显亮夺目。和前一领军人物陈胜相比，熊心表现出了更多的道义和责任心。他在与邻国的交往中一直持扶持帮助的友好态度而没有损人利己的杂念，尤其是齐王田假失势来投，其内讧对立方田荣让楚国杀掉田假，以此作为追随楚国的交换条件时，熊心明确表示："田假是友国之王，危难时归附我们，杀之不义。"他宁肯放弃齐国实力派田荣的追随，也不愿做出杀害齐王田假的不道义之事。当他在选定西攻关中的统兵之将时，项羽为报秦军杀害项梁之仇，慷慨请战，愿与刘邦一同西进，熊心听军中老将们说："项羽为人勇猛凶残，先前攻下襄城后将城中军民全部活埋，一个不留。凡他经过的地方都遭到残杀毁灭。"熊心于是拒绝了项羽的请求，派其以次将身份随宋义救赵，而选定当时被称"宽大长者"、口碑较好的刘邦西进入关。熊心的选将多少反映了他要以正义召唤秦国的百姓，要兴仁义之师的本心。

在楚国诸将中，熊心对凶残暴烈的项羽一直不曾赏识。当时项梁死后，其部队归项羽统领，熊心一移都彭城，就将城外扎驻的项羽与吕臣之军收缴合并，亲自统领，而对刘邦所领砀郡之兵权没有变动，后吕臣升任朝中司徒，并用其父,却未见对项羽有任何升迁的表示,看来这次收缴兵权主要是针对项羽的。熊心拒绝了项羽率军西征的请求,派他随宋义北上救赵,使其处于不能独立统兵的地位,实际上是对他领兵之权的限制和剥夺。项羽在北上途中发动兵变,杀掉宋义,夺得了统兵之权,熊心才无奈地承认项羽为上将军。

当时熊心派刘邦向西进攻关中,又强派项羽随宋义救赵,却在部队出发前与将领们约定:先攻入关中者做关中王。其对刘邦的偏袒和对项羽的限制都是非常明显的。熊心主要是由项梁扶持为王的,他与项氏叔侄存在一种互相倚重的关系,项梁死后,对二十多岁的项羽他本来也有一种关照和扶助的责任,但事实上却适得其反。这种不友好的关系完全是由两人处事为人的不同态度所导致的。熊心要以道义治众服民,项羽却凶狠暴烈,霸气十足,双方不能调和,自然不会有良好的关系。

项羽夺得统兵之权后破釜沉舟,渡河救赵,事毕后旋领诸军西进入关,与先期到达关中、并已招降了秦王子婴的刘邦相会合。他在关中分封诸侯前派人回彭城向熊心报告请示,大概以为自己救赵击秦、功劳最大,势力又最强,希望熊心能支持他主宰天下的分封方案。熊心许对他杀将夺权的兵变仍耿耿于怀,因而没有给予配合,回答说:“按先前的约定办。”明确表示要让先期打进关中的刘邦为关中王。项羽并没有认真执行熊心的命令,他对人讲:“怀王是我们项氏所扶立,没有什么功劳,凭什么作主定约!平定天下,本来就是各位将领和我项羽的功劳。”于是按自己的意图分封了十八个诸侯王,自立为西楚霸王,决定在彭城建都,同时尊怀王熊心为义帝。

熊心对项羽一贯的不友好态度,项羽不会不清楚。对熊心拒绝自己领兵西进,阻拦自己先入关中之事,项羽一直心怀怨恨。兵变夺权,实质上包含着项羽对熊心权威的挑战。进入关中,项羽已拥兵四十多万,威震诸侯,今非昔比。分封天下前他向熊心报告请示,实是要利用楚王的权威来压服天下,减小自己政治行为的阻力。熊心坚持要讲诚信,守承诺,没有给项羽以所要求的配合,项羽愈加不满,已对熊心公开非议,他们的实质性关系至此已完全破裂。所谓义帝之称,无兵无土,空名而已。

项羽回到彭城,对熊心说:“古代为帝者占地千里,一定建都上游。”安排人把号称义帝的熊心迁往长沙郡的郴县,并催促动身。熊心此时已失去了任何势力,身边的臣僚也渐次离去,前205年他在去郴县途中,被项羽所派的九江王英布杀死于江中。

被封为汉中王的刘邦深深地怀念着这位曾给自己以充分信任和提供了发展便利的君主。前205年他率军出关,在洛阳听到了义帝熊心已被残杀的消息,袒臂大哭,令全军发丧,集体举哀三天,通告各路诸侯穿丧服祭吊,并以义帝相号召,希望大家联合起来讨伐杀害义帝的人。前203年刘邦率军与项羽在广武(今河南荥阳北)对峙,他把杀害义帝列为项羽的十大罪状之一。次年消灭项羽即皇帝之位后,又以"义帝无后"的名义让齐王韩信建都下邳,称楚王,这也多少反映了他对熊心的顾恋与怀念。

熊心是在陈胜之后的反秦斗争中被树立起来的一面鲜亮旗帜,他受尊为王,力统各方,团结了各路义军,支持了北方各国的抗秦活动,部署了对秦王朝的最后打击,把如火如荼的反秦斗争推向了终结。他在用政上力行道义,扶宽抑暴,耿直守诺,终遭暴虐之害。他的用政酿成和引发了刘项之仇隙,而后又未能实现对各方的统属,因而导致身后更大规模的楚汉战争。历史在他的手下曾经打弯。

战国时的张仪当年以秦国商於(音 wū)之地骗楚怀王熊槐入觳,致其至死未过峣关返楚。清人洪良品在湖北枝江之南四里沱水旁见到熊槐之墓,以为熊心推动楚军灭秦,已报祖父之仇。感慨系之,写下《楚怀王墓》,对熊心的亡秦之功评价颇高:

> 沱水弯环啮墓门,峣关归魂夕阳昏。
>
> 当年已雪商於恨,三户亡秦尚有孙。

能在知兵,失在驭将的宋义

在楚怀王熊心的身边曾有一个重要的掌军人物,名叫宋义。

宋义是楚国人,项梁在立楚王后自东阿移兵定陶,宋义适在其军。当时楚军斩杀了秦三川守李由,取得了几处军事胜利,项梁遂有轻敌和骄傲的神色。宋义对项梁进谏说:"打了胜仗,将骄卒惰者必败。现在士卒怠惰,秦兵日增,我很为您担心。"宋义在进谏中委婉地提出了项梁的骄傲之误,项梁并未接纳,打发他出使齐国。

宋义在去齐国的半道上遇到了齐国派来的使者高陵君显,知道后者是要去楚国会见武信君项梁。也许两人谈得投机，宋义乃对高陵君说："我认定武信君的军队一定失败。你慢些去就会免死，快去就赶上遭殃。"项梁果然在定陶战败身亡，楚军震恐，熊心亦自盱台移都彭城。

高陵君显没有赶上项梁之败，他到彭城见到了楚王熊心，使命完成后对熊心说："宋义认定武信君必败，不出几天果然如此。军未交战就能察见败征，这可是太知兵啦。"事后熊心召见宋义，与他商议大事，非常满意，因而安排他为上将军，让各部将领都隶属宋义，号为卿子冠军，意为诸军之冠。

宋义进谏项梁之时，章邯所领的关外秦军尚属强大，楚军虽有几次胜利，但没有伤及秦军的整体实力，章邯又不断得到国内兵源的补充，与楚决战的架势已很明显，楚军乃数路义军联合之众，战斗经验尚少。项梁在与敌决战之前为小胜陶醉，骄傲轻敌，引起士卒怠惰，当是极危险的情况。宋义明了当时的战场形势，他根据"将骄卒惰者败"的一般兵法原则，看到了楚军必败的征兆，毫无顾忌地向项梁提出意见，表现了他是一个熟知军事和富有勇气的人。当项梁拒纳他的意见并派他出使齐国，他一定深感这支部队失败的命运，也许还会为自己脱离灾难而庆幸。从对齐使者高陵君显的私下规劝中可以看出，宋义一直对自己的军情分析及其结论非常自信。事情的发展也证实宋义在军事分析的正确和精确方面确有过人之处。

熊心的朝廷在项梁死后就缺乏军事统帅人才，以致发生了熊心收兵自率的情况。当熊心听说了宋义的知兵之能并与之议事交谈后，似乎发现和认可了宋义的军事才能，立刻将军事统率之权属之，予以重用，甚至没有考察他用人命将的方面。

宋义一为上将军，就受命北上解救赵国的巨鹿之围。他率次将项羽、末将范增和其他各部将领自彭城出发，行至安阳（今山东曹县东南），逗留四十六天不进。项羽问他为何停兵不前，他解释说："现今秦军攻赵，若战胜则军队疲惫，我军利用其疲惫可一战而胜；若秦军打败，我军则乘其败，大张旗鼓地向西进攻，必能推翻秦朝。"他派自己的儿子宋襄去辅助齐王，亲自送至无盐（今山东省东平县东南），大摆宴席，等待巨鹿之战的结束，绝无前进之意。

宋义率楚军主力在安阳逗留不前，对秦赵巨鹿之战取观望态度，希望在战役结束后坐收渔人之利。这一盘算对楚军无疑是有利的，秦军胜赵后，以楚军攻击疲惫之秦军，胜算自然要更多些。按照这种思路，在安阳逗留的日子越多，说明巨鹿争战的持续时间越长,从而秦军的消耗就越大,将来败秦的把握也就越大,故此,率军救赵的宋义才敢于在安阳心安理得地等待下去而不顾君命之托和部属的抗议。然而,宋义的观望策略使赵国处在了更加危险的境地,是一种见死不救、放弃道义、只为自我打算的绝对利己主义方针。当楚、赵两国还有共同的敌人和共同的利益时,这种听任友邦灭亡的办法最终也会危及自身。宋义的策略精到而不长远。

次将项羽对宋义说:"秦赵在巨鹿相持,我军迅速渡河,与赵国里应外合,内外夹攻,一定能打败秦军。"宋义否定了项羽的意见,并告诉他:"志在叮牛的牛虻,不要想着去叮虮虱。"坚持认为楚军应盯住灭秦的大目标,不要考虑救赵之事。大概是为了削减项羽的自信和固执,他对项羽说:"上战场披甲执戟,我宋义不如你;坐下来运筹决策,你不如我宋义。"为了防止军情骚动和意外事件的发生,宋义还向军队下了约束之令:"猛如虎,狠如羊,贪如狼,倔强不听命者,一律斩首。"这位过分自信的将军坚持自己的等待策略,要制止军中一切可能发生的异动现象。

当时天寒大雨,士卒冻饿。急于寻秦军为项梁复仇的项羽不认可宋义的等待策略,当宋义送儿子相齐至无盐时,他反对说:"我军刚打了败仗,楚王坐不安席,把全国的军队交给将军,国家安危,在此一举。现在却不体恤士卒,一味徇私,这不是国家的好臣。"他早上进见宋义,在营帐中即斩其首,出营告示全军,说宋义与齐国勾结反楚,楚王密令他诛杀之。项羽威服诸将,夺得了兵权,并派人追杀了宋义的儿子宋襄。

具有知兵之能、长于军情分析的宋义看来不能把握项羽的性格和为人。他儿子已能赴齐为使,本人一定年长项羽许多,他想靠几句大话镇唬项羽,并想严束军令限制项羽,不料却激反了项羽。他过于自负,没有摸透一位年轻人的内心世界就以为掌握了对方,伴虎无备,终为所噬。也许他的安阳之策可以灭秦,但他不能驾驭身边的部属,失于驭将,一切长远之策都失去了实施的机会。

计杀狄令,重建齐国的田儋

陈胜派部将周市攻魏,周市一直向北攻打到齐国狄城(今山东高青县东南),将其包围,准备强攻。这时在狄城之内发生了由田儋一手策划的夺权之变。

田儋是狄县人，属齐王田氏的宗族，高门大户，在地方上有威望，本人也得人心。狄城被周市包围之时，守令和军民都忙于守城。田儋想要夺权起兵，他捆绑了自己的奴仆，让一伙年轻人跟着到官府门口，假装要请示县令杀掉奴仆，县令出来接见，大家一拥而上，将其斩杀。之后田儋召集有声望的豪吏和青年们说："各国诸侯都反叛秦国自立为王了，我们齐国自古就受封建国。我田儋是齐王田氏的族人，理当为王。"于是自封为齐王。

田儋为王后，组织军队抗击周市，周市退还魏国。田儋乘机率兵东进，拿下了齐国全境，重新恢复了齐国。

田儋在天下政治秩序混乱的时刻，以狡诈的手段杀掉守令，夺取城内政权，又利用自己宗族的威望和善于交人的优势自封为王，并有效地击退魏兵、解除包围，表现了一个优秀人物的筹谋干练之才。他在不长的时间内率兵恢复了齐国全境，也属极不容易的功业

田儋为王不久，即碰到了一次外交纷争。楚国独树旗帜的义军将领秦嘉在陈胜败走陈县、情况不明时立景驹为楚王，派人相约齐国在定陶一同进攻秦军，田儋追问他们为何擅立楚王，楚使者公孙庆做了傲慢且不恭敬的回答，田儋一怒之下，杀掉了公孙庆。齐楚属关外两个大国，秦以前相互对抗和不合作的倾向就较严重。这次的外交冲突与秦嘉及其使者有直接责任，但田儋做出了过分激烈的反应，也不算十分明智的做法。

田儋复国后，面临着非常严峻的形势。秦将章邯对关外各国的打击屡屡得手，现又包围魏国君臣于临济（今河南封丘县东），情况万分危急，魏王咎已派人向齐国求救。魏国是齐国的东方屏障，若魏国沦陷，齐国亦将难保。出于这种唇齿相依的关系，田儋派将救援后，又亲自率兵赴魏，驻军于临济城外等待战机。但齐魏联军低估了秦军的战术和力量，章邯率军衔枚偷袭，大破齐、魏，齐王田儋战死于临济城下。这位重建齐国的人物为了保卫国家，悲壮地血洒邻邦疆土。

田儋之死，不仅是反秦斗争的一大损失，而且引发了齐国内部的一场重大内讧。当时齐人听说田儋已死，乃拥立战国时末代齐王田建的弟弟田假为王，并以田角为相，田间为将，以拒敌兵。

田儋的堂弟田荣在兄长死后收拾齐国残兵逃至东阿，和楚将项梁联合，在

此攻击秦军,打了胜仗,他听说国内已另立了政权,非常恼恨,于是率得胜之军回齐,以武力击破了齐人新立的政权,田假逃至楚国,田角和田间两兄弟至赵国避难。这场内讧以田荣的胜利而结束。

平息了内讧后,田荣立田儋之子田市为齐王,以表示田儋之政的延续。他自任相国,建军封将,平定了齐地,再造齐国,并在齐国开创了一个短暂的田荣时代。

制造内讧,四处强争的田荣

田荣是田儋的堂弟,他是齐王田儋死后齐国政治中一度最活跃的人物。

田儋因救魏在临济被秦将章邯击杀后,田荣收拾残军退走东阿(今山东省阳谷县东北),章邯穷追不舍,至东阿将其围困。楚将项梁听到田荣军队的危急,率军前来打败秦军,迫章邯向西败退,稳定了田荣之军。

田荣听说齐人在国内另立了新王,并置将相,非常恼怒,乃放弃与项梁西追章邯之事,率军回国,立即驱逐了齐王田假、齐相田角和将军田间。立田儋之子田市为齐王,自任齐相,以弟弟田横为将军,并攻城略地,掌握了齐国。

田儋当时自立为王时提出的理由在于他是齐王田氏的宗族,所以应当为王。当田儋战死临济、国内无主时,齐人拥立战国末代齐王田建之弟田假为新王,应当更符合于田儋立王的精神,且有填补齐国政权空缺、拒击敌军之功用。但远在境外与秦军作战的田荣不仅毫无欣慰之意,反而因此恼怒,放弃了与救援友军的军事联合,引军回国,挑起内讧。在秦军未灭、大敌当前的时刻,田荣拿不出任何理由就攻击国人拥立的田假政权,完全是为个人和小集团利益盘算的行为,他凭借力量优势击垮对手,另立新政权,也反映了其政治行为中的霸道逻辑。

项梁在田荣离去后西追章邯,但秦国援兵不断前往,项梁急派人向赵国和齐国告知,相约联合对秦军进攻。身为齐相的田荣回答说:"现在田假在楚国,田角和田间在赵国。如果楚杀掉田假,赵国杀掉田角和田间,我们齐国才愿意出兵。"他的出兵条件被楚怀王熊心一口回绝,赵国也没有接受他的条件。田荣又派人对两国讲:"毒蛇咬了手就砍掉手,咬了脚就砍掉脚,因为不这样就对整个身体有害。现在田假、田角、田间对于楚赵两国,根本算不上手足那样的亲近关系,你们为什么不杀?况且,秦军如果再得志于天下,起事反秦的人是要进入坟墓的。"楚、赵没有理会田荣的劝说,田荣也怨恨两国,终于没有出兵援楚。

田荣不仅挑起内讧、驱逐了田假君臣,而且必欲置他们于死地。当时田假三人逃亡楚赵,仅是避祸求生而已,并无借兵反攻的表示,田荣却以出兵救援为条件,想借两国之手杀掉他们,表现了其个人心胸的过分狭窄。他认为楚赵两国与田假等人并无切身之亲,就应该无所顾恋地杀掉他们,以换取齐国的出兵,这就反映了田荣在与邻交往中为个人利益而不顾道义的内心世界。田荣以这种理由劝说楚赵,大概以为天下人人都是这样一种处事观念,正好暴露了他在政治活动中所以与许多人格格不入、相互为仇的微妙缘由。先前楚将项梁率军解了他的东阿之危,当项梁向他求助时他却提出交换条件,并以秦军得志的危险威胁楚国就范,最终怒不出兵。这种受恩不报、忘恩负义、甚至视恩如仇的行为是很少有人做得出来的。

田荣拒绝援楚不久,章邯在定陶击杀项梁,打败楚军,旋即包围赵国于巨鹿,果然一时得势。当然不能认为章邯在这里的得手和胜利完全是田荣拒不出兵的结果,因为田荣所掌握的齐军之力还达不到能抑制章邯、争取主动的程度,然而正是田荣这样的人物,涣散和削弱了义军反秦的整体力量,给秦军提供了反攻的机会,使反秦斗争出现了更多的挫折。在这个意义上,毋宁说田荣是义军内部的一股消极力量。

楚将项羽在巨鹿击败并招降了章邯,他西入咸阳,灭秦封土,在齐境封立了三王,把田荣所扶立的田儋之子田市改封为胶东王,建都即墨;齐将田都参与巨鹿之战并跟随入关,因功被封为齐王,建都临淄(今山东淄博东北);原末代齐王田建的孙子田安在项羽渡河救赵时攻下济北数城,率军投靠项羽,被封为济北王,建都博阳(大约为今山东省茌平县西北的博平镇,或泰安东南的博县故城)。号为"三齐"。田荣因为当初不肯出兵援助项梁,没有得到项羽的分封。

田荣本也不是齐王,但他见到齐将田都封王,尤其是政治对手田假的侄孙田安也被封王,而自己所扶立的齐王田市被挤到胶东之地,因而大为不满。这位桀骜不驯的政治强人利用齐国的力量,首先对项羽分割天下的政治方案发起挑战,他先后采取了三项措施:一是不让田市往胶东去即墨赴任,公开反楚,发兵拒击田都,逼使田都逃亡楚国;二是策应并借兵给陈馀,使陈馀在南皮反赵,陈馀的部队一度掌握了赵代之地,使项羽安排的天下政治秩序一开始就发生紊乱。三是派人去巨野泽(今山东巨野县),给率军万人无所归属的彭城送去将军印信,收编其军,让其进兵济阴(郡辖今山东西南部,治所在定陶),打击楚军,这支部队曾大破楚军,迅速扩充,成为项羽楚国长时期的北方大患。田荣利用军事、外交和拉拢的种种手段,在天下广泛网罗和扶持项羽的反对力量,意在全盘打乱项羽分封天下后的政治现状,以保持他在齐国被项羽计划剥夺的利益。

以楚军入关、秦朝灭亡为界线,齐国对抗楚军的行为在前后已发生了性质上的转变。田荣对项羽的拒绝援助和对巨鹿之战的不预合作,以及之前挑起内讧的行为,实质上都是对反秦斗争的破坏,他不顾大局,心胸狭窄,为了争取自己的小集团利益而不自觉地充当了正义事业的叛逆者。项羽封王之后他为了维护自己将被剥夺的利益,公开打起反叛的旗帜,自觉充当了关外反楚斗争的总后台。这时的一切活动已演变成为各利益集团间的政治纷争。应该说,田荣的反楚措施还是很有实效的,他箭无虚发,刀刀见血,使西楚霸王对关外政治形势穷于应付。

田荣要抗拒楚国,不让田市到项羽所封的胶东去。田市身边的人对田市说:“项王强横暴躁,大王如果不到封地胶东去,肯定有危险。”田市很害怕,就私自跑到了胶东。田荣非常气愤,率军追到即墨城,杀死田市。回军后进攻济北,杀死了济北王田安,合并了三齐之地,自立为齐王,登上了齐国的最高宝座。

田市是田荣先前在内讧中赶走田假而扶立的齐王,是田荣堂兄田儋的儿子,田荣一直任相国辅佐,他和田荣当属同一小集团内的人物。但从胶东就封、即墨被杀这件事上看,田市的政治观念并不是和田荣完全一致,他是一个被田荣所控制、又无可奈何的无权之王。为了避免项羽的强暴,他甘愿偏安胶东,但却被田荣的强暴所致死,也许他自赴即墨,就包含有摆脱田荣控制的隐衷,但终为田荣所不容。看来,田荣当初扶立田市为王,仅仅是要利用田儋的影响力,他心底里根本没有打算把田市当齐王来看待,当田市要想实施独立愿望,违背了自己意愿时,就会毫不留情地将其杀掉。田荣在小集团内部制造内讧,追杀君王,是他个人不良本性的又一次表露。

项羽听说田荣合并三齐、自立为王的消息后大怒,于前205年冬率兵北上讨伐,到达城阳(今山东莒县、沂南一带),田荣在此迎战失败,逃至平原(今山东平原县南),被当地人所杀。

田荣自东阿被项梁解救回国后就一直强权在手,横行无忌,他为个人的私利不断挑起内讧和外仇,在个人权势达到顶点时走向了毁灭。

田荣死后,他的弟弟田横自任相国,立田荣之子田广为齐王,在项羽撤军后恢复了齐国失陷的城邑。前203年,韩信率二十万大军突袭齐国,生擒齐王田广,占有齐地,被刘邦封为齐王。田横投奔彭越,次年逃亡海岛,又演变出一出曲折的故事。

齐国是东方大国,战国时常与楚国在摩擦中争高下,这其中有南北文化的差异,也有大国应有的自负。大泽乡起义后的反秦斗争一直是楚人演唱主角。田荣对这场斗争的配合不力和与邻争胜等行为自然与地域文化的影响有关,但他在与外对抗的同时一再制造内部的斗争,并以狭隘的心理去处事和为人,当然不会有好的结果。被自己辖地内的民众所杀害,这在义军将领中可能是唯一的情况。

继兄复国,追求独立的魏豹

魏豹是原魏国王族的公子,他的兄长魏咎曾被陈胜部将周市拥立为魏王。秦将章邯击垮张楚政权后围攻临济,魏咎在城中危急时为民众生命计相约降秦,之后焚身自杀。

魏豹在兄长魏咎死后逃至楚国,楚怀王熊心给他数千人马,让恢复魏国地盘。乘秦军在巨鹿被项羽击败之机,魏豹一连攻下二十多座城邑,被立为魏王。感念项羽破秦之功,他率领魏国精兵随项羽入关中。前206年,项羽在关中分封诸侯时自己想占有魏国大梁之地(今河南开封一带),乃迁移魏豹于河东(今山西西南部),建都平阳(今山西临汾市西南),称为西魏王。

魏豹是靠楚国的援助恢复了国家,是楚国灭秦斗争的真实追随者。但秦灭之后,东部国土却被楚国占有,自己仅有西部的河东之地,他心中一定非常恼恨,但因力量不足和与楚国的故旧关系,只好隐忍不发。

不久,汉王刘邦暗度陈仓,攻取了关内三秦之地,兵出临晋关(今陕西省大荔县东黄河西岸的蒲津关),准备向东攻楚。魏豹遂归属刘邦,并跟随刘邦打进了楚国之都彭城。前205年,刘邦在彭城大败后退至荥阳,魏豹向刘邦请示,回家探望双亲之病,回去后立即断绝了黄河渡口,阻止汉军渡河,与刘邦决裂。

魏豹本想借助汉军之力夺回自己的东部失地,未想到折兵损将,空忙一场,于是找借口摆脱了刘邦的控制，之后断绝了双方的关系。魏豹所以断绝与刘邦的关系，一是他从现实中看到，依靠刘邦的力量夺回失地只是空中泡影；二是对刘邦的待人态度大为不满，他曾对人讲："汉王对人傲慢侮辱，骂诸侯群臣像骂奴仆一样，没有上下礼节。"经过现实经验的教训，魏豹在天下政治纷争中准备严守国家独立的立场。

魏豹所以背叛刘邦，还有一件非常蹊跷的事情：魏豹初为魏王时曾纳一位叫薄姬的女子入魏宫，薄姬的母亲魏媪也是魏王同宗族的人家，她到一个相面的许姓老妪那里给女儿薄姬相面，许妪说薄姬将来会生天子。魏豹在荥阳跟随刘邦时听到此事，想到自己的一位宫女会生下天子，内心暗自幸喜。当时楚汉争战，未知鹿死谁手，魏豹内心也许以天意自属，于是下决心脱离刘邦，一意独立。

刘邦听说魏豹反叛，因与楚国对峙，来不及派兵攻打，便派郦食其去婉言劝降，希望能说服魏豹归顺。魏豹谢绝了刘邦的劝归之意，他对郦食其讲了自己对刘邦的不良印象，认为"人生一世间，如白驹过隙，"表示自己要有尊严地度过短暂人生，不愿忍气见到刘邦。在国家独立的问题上，他的立场是坚定而不动摇的。

魏豹担心汉军报复进攻，乃与楚国讲和。刘邦遂派韩信率军攻魏。魏豹封锁了临晋关，陈兵蒲坂（今山西省永济市蒲州镇），在潼关之地的黄河对岸严阵以待，准备与汉军对抗，固守魏地。不想韩信佯装强渡临晋，实际伏兵夏阳（今陕西韩城南），以木罂瓴偷渡黄河，突袭安邑（今山西省夏县西北）。魏豹惊觉后率兵仓促迎战，兵败被俘，被押送至刘邦所在的荥阳。

魏豹以军事手段与汉军对抗，保卫家国，表明了他维护独立与尊严的坚定信念，但他军事战术上远不是韩信的对手，中了疑兵之计，又沦为刘邦的掌中之物。

汉军破魏后，刘邦在魏豹所属的西魏之地设置河东、太原、上党三郡，实是兼并其地。前204年，项羽包围荥阳，四面攻打，刘邦以诈计逃离，留部属周苛、枞公和魏豹守荥阳。在守御危急之时，周苛与枞公计议说："魏豹是反复无常之人，无法与他守城。"于是杀掉了他。这位恢复了国家，一意追求独立的反秦功臣，最终在楚汉相争的夹缝中未能立足，国破身亡。

魏国被灭后，魏宫中的许多妃姬被送到汉朝掌管的王家织造室去做工，魏豹所纳的薄姬也在其中。刘邦偶入王家织室，见薄姬有些姿色，因魏豹已死，乃下诏将其纳入后宫。薄姬入宫后一直未能得宠，但一幸生男，取名刘恒，即为后来的汉文帝。

聚众起事，依附汉王的彭越

在陈胜、项梁等相继起兵反秦时，北方齐地的巨鹿泽中也集聚了一支抗暴反秦的队伍，为首的人叫彭越。

彭越是昌邑（今山东省金乡县西北）人，字仲。常在巨野泽中打鱼，与人结伙为盗。受大泽乡起义的鼓舞，许多年轻人劝他带头效法，彭越坚持要等待观望。过了一年多，泽中的年轻人集合了一百多人，前去追随彭越，请他作首领，彭越再次谢绝，但这些年轻人执意请求，彭越就答应了。他与大家约定次日太阳出来时聚众集合，迟到者杀头。

第二天日出时有十多个人未赶到，最后一个人直到中午才来。彭越乃向大家致歉说：“我年纪大，大家一定要我作头领。今天约定了时间而许多人迟到，不可能都杀掉，只好杀掉最后到达的一人。”乃下令让任校长的武官动手。大伙都笑着说：“何至如此？以后不敢就是了。”彭越于是拉出最后到达的那个人，将其斩首，设立祭坛，以头祭祀，并向众人宣布军令。部属们都非常惊恐，畏惧得不敢抬头仰视。彭越领着这支队伍攻占土地，收集诸侯中逃散的士兵，很快发展到千余人。

彭越出身强盗，看来尚是一位具有一定谋略和军事组织才能的强人。天下豪杰相立叛秦，他想观察局势，等待一个更为合适的时机。及作了众人首领后，他希望能组织成有纪律、听号令的部队。通过约期相聚、违时而斩的行为，他向众人明白地告诉了军纪的严肃性，防止他们把平时的散漫习性带入已组织起来的队伍中。他设坛祭祀，更是要增强部属们对于部队生活及对军令的神圣感。在不长的时间内迅速达到了一定实效，这是他治军方式的初步成功。

彭越组织起队伍，一开始并无大的军事行动。前207年，刘邦受楚怀王熊心的派遣率兵西进入关，从砀地出发，北攻昌邑，彭越率军相助，但终未攻克，刘邦遂绕道栗县（今河南省夏邑县）向西进军，彭越则率部留居于巨野泽中，收集魏国散兵。大概是长期养成的习惯及思维习性使然，彭越及其部队数年间一直在荒野活动,他们与世疏远,信息不灵,除与刘邦在附近昌邑有过联合作战外,再没有与各路义军配合攻秦的军事行动。他们游离于社会政治斗争的边缘,在反秦斗争中虽有积极意义,但不能说充分发挥了应有的作用。次年项羽在关中割地分王,各诸侯都返回封地,彭越部队一万多人仍在巨野泽中,无所归属。

齐国田荣不服项羽的分封,意欲反叛楚国,作为一种策略,他铸就将军信印,派人送赐彭越,实是收编了这支部队,让他们进军济阴,打击楚军。彭越乃离开巨野泽,向南进发,曾大败楚将萧公角的迎击部队,严重骚扰着楚国的北方边境。到前205年,彭越的部队已发展到三万多,攻下魏国东部之地十余城,并欲立魏国之后。由于齐国田荣已经败死,彭越在外黄(今河南民权县西北)归附了东进攻楚的刘邦,其时西魏王魏豹随刘邦东征,刘邦对意欲恢复魏国的彭越说:"魏豹是魏王咎的堂弟,是真正的魏国之后。"当即任命彭越为魏相国,让他领兵平定梁地。

彭越部队自被田荣收编后,才真正开始了有目标的军事行动,他们以楚国侵占的梁地为进攻对象,起初服务于田荣扰楚的政治意图,后来又为刘邦所封的魏相之职利诱,服务于刘邦的天下战略。

在其后的两三年中,彭越常常作为刘邦的游击部队,在梁地袭击楚军,截断楚军的供应粮草。当项羽西向击汉时,彭越则在后方开辟战场,攻城略地,给项羽造成严重的后顾之忧,使其不得全力攻汉;当项羽回军打击彭越时,刘邦则在东线乘虚进军。彭越的梁地骚扰实际上成了刘邦攻楚的第二战场。前203年,彭越攻下梁地二十余城,得到十多万斛(古代十斗为一斛)粮食送至刘邦军中,解决了汉军急需。

前202年,刘邦与彭越约定,胜楚后将睢阳(今河南商丘南)以北至谷城(今山东平阴西南东阿镇)之地封给彭越。彭越归附刘邦后名义上为魏相国,但魏豹死后无人后继,彭越亦生封土之欲。刘邦这次所许诺的土地,大体包含今河南省东北部和山东省西部一带地区,彭越的家乡昌邑亦在其中,且是彭越长期活动的地区。这一许诺对彭越产生了极大的诱惑力,不久他即率全军与刘邦、韩信会师垓下(今安徽灵璧县境)围歼楚军,逼死项羽。彭越被封为梁王,建都定陶。

由一位水泽强盗成为诸侯国的君王,彭越的人生在五、六年间即发生了巨大的跨越。天下大乱、群雄逐鹿促使他积聚起了一支独立的武装力量,楚汉争战又使他变成了足以影响天下定局的人物。他由盗变将，由将成王，是江海决堤后的激流巨浪把这位时代的"弄潮儿"很快推到了人生的巅峰。

随楚反秦，后为汉用的英布

在反秦斗争中战功最大的楚军部属当属英布。

英布是六县（今安徽省六安市东北）人，秦时为一介平民。壮年时犯法，受到黥刑。这种刑罚是用刀在犯人脸上刺字，再涂上墨。英布受黥刑后又被称为黥布。他定罪后被送往骊山（今陕西临潼东南）服劳役。骊山刑徒有几十万人，英布与其中的头目、豪杰皆有往来，后来就领着一些相投契的伙伴逃亡到长江一带做强盗。

陈胜起兵时，英布去拜见秦朝的鄱阳（今属江西省）县令吴芮，与其部下反叛秦朝，聚集了数千人以响应陈胜。吴芮还把自己的女儿嫁给了英布。

张楚政权被秦将章邯击垮后，英布带领这支部队向北进攻，袭击秦军的左右校尉所部，在青波（今河南省新蔡县西南）大胜秦军，之后率军向东。他听说项梁平定会稽后渡江西来，又听说许多楚将前往归属，于是引兵投奔项梁。

英布在打击秦嘉和景驹的战斗中就崭露头角，他是项梁手下最勇敢的将军。项梁扶立楚怀王熊心时，英布也曾参与，号为当阳君。项梁在定陶兵败战死，英布和诸将军随熊心迁至彭城，坚守保护。秦军包围赵国于巨鹿，熊心派宋义、项羽等北上救赵，英布为将军从行，受宋义节制。后来项羽在无盐杀了宋义，取得了上将军的职位，英布遂成为项羽的部属。

面临赵国的巨鹿之危，英布接受项羽的指令，先行渡过漳河，发起攻击，屡屡占上风，项羽遂率全军跟随渡河，最终打败秦军，迫使章邯率二十多万秦军投降。英布作战勇敢，常能以少胜多，致使楚军威震诸侯。

巨鹿之战后，楚军向西进发。到了新安（今河南省渑池县东），投降的秦军中似有些异动的征兆，项羽召英布等将军计议说："秦军官兵人多，其心不服，到关中再不听指挥，就危险了。"英布接受了项羽的指示，到夜间将二十多万秦军降卒活埋于新安城南。

楚军一路攻秦略地，到了关中门口函谷关受阻，原来是刘邦自南边的武关先入关中，派兵把守各隘口。英布受命抄小路进军，击败守军，拿下了函谷关，项羽遂进关中,威逼刘邦,于是有惊心动魄的鸿门宴。

英布的部队常常是楚军的先锋,战功显赫。项羽在关中分封诸侯,立英布为九江王,辖境约今安徽、河南两省淮河以南,湖北省黄冈以东和江西省,建都于英布的家乡六县。

自前209年聚众起事,到前206年受封为王,在大约三年的时间,英布从一名骊山刑徒骤变成封土裂疆、镇抚一方的诸侯王,真正是出乎寻常、很难想象的事情。英布地位的骤变在于他恰逢群雄逐鹿的乱世,以暴制暴,秦王朝的入葬和正义的伸张急需勇冠三军的将军,而这些特别的人物出之于刑徒,反而是毫不奇怪的。英布自投奔楚军后,一直忠诚践行着项梁、项羽的反秦目标,尤其在无盐兵变后,成为项羽的主力部队,他冲锋陷阵、敢打硬仗,无所畏惧,使楚军成了所向披靡、攻无不克的军队。从反秦斗争的贡献讲,他受封为王,是功当其位的。

英布在小时候有客人给他相面,说他:"受刑后称王。"当年犯法受黥后他高兴地对人说:"相面者说我受刑后称王,大概就应验在这里吧。"听到这话的人都以此耍笑他,因为在当时看来这是根本不可能的事情,但历史的大裂变正是把某些看似不可能的事情转化为现实。明白了事情演变的过程,就会发现这种转变反而是合乎情理的。

英布为王后,曾接受项羽的秘密指令,派人将刚被尊为义帝、要从彭城迁移郴县的熊心击杀于途中。英布之前一直是项羽的爪牙,执行这种指令,表明他们的关系还一如既往的正常。但在第二年,发生了两件事情:一是,齐王田荣在北方兴兵反楚,项羽准备亲往迎击,他向九江国征调部队,英布称病不往,只派遣将官带数千人随行。二是,刘邦乘项羽北攻齐国的机会,统胁张耳、魏豹等诸侯之兵攻入楚都彭城,项羽回兵反击,邀英布联合行动,英布又借口生病,不予帮助。项羽由此怨恨英布,多次派使者前往责备。他还征召英布前来彭城,英布很害怕,不敢前去,双方的关系于是僵化。

英布与项羽的关系出现这种逆转,没有任何明显的原因。可能的情况是,九江之境本来还包括今江苏境内的地方,项羽自封为西楚霸王时把这块地方划归了西楚,因而英布所辖的九江之境是不完整的,他可能因此而暗生怨恨。另外,受封为王后的受尊地位滋生了他自矜自主的心理,他不愿让九江沦落到附庸国的地位,因而连续表达了对项羽的不配合和疏远态度。

刘邦大概是看到了英布与项羽的不正常关系,他在兵败彭城后派臣属随何前去游说英布反楚。随何去九江向英布分析楚汉之势,陈剖利害,竟然使英布接受了他的看法,并唆使英布斩杀了项羽派来催促责备的使者,事情已无法挽回,英布乃于前204年下决心起兵攻楚。项羽与部将们合力迎战,数月后击败了英布,英布情急之下,抛开部队,与随何一道偷偷从小路逃奔刘邦。

英布到来时,刘邦正踞坐在床上洗脚,叫他进来相见。古人席地而坐,会客一般是两脚向后;踞坐则是臀部着地,两脚向前,这种姿势对客人是极不礼貌的。英布受召入室,见状大怒,他后悔自己反楚投汉,退出来想要自杀。到了自己的客馆,却见日用饮食、随从官员及各种铺设与汉王刘邦的配备完全一样,又大喜过望,于是一心一意地投靠了刘邦。

其时项羽已派项伯收编九江国的部队,并将英布的妻子儿女全部杀掉。英布派人到九江,找到自己的亲近臣属,带领数千人马归附刘邦,刘邦也增拨给他一些兵卒,一道北上招兵,到达成皋,共同对付项羽。前203年,刘邦封英布为淮南王。

为配合刘邦的反楚战略,英布一度派人去九江,得到数县的地盘。前202年,英布亲自与刘邦的堂兄刘贾一同去九江,策动楚国主管军事的大司马周殷反叛,周殷调动九江之兵配合汉军,在垓下打败项羽。

消灭了项羽后,刘邦为淮南王英布重新划归地盘,剖符示信,表示永不为疑。经过政治立场的重新选择和数年的波折,英布的人生又一次达到了辉煌的程度。

英布是从楚国阵营中先期分化出来的实力人物。这一分化,是项羽在与邻关系上霸权主义政策的失误和刘邦统战方针及其策略共同作用的结果,它使楚汉对峙的力量发生了有利于刘邦的重大变化。没有英布叛楚归汉的转变,项羽可能还会失败,但其失败必然要向后推迟许多年。英布的转化过程中包含着许多他本人不自觉、不得已的环节,他没有想到,这一过程的完结使他避免了最终成为楚国殉葬物的命运,又曲折地迎来了一次人生的辉煌。

崛起鄱阳,建功为王的吴芮

吴芮是从秦朝官吏中分化出来的反秦将领。

吴芮在秦朝时为鄱阳县令,该县治所在今江西波阳东。按秦制,人口在万户以下的县设县长,超过万户者设县令,鄱阳当属秦时大县。吴芮任县令时,甚得江湖间民心,号曰"鄱君"。陈胜起义之后,天下纷纷叛秦。在今福建省和浙江省宁海、天台以南灵江、瓯江、飞云江流域,散居着的所属闽中郡的春秋时越国后裔,由他们的君长驺无诸和驺摇率领,投奔吴芮,吴芮遂率这些越人举兵起义,响应诸侯。骊山刑徒英布逃亡为盗后前来拜见,吴芮收纳并把女儿嫁给他,一度联合行动。吴芮组成了最偏远地区的反秦部队,攻城略地,并派兵支持楚军的军事行动。部将梅鋗所领的部队进军至南阳丹水县(今河南淅川县西南),与西攻入关的刘邦部队相遇,协助刘邦攻降了析(今河南省西峡县)、郦(今南阳市西北)等县,并随从入关。项羽分封诸侯时,吴芮因反秦之功,被封为衡山王,辖地约今湖南省全部、湖北省东部、安徽省西部,建都于邾(今湖北省黄冈西北)。部将梅鋗也受封十万户,为列侯。

吴芮身为秦朝地方官吏,但对秦王朝并无多大的忠诚。他远居东越之地,把主要的精力用在了对下层民众的抚慰,因而甚得民心。吴芮大概看到了秦朝暴政的恶劣和腐朽,他在地方施政上一反其道,这是他的极聪明之处。大泽乡起义点燃了他心中反叛的烈火,越人的归顺给了他巨大的力量支持,因而义无反顾地与自己所属的政权决裂,慷慨地踏上了反秦之路。他把自己的女儿嫁给受了黥刑的群盗头目英布,不排除有笼络联合之意,但也反映了他对反秦事业的热爱和对事业成功的自信。他派部将梅鋗远道援楚,力图把自己在鄱阳的事业自觉融入天下反秦的巨大洪流之中,这是极有远见的行为。秦灭后他受封为王,反秦之功得到肯定,应当说是位当其功。

楚汉争霸期间,吴芮地近汉地,没有明显倾向性的政治行为,但有两点值得注意的地方,一是曾率众归附吴芮的越人君长驺无诸、驺摇,因为未得王号,怨恨项羽,他们率领越人,帮助刘邦,成为汉军的远方同盟,吴芮部属的行为可能多少反映吴芮的立场。二是身为吴芮女婿的九江王英布背楚投汉,其妻子儿女被项羽之叔项伯杀尽,吴芮的女儿应当在所难免。即使吴芮在楚汉之争中立意中立,那在女儿被楚军所杀以后也不能无动于衷。他在政治上倾向刘邦应是必然的。前202年,刘邦在垓下击败项羽后,吴芮与各地诸侯及汉将相一起拥戴刘邦即皇帝之位,这是吴芮政治立场的最后证实。

刘邦感念当年吴芮派兵助战、相随入关的反秦之功,改封吴芮为长沙王,扩大地盘,让建都临湘(今湖南省长沙市),并颁诏表彰:"故衡山王吴芮与子二人,兄子一人,从百越之兵,以佐诸侯,诛暴秦,有大功"。另外还封越人君长驺无诸为闽越王,驺摇为东海王。时代政治风浪把吴芮及其僚属推到了更鲜亮的地位。

吴芮在改封为长沙王的第二年离世,谥号"文王"。刘邦非常赞赏吴芮的处世之贤,向御史制诏:"长沙王忠,其定著令。"吴芮的后代继国承嗣,五世后因无嗣而绝,是汉初八个异姓王中不以罪灭、历时最长的王国。班固在评价几个异姓王的政治作为时说道:"唯吴芮之起,不失正道",认为在朝廷颁发的一等法令上彰显其忠,是当之无愧的。历史对于吴芮事迹的记载并不多,但在秦朝地方官吏的地位上就能赢得民心,并不失时机地与秦政权决裂,坚决地走上反秦之路,的确需要绝大的智慧和绝大的勇气。吴芮正是一个能把握历史方向和行动目标、富有胸怀和远见,能以个人行为赢得上下各方由衷敬佩的非凡人物。

守定南粤,自立为王的赵佗

在陈胜起兵、海内大乱之际,处于今湘、赣、粤、桂省区边境的五岭(越城、都庞、萌渚、骑田、大庚)之南的地区、曾脱离秦政府,出现了一个自守自保的南粤王国,其首领名叫赵佗。该国都城在今广州市,时称番禺。

南粤,也称南越,本为族名,指古代南方越人的一支。秦始皇嬴政于公元前221年初并天下的同时继续向岭南越人用兵,起先在番禺(今广州市)建南海郡。其后因前方进攻乏力,又征发内地各郡的逃亡者赘婿和商人为兵前往增援。公元前214年完全平定岭南后,增置了象郡(今广西崇左境)和桂林郡(今广西桂平)。其后又从中原迁徙数十万人与当地越人杂处,荒漠的珠江流域由此得到规模性开发。

赵佗是真定县(今河北石家庄市东北)人,嬴政时受派遣率领士卒自中原穿过五岭,参与戍守抚定南越,秦末时为南海郡的龙川县(今广东龙川县西北)令。当时同样来自中原的南海郡尉任嚣病重,临死前把赵佗叫来,对他说:"听说陈胜等人在内地作乱,各路豪杰叛秦自立。南海偏僻遥远,恐怕盗贼之军会打到这里。我本想兴兵切断道路,御敌自卫,以待诸侯之变,不巧病重。番禺之地背靠山险,濒临南海,东西延伸数千里,有许多中原人相辅,能成一州之主,可以立国。郡中官吏中没有谁值得同他说这些，因此请你来相告。"任嚣说完后当即假作诏书，颁给赵佗，赵佗就代行南海尉的职务。按秦制，边远蛮夷之地从兵镇抚，不设郡守，郡尉为一郡的最高军事长官。任嚣死后，赵佗便掌握了南海郡的最高权力。

由于地僻道远，加之五岭之隔，任嚣情况不明，对陈胜义举存有不准确的认识，但他对秦朝控制力失落的判断和对南越发展前景的预察还不失其正确性。任嚣从南海郡特定的地理状况出发，在天下大乱伊始的年代，提出了立国称尊、独立发展的战略设想，并为该设想的实施物色了一位自认可靠的领头人。他还假造诏书，任用赵佗，临死前用诡诈的手段实现了郡内最高权力的顺利交接，为南越的发展作了尽可能多的铺垫。如果说赵佗后来立国成功，使他成为后人仰慕的高大之人，那首先因为是任嚣让他站在了自己的肩上。赵佗掌权后，首先按照任嚣关于"兴兵绝道"的嘱咐，他派人传递檄文，通知横浦（今广东北江东源涢水）、阳山（今广东阳山县东南）、湟谿关（今广东英德西南连江注入北江处）各处说："盗匪的军队就要到了，请赶快切断通道，聚兵自守。"这一措施避免了内地战争向岭南的蔓延，保证了郡内的安定。其次，赵佗按照任嚣关于要中原人辅助的提示，渐以刑法杀掉了秦朝所置的官吏，任用自己的亲信党羽为郡县官员或代理官长，不露声色地进行了人事置换，最终控制了郡内的政权组织。两条措施既是任嚣生前的部署，也是赵佗要在岭南立国的必然选择。因为赵佗只有堵防外来冲突，并整肃内部，才能保证自己在境内独立地行使权力。

秦朝灭亡前，赵佗在南海郡的权力已完全巩固，他向桂林郡和象郡用兵，并且兼并了两郡，遂于前 206 年在岭南建立王国，以"南粤"为名，自立为南粤武王，建都番禺（今广州市）。南粤自此成了与岭北隔绝的独立王国。

刘邦于前 202 年初定天下后，考虑到中原连年战乱、民众劳苦，因而没有追究赵佗的擅立行为。前 196 年，刘邦派使者陆贾前往南粤斡旋，汉朝立赵佗为南粤王，赵佗同时承认对于汉朝的臣属关系。双方剖符示信，互通使者。南粤国北边与吴芮为王的长沙国接境，汉朝让其和集各地越民，禁止南边患害。南粤由秦灭时的独立王国又演变成了与中央政府有一定依附关系的诸侯国，而它与汉朝的恩怨纠葛才刚刚开始。

关于天下反秦的议论

秦王朝的黑暗统治终于在大泽乡迸溅出了炽热的星火,并很快在关外形成了燎原之势。由陈胜等人点燃的反秦烈火最终把一个貌似强大的王朝顷刻焚毁。这是中国历史上的一场壮举,代表着公正、民意和人类尊严的胜利。

这场轰轰烈烈的反秦斗争的胜利是由陈胜和楚怀王熊心两个政权中心推动完成的。以陈胜为首的张楚政权起事半年后即被秦朝的军事反攻所毁败,反秦的烈火一时被消退,但并未被扑灭,由项梁所扶持建立的楚怀王政权又联络义军、团结各方,互相支持,掀起了更为炽热的反秦浪潮。腐朽透顶、风雨飘摇的秦王朝终究未能逃脱覆亡的命运。

反秦斗争的兴起是秦朝统治时期各种社会矛盾的总爆发。秦王朝残酷压榨天下百姓,把民众逼到了难以求生的死亡绝境,怎能不激起民众的冒死反抗?秦王朝毁灭了六国宗庙,兼并了他们的土地,事隔十余年,六国的贵族宗亲依稀尚在,他们在反秦烈火点燃之时怎能不乘势而起、风助火威? 秦王朝的最高统治者剥夺了本集团内部其他政治势力的预期利益,疯狂迫害士人,后期又大搞邪恶的督责之术,怎能在危急时刻防止文臣武将的阵前叛离和中下层官吏的趁火打劫? 正是各种社会矛盾的交汇构成了反秦斗争的浩浩洪流。

由各种社会矛盾汇聚而成的反秦斗争也必然决定了反秦队伍成分的复杂性。有出身佣耕,甚或为盗贼刑徒等社会下层的陈胜、吴广、武臣、韩广、吕臣、彭越、英布及其无数的义军兵卒,他们为秦朝的苛政所压榨,举旗反抗,要在灭秦中求得生存,其个人目标随反秦斗争的推进而逐步确立。另有项梁、熊心、田儋、田荣、魏咎、魏豹、韩成、张良等豪杰出身于六国贵族,他们原有的利益被秦王朝所剥夺,现在要在灭秦中恢复自己失去的利益和地位。还有张耳、陈馀、李良、刘邦、吴芮等人,他们在秦时就有一定的地位,但感觉到了秦王朝的腐朽,宁愿对其保持不合作、甚而反对的态度,希望能在反秦斗争中取得更大的政治利益。在这三层人群中,第一层人是反秦斗争的发起人和主力军,但由于他们在斗争进程中目标的游移,以及大部分人政治眼光狭小、社会威望低下,反秦运动的领导权逐步转于后两层人身上。政治目标的不一致隐藏着灭秦之后巨大的利害冲突。

以前207年秦朝灭亡为界,反秦领袖们的政治活动分为两个阶段。在前一阶段,秦王朝对他们构成巨大的生死威胁,他们虽有相互间的猜忌和对立,但基本上能汇集在反秦的旗帜下,为推动反秦斗争的胜利各尽其力;在后一个阶段,秦朝的灭亡使他们政治目标上的分歧公开化,最终演变成以楚汉争战为主要线索的全面冲突,其军事斗争的性质已由反抗暴政而成为争夺天下。楚汉逐鹿的序幕在他们的手头开启,历史的曲折伸展抹不去他们人生活动的壮丽痕迹。

【霸王失手——】

群雄逐鹿

强力称霸,失手金瓯的项羽

项羽,又名项籍,楚国下相(今江苏宿迁西南)人,公元前 233 年至前 202 年在世。他是反秦斗争中重要的领军人物,以战功和威武成为秦亡之后天下的政坛霸主。在前 206 年开始的楚汉战争中,其力量逐步消耗转弱,前 202 年被刘邦所消灭。他 24 岁起兵,三年后以强力称霸,并试图独立支撑天下,最终江山失手,气咽身绝,他以生命谱写的英雄壮歌在 31 岁时戛然断笔,至今成为世人惋惜的一曲悲歌。

作战勇猛,力敌万人

项羽的祖父项燕是战国末年楚国的名将,他的叔父项梁是他人生的领路人。项羽少年时学习书法和剑术,都无所成就。项梁很生气,项羽说:"书足以记名姓而已,剑术对抗一人,不值得学。要学对抗万人的本领。"项梁就教给他兵法,项羽很有兴趣,但略知大意,又不肯深学。他曾看见游览会稽的秦始皇嬴政,感叹说:"彼可取而代也。"项羽长大时,身长八尺有余,力能扛鼎,才气过人,地方上的子弟都畏惧他。看来项羽从小就有一种怀主见、不驯服和心高气傲的性格,加之他优越的身体和资质,使他具备着成长和发展的主观条件。

陈胜大泽乡起义拉开了反秦斗争的序幕,各地豪杰纷纷响应,贵族子弟项梁怀着极大的热情积极参与到这场斗争中,由此把年轻的项羽带到了反秦队伍中。项羽的人生一经和反秦斗争相结合,便呈现出无限的前景。他在反秦斗争中勇赴战场,攻城夺地无数,也曾取得过斩杀秦三川郡守李由的显赫战绩,但应该说,是三次大的行动使他的人生事业逐级走向辉煌。

第一次,在陈胜起义两月之后,会稽郡守殷通准备和项梁、桓楚一同起兵反秦,他让项梁安排人去寻找逃亡于水泽中的吴中奇士桓楚,项梁借机把项羽引荐给殷通,项羽按照项梁的安排,在殷通召见时突然拔剑,斩殷通之首,并一口气击杀门下扰乱的近百人,使郡府中的人畏服受命。这一行动使项梁转瞬取得了会稽郡守的职位,项羽为副将。项氏叔侄自此掌握了一支属于自己的部队,他们以此举事,攻收下属各县,得到八千子弟兵,构成项氏军队的基本力量,遂有资格渡江而西,参加到轰轰烈烈的反秦斗争中,并能取得后来各路将领归附和拥戴的地位。这次行动的策划人是项梁,但行动的主角无疑是项羽。没有项羽,项梁不会做出斩杀殷通、夺取郡守的决定;正因为有项羽存在,项梁才敢如此决策,也才能保证事后以威服的手段安定郡府、收服各县。

第二次,项梁在定陶之战中被秦军杀死,楚怀王熊心于前 207 年派上将军宋义率诸将北上救赵,宋义在安阳(进山东省曹县东南)逗留四十六日不进,坐观成败,并送儿子宋襄去齐国辅助齐王,在无盐(今山东东平县东南)饮酒高会。身为次将的项羽在自己催促出兵的意见得不到同意时只身拜见宋义,于营帐中挥剑斩宋义之首,并以"宋义通齐反楚,受怀王密令诛杀"的名义通报全军,一面派人报告怀王。慑于项羽的勇猛,诸将莫敢抗拒,愿意拥立项羽掌军,楚怀王事后也授给他上将军之职和统属诸将之权。项羽的这次行动使他摆脱了项梁死后自己在义军队伍中隶属他人和受人控制的地位,真正地争得了属于自己的兵权,虎出栏栅,楚国的反秦斗争再起风云。

项羽通过兵变夺取了军权,与此相配合,他还大力宣传自己的军事主张,消除宋义在军队中的思想影响。当时宋义坚持在救赵的半道上停兵逗留,坐观成败,其理由是:秦胜则乘其疲惫;秦败则乘胜西进。项羽对军士们讲:"凭秦军的强大肯定战胜赵国,那秦军就更加强大,还有什么疲惫的机会可以利用呢? 现在天寒大雨,军无存粮,主将却饮酒高会,为子徇私,不顾君王的期盼和士卒的冻馁,这算不上国家的忠臣。"他向军士们明白地揭示了宋义战术思想的错误,并借其送子相齐一事,给扣上"通齐反楚"的罪名,在夺其军权的同时也取得了思想舆论上的主动,保证自己能真正地掌握这支部队。项羽的这次夺权之变无人指使,是独立完成的,其间的主见、胆量、勇力和筹谋都充分地显露了出来。

第三次,无盐兵变,掌握了楚国的主力部队后,项羽派英布和蒲将军率二万楚军渡过漳河,直扑巨鹿(今河北省平乡县西北)击秦救赵。随后,项羽亲率全军渡河,过河后他沉掉所有船只,砸破锅炊,烧毁营垒,携带三天的食物,以示必死无还的决心,史称"破釜沉舟"。当时秦军副将王离围困巨鹿,章邯在城南修筑甬道（两侧筑有墙壁的通道）连接黄河，给王离供应粮草。英布的先锋部队已有小胜，项羽大军到来后发起全线攻击，包围王离，并截断甬道。项羽率领楚军以必死的决心作战，士卒无不一以当十，经过九次激战，大破秦军，俘虏了王离，秦将苏角被斩，涉间自杀。巨鹿救赵之战取得了巨大的胜利。

当时秦军围困赵王歇和张耳等赵国君臣于巨鹿时，燕、齐等诸侯国派兵来救，赵国大将军陈馀收得数万常山之兵，张耳之子张敖收得万余代兵，均在城外救援，他们安扎十多座营寨，数月间不敢出兵。及楚军迎战秦军时，这些诸侯将领们都站在营垒上观看，所谓作"壁上观"。楚军英勇奋战，呼声动天，诸侯军无不人人惴恐。打败秦军后，项羽召见诸侯将领，他们进入辕门，个个跪着前行，不敢仰视。项羽由此成为诸侯的上将军，各路诸侯都自觉地隶属于他。

巨鹿大捷后，项羽指使蒲将军引兵通过漳河的三户渡口（今河北临漳县西），与秦军交战。他亲自组织军队，在汙水（在今临漳县西，源出太行山，今已干涸）边大破秦军。秦将章邯察觉了丞相赵高对外将的不信任和迫害行为，在陈馀的劝说引诱下，兵败后前来约降，项羽考虑到自己军粮不多，难于久持，遂接纳其降，秦朝在关外所余的二十多万军队即告瓦解。

巨鹿之战是整个反秦斗争中规模和意义均为最大的战役，它以义军的辉煌胜利而结束，彻底消灭了秦国反扑关外的部队，保卫了各诸侯国的反秦政权及其他成果，也基本上肃清了秦王朝赖以存在的主要武装力量。它使反秦斗争发生了重大的转折，各诸侯国的防御和自保由此而转变成长足的西向进军，秦王朝的入葬已成眼前之事。

巨鹿之战是参战国最多的一次反秦战争，但真正发挥作用的仅是项羽率领的楚国军队。项羽明知秦军的强大，但他毫不畏惧，英勇迎战。这是与敌方力量和勇气的大比拼，他破釜沉舟，以必死的决心鼓舞士兵，焕发出了楚军一以当十、撼天动地的战斗力。兵法云："置之死地而后生，投之亡地而后存。"（《孙子兵法·九地篇》）项羽在本来无死的战场自断生路，逼使士兵们在死亡的境地杀敌求生，以战求存。对兵法理论的这种活用历来被人们视作少有的经典战例。项羽当时甚至没有要求作壁上观的诸多友军前来助战，表现了高度的勇敢和自信。战争的进程强烈地震撼了各路友军，胜利的结果也使初掌军权的项羽一下子变成了诸侯心中无可动摇的英雄，他的威望骤然达到了顶点，诸侯将领们率军归属并追随崇拜他应该是发自内心的。

巨鹿之战奠定了项羽在诸侯中的领导地位,也极大地增强了他的军事实力。按照事先的设想,项羽于战役之后率军西进,在新安处理了章邯的降卒,几乎无所阻拦地到达了函谷关。前206年他拥兵四十万进入关中,企图消灭先期入关的刘邦及其十万军队。刘邦是当时项羽之外势力最大又未臣服的将领,他曾招降了秦王子婴、灭秦之命,但自感难敌项羽,于是卑辞请和,自鸿门宴逃生,表示俯首听命,项羽于是由力敌万人的英雄成了能宰割天下的政坛霸王。

项羽的三次行动,尤其是勇赴巨鹿之战,使他逐次跃上了天下政治的峰巅,他可以挥斥天下,无人可敌,于是,这位二十七岁的青年于灭秦后便在关中按照自己的意志割地封邦,他分封了十八个诸侯王国,自称西楚霸王,满载秦宫咸阳的财货珍宝衣锦归乡,在彭城(今江苏省徐州市)建置了自己的霸业中心。

项羽分封天下不到三月,未得封土的齐相田荣便起兵叛楚,制造了北方危机;封于巴、蜀的汉王刘邦也以明修栈道、暗度陈仓的诡诈方式还定三秦,兵出关中,挑起了楚汉战争。面对种种事态,项羽毫不含糊,以勇力征营天下本来就是他的长处。他挥戈上阵,又开始了以维护天下秩序为目的的多次征讨。

前206年夏,田荣在齐地反楚,项羽于次年亲率主力部队北上伐齐。田荣在齐地兴风作浪,可谓政治强人,但战场上根本不是项羽的对手,他一战即溃,败走平原,被当地民众杀掉,项羽短时间内攻夺了许多城邑,一时平定了齐乱。

前205年春,刘邦乘项羽羁留齐地平叛之机率张耳、魏豹等数国诸侯之兵计五十六万人马攻进楚都彭城。项羽在齐地听说都城失陷,令诸将击齐,自引精兵三万人,经鲁地(今山东曲阜)出胡陵(今山东鱼台县东南),从西边的萧县向彭城攻击,从早上打到中午,即大破汉军。这次战斗中项羽之军远道奔袭,兵力不及汉军十分之一,但能速战速决,以少胜多,取得了辉煌的战果。汉军全线溃退,被挤入穀水和泗水,后又被追至灵璧(今安徽淮北市西南)东边的睢水,一共死伤二十多万,睢水被阻滞不流。刘邦被楚军重重包围,多亏一阵狂风刮得飞沙走石,他才领着几十名骑兵仓皇逃走。刘邦的父亲太公和妻子吕雉均被楚军俘获。此战之后刘邦退守荥阳,魏豹等诸侯又背汉向楚。因为大家已经看到,强将手下无弱兵,项羽军队的战斗力是无敌的。

刘邦败退荥阳后,楚汉战争长期在荥阳、成皋一线相持。项羽始终是战场上无敌的将军,他多次围困刘邦,打败汉军,也多次击败过彭越的部队;他曾迫使刘邦以替身假降而逃,也曾伏弩射中刘邦之胸。在西至荥阳,东到彭城的漫长战线上,他挥戈迎战,所向披靡,几乎没有打过败仗,在两军相争的战场,他是真正的虎豹英雄。

前202年冬,项羽在垓下(今安徽灵璧东南)与汉军决战毕,他告别虞姬,跨上骓马,率众渡淮到达东城(今安徽省定远县东南),面对数千汉军追兵,他对随行的二十八位骑兵说:"我起兵至今八年,身经七十余战,所当者破,所击者服,未尝失败,遂霸天下。今日决死,愿为诸君痛快一战。"他定出作战目标,把骑兵分为四队、四面出击,一口气杀掉几十百将士,突围、斩将、砍旗的三项目标全部达到,又聚拢自己的骑兵,仅损失两名。在乌江西岸,他把骓马送给好心的亭长,步行迎战,一人杀汉军数百人。

项羽终其一生,从来没有在战场上畏惧和怯懦过。大丈夫争于气力。项羽也自称自己力拔山,气盖世。在与对手力量、胆量和信心的拼比上,他是古今少有的英雄。

性格暴虐,滥杀无辜

项羽长于气力,作战勇猛,打过许多次胜仗,是反秦斗争中立有大功之人,对结束秦朝的残暴统治,救黎民于水火起了关键的作用,但他却并没有赢得下层民众的拥戴,有些地方的百姓甚至对他恨之入骨,就是因为他性格暴躁,常常对无辜的人滥施淫威。这一性格缺陷给他带来过极大的政治损失。

在会稽夺权时,他就杀死几十人以威众。在叔父项梁手下为副将时,他奉命攻打襄城(今河南省襄城县)开始攻打不下,及后来攻克后,他将守城官兵全部活埋坑杀。项梁派他与刘邦攻打城阳(今山东省鄄城县)他入城后大规模屠杀,血洗城阳。项羽对普通军民的暴虐行为当时就受到人们的强烈非议。在楚怀王熊心要选定直接率兵西攻关中的将军时,项羽自告奋勇,但熊心身边的老将都认为:"项羽为人慓悍凶残,他所经过的地方无不遭到残杀毁灭。"考虑到关中百姓已经吃尽了秦朝的苦头,他们决定选一宽厚长者,以正义相号召收服关中百姓,因而一致推荐刘邦,并坚决反对派遣项羽。熊心遂派项羽跟随宋义救赵。这一委派导致刘邦先行入关,成就了首先灭秦之功。项羽虽然最终未如约分封关中给刘邦,但这种违约行为使他分封方案的合理性一直不被时人认可,他因此而在政治上丢分不少。

巨鹿之战后,他率诸侯大军与章邯的二十多万降卒一同西进,行到新安(今河南渑池县东),诸侯吏卒和秦吏之间发生了摩擦,原因是,当年诸侯吏卒中许多人服徭役或屯戍边疆经过关中,秦吏卒对其有欺侮或不礼貌行为,现在秦吏卒成了降兵,诸侯吏卒就乘机报复,把他们当作奴隶和俘虏,对其随便折磨侮辱。秦吏卒们私下议论说:"章将军骗我们投降,如果能入关破秦就好;如果不能,诸侯军会俘虏我们去东方,秦朝必会杀尽我们的父母妻子。"秦国降卒做了俘虏,命运在别人掌握之中,他们对自己的未来产生忧虑情有可原,况且这种担心是诸侯吏卒翻往昔旧账、施行报复引起的,事出有因。这种不稳定的情绪本来只要制止报复、说明情况,加以笼络,也是不难化解的。但项羽听到。秦吏卒们的议论后却认为:"秦吏卒人多,其心不服,到关中不听命令,事必危。"他叫来英布和蒲将军,作了安排,夜间将二十多万秦卒全部活埋于新安城南。当时秦将章邯、司马欣、董翳三头领已铁心投降,关中秦王朝眼看已在掌握之中,项羽只要善待降卒,二十多万人本来可以顺利转化为自己一股不可小视的力量。他残忍地处置降卒,不仅削弱了自己的力量,而且使三秦之民怨恨楚军,对项羽分封于关中的雍王章邯、塞王司马欣和翟王董翳三人痛入骨髓,这为后来刘邦兵出汉中,还定三秦,及建立稳定的关中根据地提供了极好的条件。项羽入关中后,引兵西进,在咸阳大肆屠杀,又杀掉了已降刘邦的秦王子婴,放火烧掉秦朝宫室,大火三月不灭,他还掠取秦朝财宝与妇女后东去。看不出项羽对咸阳秦宫的仇恨能有什么直接的原因,杀害项梁的秦将章邯都被他纳降封王,却为何对已属义军占有的壮丽的咸阳秦宫难以容留。他要无理智地追求战胜者的内心痛快,也是他以往攻城而屠的惯常作风的正常体现。

位于今西安市以西13公里处的秦朝阿房宫是当时尚未完工的规模极其宏大的宫殿建筑群,历来传说也被项羽烧掉。考古工作者在两千二百零八年后于实地勘探发掘,没有发现火烧土和草木灰的痕迹。阿房宫被火焚的传说虽然不实,然而咸阳的秦宫室却实在是被项羽烧毁。项羽在咸阳的浩劫当时就使关中秦民大失所望,他们痛恨秦朝的残暴,但秦灭之后面对项羽,又有了狼去虎来的感觉,这种感觉决定了他们在后来楚汉战争中的基本政治倾向。萧何能从关中源源不断地组织兵源和粮草输送给荥阳前线的刘邦,支持起屡战屡败的四年战争,应该有着来自于项羽的原因。

前205年项羽在齐地平定田荣反叛,并王三齐的田荣被逃逸地的平原民众杀死。项羽自交战地城阳(今山东鄄城东南)一直打到临近渤海的地方,攻取许多城邑后,他烧毁和夷平了夺取的城郭房屋,把田荣的降卒全部坑杀。掳掠其老弱妇女,残灭生灵。这既是仇恨心理的发泄,也是想消除齐国得以反叛的基础。但适得其反,他不久因为刘邦攻入彭城而挥戈南下,一离齐地,齐人就相聚反叛。田荣的弟弟田横乘机收兵数万,迅速收复了齐国城邑,并重建政权,恢复齐国。项羽劳师北征,平定齐地,本想一举荡平反叛的社会土壤,但最终失掉了所得,劳而无功,战场上的胜利非但被他的暴虐行为全部抵消,反而在北方播下了一片仇恨的种子。

前203年,项羽自成皋前线回师攻夺被彭越占取了的梁地,对外黄(今河南省民权县西北)攻打不下,几天后,外黄又投降了。项羽为此发怒。他命令城内十五岁以上的男子全部到城东,照往例又要全部坑杀。多亏一位少年向他说清利害,才赦免了准备坑杀的外黄人。

项羽以暴虐出名,很难得到下层民众的支持与拥护。他在一生最后的垓下之战中,夜晚率八百骑向南突围,平明渡过淮河时剩百余骑,到达阴陵(今安徽定远县西北)迷失了道路,向一田间农夫打问,农夫骗他说:"往左",他向左奔驰,陷入了大沼泽之中,因此被汉将灌婴率领的五千骑兵追上包围,使他走上生命的终结。农夫有意指错方向,完全是出自对残暴之主的报复,这是项羽惯常滥杀民众所能得到的必然结果。

项羽不仅常常屠城坑杀,而且以残忍手段处置他不喜欢的人物。汉将纪信在荥阳危急时假扮刘邦出城投降,吸引楚军使刘邦从别门逃脱,项羽俘获纪信后将其活活烧死。项羽一度夺取了荥阳,劝汉军守将周苛投降,周苛公开拒降,并指出:"你不是汉王的对手。"他一怒之下,投锅中煮死了周苛,并杀其助手枞公。大概是不满于秦王子婴献玺于刘邦的缘故,他在火烧咸阳时杀掉了业已投降的子婴。

如果说残害所抓获的敌军将领在当时尚情有可原,那以下两次施暴就毫无道理:一次是,在他分封天下的方案颁布前,有一个名叫韩生(《楚汉春秋》作"蔡生",此处依《汉书》之称)的人力劝他建都关中,认为"关中依山屏河,四塞之地,土地肥沃,最适宜建都称霸。"见项羽没有认真对待他的建议,决意回故乡建国,韩生说:"楚人果然是猕猴儿戴人帽。"此话是说楚人像人样,但办不成事,固然是辛辣的讽刺,但饱含着对楚国事业的忠诚和对项羽称尊的支持。项羽听到后面一句话后,架起鼎镬煮杀了韩生。

还有一次是,刘邦的少年同乡王陵曾在南阳聚众数千人,楚汉战争中归附刘邦。项羽派人把王陵的母亲带到军中,在王陵的使者来看望时,让其朝东坐在尊位上,想以此招降王陵。王陵的母亲在送归使者时私下哭着说:"替我转告王陵,让他谨事汉王,汉王是忠厚长者,不要因为我的缘故而持有二心。我以死为使者送行。"遂引剑自杀。项羽非常恼怒,烹煮了王陵的母亲。王陵原本不肯长随刘邦,这件事促使他一直随刘邦平定了天下。项羽请来陵母来招降王陵,他佯示尊重,也属必要的手段,这都未尝不可。但他不是着眼于感情的交流或人心的笼络,显然没有达到预期的目的。在陵母支持刘邦的真实态度明朗并伏剑自杀后,他以残忍的方式发泄怨恨,终于把包含良好期望的事情办到了最糟糕的程度。

项羽对个人施暴最失败的一次当属对楚怀王熊心的暗杀。熊心是陈王陈胜死后项梁拥立的楚君王,本来和项氏叔侄关系匪浅。大概由于项羽的僄悍暴厉,项梁死后项羽一直受到熊心的设防和限制。项羽夺取兵权,巨鹿大胜,入关后威震天下,分封诸侯时他佯尊熊心为义帝,因为没有对其封土,实是已经架空了熊心,不久他又找借口逼使其自彭城迁移至长沙郴县,熊心在秦灭之前算是反秦义军的一面旗帜,基本上还众望所归,徒于郴县事实上已是最大的贬斥,但项羽竟在其迁移途中指使英布将其杀害。这一包复过分的个人残杀为汉军攻楚提供了重要的口实,使汉军在天下舆论上一直占有上风。项羽在分封诸侯前曾派人回彭城向熊心请示,试图得到熊心对分封方案的支持与认可,是想借怀王(义帝)之名压服诸侯,他暗杀熊心,事实上也严重动摇了自己分封天下的合法性。

宰割不公,分封起衅

推翻秦王朝需要艰苦卓绝的战斗,而分配胜利果实则另是一种极为复杂的事情。前 206 年 11 月,各诸侯国的军队随项羽自函谷关入关中,准备攻取秦王朝最后的巢穴,入关后却知秦王子婴已向经武关先期入关的刘邦投降。秦朝已经灭亡,战斗出乎意料地结束,如何安排战后的天下政治秩序,骤然间摆在了义军面前。时诸侯军队麇集关中,嗷嗷欲食,桃园待果,秦以后的天下也需要一种新的政治体系来维持。在诸侯军队出关返国前，必须拿出一个新的政治方案，这是摆在义军领导人物项羽面前一个亟须解决的重大问题。

当时天下既有的政治形势是：首先反秦起事的楚国在陈胜张楚政权垮台后，熊心被立为楚怀王，项羽和刘邦是楚国派出的两支部队，他们名义上归熊心节制；赵国由陈胜部属武臣攻占后实现独立，武臣在李良兵变被害后，张耳陈馀立赵歇为王；燕国一直由武臣部属韩广攻占为王；魏国在魏咎死后，楚国支持其弟魏豹为王；齐国在田儋死后，其弟田荣扶立田市为王；韩国由楚国扶立的韩公子横阳君韩成为王，不久韩成因兵弱难立，投奔了楚怀王。在反秦斗争中，楚国为了为秦树敌，先后认可或扶植了关外其他五国的政权，它们的当政人大多是故国贵族子弟，当时是为了利用他们号召百姓、镇抚地方，但在反秦斗争中除魏豹率军随从入关外，各国多是将领参战，诸侯王的实际贡献并不大。而关中等地在秦亡后尚无真正的主人。

确立秦灭后的天下政治秩序，有两个要害问题：一是应采取怎样的政治统治形式；二是由什么人来执掌天下政治。就第一个问题言，秦王朝曾取缔分封，建立郡县，把整个天下置于一人专制权力的控制之下，要继续沿用这种政治方式，项羽就只能或者把楚怀王熊心推到至尊之位。或者取熊心而代之，自居至尊之位。从项羽与熊心的长期关系看，他是不乐于推崇熊心的；但项羽自居尊位，又有许多难处：首先是关外大片领地为各国诸侯掌握，他必须在武力攻夺之后才能高就尊位；同时身边的诸侯之军虽然跟随他入关，其实大部分不是他的部属，他要利用这些部队去攻灭六国诸侯，不仅成功无望，反而极可能激起反叛。由于这些原因，项羽无法采取嬴政当年那样郡县制的政治统治形式，只能采取分邦裂土、划地封王的分封制，向天下分配胜利的成果。

接下来的问题是，什么人应在分封制中封土为王，这将决定战后天下政治由什么人来执掌。是按军功划分还是承认诸侯王的现状，这是两种不同的方法。刘邦、项羽等各国反秦将领有功无地，而许多贵族君王则有地无功，两种方法将导致分配结果和战后天下政治格局大不相同。项羽在反秦斗争中出生入死，立下了绝大的功劳，又忍受了巨大的失亲伤痛，他自然不愿空手而归，面对各诸侯为王的现状，他对大家讲："当初起事时暂时拥立诸侯后裔为王，这是为了对付秦国，但披甲持枪、风餐露宿，最终攻灭秦国、平定天下，靠的是各位将相和我项羽的力量。"项羽的这番言论实际上表达了他如何分配灭秦成果的指导原则,即基本上要按功劳的大小来裂土封王。

应该由谁来主持这一分配呢?因为楚国首事,项羽又战功最大、势力最强,曾统领各路义军,又有弹压各家的力量,只有他来主持分封,其合法性才能最少被人怀疑,也能极少受到动摇。反秦斗争把项羽推到了天下崇敬和极其自负的地位,他对战后天下政治格局有自己的设想,也不愿让颇得熊心信任、曾一度超越过自己的刘邦参与对天下政治格局的制定,于是他撇开众诸侯及其将领,自己操刀来为大家宰割天下。

项羽分割天下要论功行赏,这本来也有很大的合理性,但在实施中却碰到了两个实际问题:一是各国所立的诸侯虽无攻城野战之功,但在反秦斗争中的一定阶段上也起过积极的作用,他们有的人望所归,又掌握一定军队,分配中不应该、也不能够全部剥夺他们的利益,项羽的分封实际上就成了以军功为主、兼顾现状的弹性标准。另一个更严重的情况是,一个人军功的大小凭什么来判定,由谁来判定,这一问题有可能使军功的判定成为一种主观评价,丧失分配的严肃性。为此,项羽在操作中把是否随从他破敌入关作为衡量军功的标准,使军功的判定勉强有了一个客观的尺度。

项羽分封天下的一个难点是对刘邦的处置和关中封王。当年楚怀王熊心派两路部队击秦时曾经约定先入关中者做关中王。刘邦的军队先入关中,按说秦灭后关中无主,封刘邦于关中是顺理成章、诸事安宁,但关中依山临河、四塞之地,土地肥沃,乃周、秦京畿之地,有帝都之征,项羽不愿意把它封给刘邦。为了兑现熊心的约定,他与谋臣计议后说:"巴、蜀也是关中之地。"遂将刘邦封于该地。巴蜀两郡约相当于今四川省东北部和中部地区,翻越关中南部的大秦岭才能通达,自古蜀道艰难,秦朝把贬谪流放的人迁于蜀地,这一分封明显带有贬斥、打击之意。刘邦无奈,遂以重贿打通关节,求得了陕西秦岭之南的汉中之地,项羽封他为汉王,让建都于南郑(今陕西汉中市西南南郑县),允其带三万之众进汉中。项羽的士卒几乎全是楚人,有思乡之念,项羽本人也宁愿建都于故土,因而没有做王于关中的打算,为阻塞刘邦经关中东向出关的通道,项羽将关中之地一分为三,分封给秦朝的三位降将:他把咸阳以西之地划归章邯,立其为雍王,让建都废丘(今陕西省兴平东南);把咸阳以东至黄河之地划给司马欣,立其为塞王,让建都栎阳(今陕西临潼东北);把陕西北部的上郡之地划给董翳,封其为翟王,让建都高奴(今陕西延安东北)。司马欣曾是秦国栎阳狱吏的属员,早年项梁因故被追捕时他受人之托徇情了结此事,有恩于项梁,都尉董翳曾劝章邯降楚而有功。项羽的三秦之封了结了自己的某些人情,又为阻塞刘邦东进安置了如章邯那样善战的对手,表面上也实现了秦人治秦的形式,自以为是非常妥帖完满的安排。

通过四王之封解决了刘邦与关中问题后,项羽在今河南省东部、山东省西南部和江苏省、安徽省的部分地区为自己划定梁、楚九郡,建都于彭城。古代楚国有南楚、东楚、西楚之分,项羽所建都的彭城地处西楚,他本人有诸侯王的盟主地位,因而自称为"西楚霸王"。因为他的地盘兼及梁、楚,相应的诸侯王领地就必须调整变化:他把魏王豹改封为西魏王,领有今山西省西南部的河东之地,让建都平阳(今山西省临汾市西南);他封自己的先锋部属英布为九江王,建都于六(时安徽省六安县北)。另外,熊心所派的将军共敖在攻击地临长江的南郡(今湖北省洪湖以西和四川省巫山以东地区)时多有战功,项羽封他为临江王,让建都江陵(今湖北省江陵县);又封统率百越之众支持诸侯破秦入关的鄱君吴芮为衡山王,让建都于邾(今湖北省黄冈西北)。连同他本人在内,一共五王被封。

项羽分封的另一个难点在于如何处理有地无功的诸侯王与有功无地的义军将领之间的利益分割。对付这一问题,项羽基本上采取了对诸侯王改变封号、压缩封地,腾出地盘,封给功臣的方式。为此,在齐国,他改封田荣辅佐的齐王田市为胶东王,让建都即墨;参加了巨鹿之战并随从入关的齐将田都被封为齐王,建都临淄(今山东淄博市东北);战国时末代齐王田建的孙子田安在项羽渡河救赵时攻下济北数城,领兵归附,因而被立为济北王,建都博阳(今山东荏平县西北的博平镇)。在燕国,项羽改封燕王韩广为辽东王,封参与救赵、并随从入关的燕将臧荼为燕王,让建都于蓟(今北京市西南)。三齐二燕,一共五王。

项羽让韩成仍为韩王,建都阳翟(今河南省禹县),但始终未让他归国;他又改封赵王歇为代王,腾出大片地方后,封随从入关的张耳为常山王,让建都襄国(今河北省邢台市西南),领有赵地;张耳的亲信申阳曾为瑕丘(今山东兖州东北)令,曾攻下三川之地,迎接楚军过黄河,被封为河南王,建都洛阳;赵将司马卬平定河内郡,屡次立功,被立为殷王,建都朝歌(今河南省淇县东北)。韩赵一共五王。

除项羽自封为西楚霸王外,他在天下一共封有十八个诸侯王,史称"十八王之封"。另外,还封有功于赵但未随从入关的成安君陈馀南皮三县之地,封吴芮的部属梅鋗十万户侯。封王后又推崇楚怀王熊心为义帝,以示其比诸王为尊。

项羽的分封方案曾向熊心汇报或,并且是一次公布的。他在关中逗留数月,完成了分封,以为天下自此可以相安无事,太平无忧了,即与诸侯罢兵返国。然而,他绝对没有料到,自己精心炮制的分封方案竟然包含着诸多严重缺陷:

首先,他按军功分配土地,又把是否随从入关作为衡量军功的基本尺度。但这仅是他个人认定的尺度,并没有为所有的义军将领所接受。齐相田荣、赵将陈馀等人因故没有入关,未被封王,但他们自认在反秦斗争中有很大的功劳,因而对项羽分封满腹怨气。陈馀对人讲:"张耳与我功劳相当,现在张耳封王,我只为侯,项羽太不公平!"他与田荣串通联络,在分封后不到三月,就起兵反叛。彭越曾响应陈胜、项梁而聚众反秦,也曾协助刘邦昌邑攻城,因未能随项羽入关,未得分封,其万余部队一时竟无所归属。项羽的分封不能为所有义军将领所认可,一开始就为战后天下政局的稳定埋下了隐患。

其次,项羽没有考虑到各路义军将领间的实力对比,他的分封方案牵扯到各诸侯国领地的重新划分,方案公布后,许多心怀不服的实力派并不真正就范,他们恃强凌弱,肆意侵夺,使项羽的分封方案并未完全落实。齐国的田荣就赶走齐王田都,攻杀济北王田安,后来又杀死胶东王田市,自王三齐之地。赵国的陈馀也在同时赶走常山王张耳,恢复代王赵歇为赵王,自立为代王。而在燕国,原燕王韩广则占住地盘,拒不去辽东,臧荼与之发生火并,将其击杀于无终(今天津蓟县)并占有辽东之地。不久后汉王刘邦自汉中出故道暗度陈仓,打败雍王章邯、塞王司马欣和翟王董翳,占有了关中三秦之地。而彭越也一直没有停止对梁地的争夺。项羽想通过分封来安定天下,事实上却引发了诸侯间新一轮的争夺。

再次,项羽为了在分封中绝对贯彻自己的意志,减少方案制定时的纷争麻烦,乃摒斥他人参与,一人独操宰割之刀。他没有以某种协商、盟会的组织形式,把自己的设想经过妥协和商议转化为众人的意志。按照权力与责任的自然统一律,稳定战后天下政治秩序的责任就落在了他一人的肩上,甚至他最铁杆的先锋战将、九江王英布也一再放弃协助平叛的责任。项羽固然是铁肩担道义,慷慨弛疆场,但大厦之立,非一木之撑。他不知道把维护天下稳定的权力和责任开始时就一并交给大家,虽然一时叱咤风云、豪气盖世,终究会为四方征战的消耗所拖垮。这一条当是项羽制定分封方案时最为严重的失误。世界上的事情没有绝对的公平，如果大多数政治领袖能自觉担负起维护天下安定的责任，那个别将领的不平和反叛终归会无碍大局。项羽的分封最缺少的正是这里假设的前提条件。

最后，项羽的分封方案中夹杂着许多主观感情的因素，方案公布后他自己也并没有彻底实施的打算，处置中显示出过多的主观随意，自己破坏了方案的严肃性。比如，他要践行熊心关于"先入关中者为王"的约定，却把巴、蜀、汉中妄指为关中，封刘邦于彼，使人们一眼就看出其中的诳骗；他的方案曾征求过熊心的意见，大概是想得到来自君上的认可与支持，但不久就将被尊为义帝的熊心贬徙去郴县，又将其杀害于途中。熊心曾是他方案制定时想要借助的力量，尊其为义帝又是方案中一项特别的内容，这样的处置虽然一时发泄了个人怨情，但却是严重践踏了自订的方案。他在方案中认可韩成为韩王，但因其未随入关，认为没有军功，就不让他返回韩国，带其到彭城后废黜为侯，最后又杀了他。后来为了阻止刘邦东进，又封原吴县令郑昌作韩王。这些主观随意的处置使分封方案的实行在自己身上就大打了折扣，何论他人的态度。

项羽作为反秦斗争的领军人物，秦灭时成为天下敬仰的英雄，他当仁不让地出面安排战后天下政治格局，希望以自己为首的义军将领们各有所得，并获得安定的政治局面。但由于处置不当而引发了各种因素的作用，安定天下的手段反而成了引发新一轮战乱的原因，战后的天下政局危机四伏。

战略失措，疲于奔袭

项羽的分封方案引起了天下新的纷争，他要独立维持天下政局的安定，也未尝不可。战国末期的秦国就曾独自对付六雄，且取得了兼并战争的胜利。但和当年秦国的情况不同，项羽在政治战略上存在着严重的缺陷，使他多年以无敌将军攻无不取的战绩尚不能赢得战争的主动权。

秦国当年所拥有的关中之地处于华夏族居的西部，南边是鸟道横绝的太白秦岭，北边荒原大漠，南北受敌的可能极小；西境之外为荒凉之地，基本上没有受威胁之虞。东境之北段黄河自北而下，在风陵渡一带折而向东，东境南段为崇山峻岭，山河为屏，中间桃林塞谷深道险，有函谷关为锁，号称天险，攻守自得,战略上有得天独厚的优势。关中为渭河之滨,土地肥沃。在古代步骑作战和农业经济的条件下,其军事与经济上的优势尤其突出。谁占有了关中,谁就占有了对天下的战略控制权。秦朝当年能遏制六国的原因之一正在于此,项羽不愿把关中分封给刘邦的原因也在于此。有一位名叫韩生的人曾向项羽讲清了关中的优势,认为这里适宜建都称霸,建议他做关中王,但项羽一心想在故乡建国,他对人说:"富贵不归故乡,犹如穿着漂亮的衣服在夜间行走,谁看得到呢?"狭隘乡土意识的驱使,加之对秦宫室焚烧后破败景况的失望,使他没有认真考虑在关中建国之事。他人生事业的最后成功在这里开始与他失之交臂。

项羽最终选定在西楚立国,建都彭城(今江苏徐州市)。彭城四面开阔,几乎无险可守,独立肩负着安定天下政局之责任的项羽把彭城作为自己的政权中心,实际上是把自己放置在了四面受敌的地位。刘邦后来夺取关中,获得了稳固的后方基地,专意东攻,而项羽在彭城始终受到西边刘邦和北边彭越的双面威胁,最后还受到英布和周殷自南而来的进攻。他数年间两线作战,长途奔袭,虽然战无不胜,攻无不克,但疲于应付、消耗极大,他始终没有建立起稳固的后方基地,彭城几度失陷,最终走向了绝境。

战役上的多次胜利和战略失误的持续暴露同时发生,构成项羽军事衰落的整个过程,这一过程是耐人寻味的。

前206年,项羽分封诸侯不久,田荣、彭越等起兵反叛,制造了北方危机,项羽派他将平叛无功,随率主力北上。他击败田荣,攻取齐地,后来又夷平城郭,坑杀无数降卒,战争一路顺利,大获成功。

前205年春,刘邦乘项羽主力北上之机率数国诸侯五十六万人马攻入彭城,项羽闻讯后率精兵三万回师奔袭,歼灭汉军二三十万,俘获刘邦的父亲和妻子,一直向西追至荥阳(今河南省荥阳东北)。

项羽在荥阳相持时期,多次破坏汉军连接黄河的运粮甬道,使汉军处于缺粮的紧张状态。前204年春,项羽拒绝了刘邦的请和要求,增兵攻打荥阳。在刘邦处境非常危急的情况下,汉将纪信扮作刘邦,坐着天子辇车,晚上领着妇女和披甲护卫二千多人出东门假装投降,吸引楚军,刘邦乘机带着几十骑自西边夺门逃脱。项羽遂活捉并烧死了纪信。

刘邦逃出荥阳退回关中不久,又兵出武关,进军宛(今河南南阳市)、叶(今河南省叶县境内),自南线进攻。项羽闻讯,引兵南下相拒。但他听说彭越在后方渡过睢水,在下邳(今江苏邳州市东)大胜了楚国项声、薛公的部队,于是挥师东征,一鼓击败彭越。

刘邦乘项羽回师进攻彭越之机,领军北上夺取了成皋(今河南荥阳氾水镇)。项羽已破彭越,听到刘邦的动静后再次率军而西,一举攻拔了荥阳,活捉并处死了汉军的守城之将周苟和枞公,旋即兵围成皋。刘邦无力固守,与滕公夏侯婴出北门逃走,项羽攻占了成皋。

前203年,彭越乘项羽主力西攻时又在汉军别部卢绾、刘贾的支持下杀入楚国的燕县(今河南延津县北、汲县东),之后攻夺梁地十余城。后方危急,供粮之路被截,项羽安排大司马曹咎谨守成皋,自己回军迎战,约定十五天后再来成皋会合。项羽率军东攻,出手不凡,很快拿下了外黄以东的梁地十余城。

项羽一路顺利,兵至睢阳(今河南商丘南)时听说曹咎被刘邦击败,成皋失守,于是率军西还。汉军正在荥阳之东包围了楚将钟离眜,项羽一到,汉军畏而撤围,全部退走至险要地带。

项羽与刘邦隔着广武山涧(今河南荥阳北)相对,项羽急于决战,他把前曾抓获的刘邦父亲放在案板上,以杀死太公要挟刘邦前来厮杀,但没有结果。后来在一次与刘邦的隔涧对话中用箭射中刘邦的胸部,刘邦带伤避入成皋。

项羽在前线战场上一直占据上风,但彭越又在后方攻取梁地,截断粮道,齐国的田横率兵相投,更壮大了彭越的力量。这时刘邦派陆贾前来讲和,请求释放太公与吕雉,项羽不肯答应,但他听说汉将韩信占有齐地后大破了楚将龙且的二十万军,于是有些心虚,在刘邦又派山阳说客侯成复来请和时答应了对方的要求,双方约定以鸿沟为界,东楚西汉,中分天下,两家罢兵,项羽也放掉了刘邦的父亲和妻子。鸿沟是战国魏惠王于前360年开凿的古运河,由荥阳北引黄河水曲折东至淮阳入颍水,东汉末淤塞前一直为中原水道交通干线。鸿沟划界没有使项羽在战场上丢失什么,但却是他分封方案全面失败的自我认定。

前203年,项羽在战场讲和后引兵东归,汉军乘其无备,全力追袭,双方在固陵(今河南省太慷县南)发生激战,项羽大破汉军,刘邦逃入营垒,深堑自守。

是年冬,刘邦划分土地,利诱齐王韩信、魏相国彭越引大军南下,又策反楚司马周殷举九江之兵配合,完成了对项羽的战略包围,双方在垓下(今安徽省灵璧县东南)决战,项羽穷途无路,终于败亡。

垓下之战前项羽在战场上从未失败过,他所到必克,每战必胜。项羽的败亡是战略失误的结果。从其军事衰落的整个过程看,战役上的胜利远不能弥补战略上的重大失误,最终败在了自称"吾宁斗智,不能斗力"的刘邦手下。

项羽放弃关中,建都彭城,把自己放置于四面受敌的境地,他两线作战,累年奔波,战场上的胜利仅使他能勉强维持局面,但当汉军采取大迂回、大包围的手段,使韩信率齐军自北而下,并策反了南面周殷的九江部队时,他必然陷入四面楚歌的战场,纵有拔山扛鼎之勇,也注定了失败的命运。

项羽战略上的失误还在于,在各地诸侯反叛刚刚爆发的时候,他看不清真正的对手是谁。前206年夏,项羽分封诸侯数月之时,刘邦自汉中攻入关中,与田荣、陈馀的齐、赵之叛相呼应。项羽有意西征刘邦,这时他收到张良的一封信,信中说:"汉王失去了按规定应得的关中职位,得到关中就会停止,不敢东进。"张良又把田荣和陈馀反叛的文告送给项羽,告诉他:"齐国想和赵国联合灭楚。"当时张良的身份是韩国将领,听了张良之言,项羽遂打消了西征的念头,率兵攻齐,致使刘邦有充足的时间攻取三秦、安定关中,并一度攻入楚都彭城。

项羽在进入关中、鸿门设宴时,有人就提出刘邦乃是最大的敌手,他松手让刘邦走脱,大概当时就有些不大相信。数月后刘邦还定三秦,向项羽安排的战后天下政治格局公开挑战,项羽竟相信张良的一面之词,误把田荣视作战略对手,致使真正的对手刘邦在关中得手坐大,自己也失去了在此地所封的三个诸侯盟友。如果项羽一开始就把刘邦作为生死之敌来看待,在其关中立足未稳时就与章邯、司马欣、董翳三诸侯王联合倒汉,使其不敢窥视关中;如果他再能收编彭越、安抚田荣,建立广泛的反汉同盟,以自己的无敌之勇,战争的结果尚难以逆料。可惜盖世霸王不具有这样的战略眼光。

刻逼大才,为丛驱雀

项羽在战略上两线作战,为什么他不能选派一员上将独当一面,而由自己长年奔袭,忍受无味的消耗和疲劳之苦呢?为什么没有人向他提出战略上的正确方针及失误后的修正措施呢?因为西楚没有这两种人才。确切地说,原本具有的人才中途离楚而去,有些投奔刘邦了。

项梁出身豪门贵族,起事较早,兵出会稽后吸引了各地不少豪杰来投,他阵亡时部队中藏龙卧虎,潜伏着不少一流人才。韩信在项梁渡淮时仗剑奔投,长居麾下,项梁阵亡后他从属项羽,任郎中。陈平大约在巨鹿之战前后奔投项羽,跟随其进入关中,受封卿爵。张良曾是项梁扶立楚怀王之事的参与人,被项梁推为韩国司徒;同时被项梁扶立的韩王成复国失败,投靠楚国,后来一直在项羽军中,他是张良的君主,这些都构成张良与楚军关系的基础。其他如英布、陈婴、范增、钟离眜、龙且、蒲将军,周殷等,多是项梁留给项羽的部属。项羽的手下人才不少,他有条件掌握天下一流的将相之才。

然而,项羽本人缺乏断事识人的灵气。他少年时怀着极大的兴趣跟项梁学习兵法,但略知其意,又不肯竟学,这当是他智识不高的表征。项羽统军后韩信多次向他献策,项羽没有采纳。长期安排韩信担任郎中,让执戟负责警卫工作,韩信见在项羽麾下重用无望,遂在刘邦自关中入蜀时离楚归汉,后被刘邦拜为大将,他平定北方,震恐天下,为一代战神。应该说,项羽绝非有意小看韩信,他是不能理解那些计策的本意,判断不出计策的价值,因而也就不能估计到韩信的分量。那位善于运筹帷幄、满腹谋略的张良常常对人献策,他深深佩服刘邦的灵性,认为其他人皆不能领悟谋略的真谛,于是一心一意地跟定刘邦。张良所说的"其他人",从背景和可能性上来讲,应该首先是指项羽。娄敬向刘邦建议建都关中,他由此得到刘邦的尊宠;韩生早几年向项羽建议建都关中,说过一句俏皮话,他被项羽烹杀。刘项对谋略的领悟力有天壤之别,导致对献策人的不同态度。韩信是在项羽势力鼎盛、刘邦远徙巴蜀的时候弃楚投汉,应该没有任何势利的心理,完全是因为筹划被弃、不为人用、壮志难酬,感到了自我价值的失落和个人前途的暗淡,在长期等待无望之后迫不得已的举措。在韩信后来做了齐王,拥兵数十万,雄踞北方、虎视中原之时,项羽派人打出故旧关系去策反韩信,韩信辞谢说:"臣事项王,官不过郎中,位不过执戟,言不听,画不用,故背楚而归汉。"这是他当时隐秘心迹的表白。应该说,由于项羽灵性不强,智识不高,无法赏识筹谋与人才,使他失掉了韩信、张良这两位足以扭转局面的人物。项羽至死没有认识到这一点,因而也是至死未悟。

受赐卿爵的陈平随项羽自关中回到楚都彭城,在殷王司马卬响应刘邦而反叛时,项羽封他为信武君,让他带兵平叛,陈平领着魏国客居于楚的部下前往,竟降服了殷王,项羽遂任陈平为都尉,赏给黄金二十镒。过了不久,刘邦攻占了司马卬的殷地,项羽一怒之下,准备杀掉前次平定殷地的将领和军官,陈平惧诛,派人向项羽归还了将印和黄金,只身逃归刘邦。司马卬后曾随刘邦进入彭城,据说是被刘邦所劫。他也许在刘邦攻殷时反抗不力,也许干脆就是自己投城,但无论如何,看不出这与陈平前次的降服之事有什么联系。项羽要报复司马卬,找错了对象,只能逼走陈平。

陈平降汉后受到刘邦的高度器重,他六出奇计,功追张良。刘邦临终前称陈平"智有余"。司马迁称其能"救纠纷之难,振国家之患。"这样一位大器之才,在项羽手下性命不保,除了离走还有什么出路?

陈平应该是得到项羽封赏较多的人,但他在离楚后评价项羽说:"项王为人,恭敬爱人,廉节好礼的士人多愿归附,但到了论功行赏、授爵位、封食邑时,却又很吝啬,有能耐的士人又不归附他。"当时著名的说客郦生也评价项羽"于人之功无所记,于人之罪无所忘;战胜而不得其赏,拔城而不得其封;为人刻印,抚而不能授;攻城得赂,积而不能赏。"认为这是招致贤才怀怨离弃的原因。两人的评价是基本一致的。也就是说,项羽不仅肉眼难识大才,而且碰到了被证实为有才干的人,也难于出手赏封和重用。他把施予看得太重,把人的过失看得太重,而对人的功劳和需求则漠然置之。他从根本上不能识别、掌握和驾驭稍微突出的人才,陈平投汉只是这类惯常现象中的一例而已。

项羽为功臣刻印,为什么抚而不能授? 这自然是他把施予看得太重,但同时也多少显露了他对下属的疑忌之心。在楚汉战争相持于荥阳的关键时刻,楚谋士范增力主急攻荥阳,汉军玩了一个简单的把戏,就使项羽对范增产生了极大的怀疑。事情是:项羽派使者到汉营,刘邦准备了丰盛的菜肴,让人端上去。见到楚国使者,假装吃惊地说道:"我以为是范增派来的人,原来是项羽的使者。"吩咐将菜肴撤走,换上了粗劣的食物。楚使者回去后把这一情况报告给了项羽,项羽信以为范增背着他与汉军相通,且与刘邦交往很深,遂不听范增的意见。范增当时至少已七十五岁,见项羽怀疑自己,于是辞归离去。汉军还拿出许多黄金向楚方派遣间谍,散布说,楚将钟离眛功高不能封王,想与汉军合作灭楚,项羽对大将钟离眛也同时产生了怀疑。陈平说项羽为人猜忌信谗,看来一点也不假。范增是项梁起兵不久就投奔跟随的故旧随属,经过了多年考验,尚且不能取得项羽的充分信任,那钟离眛之属受疑就毫不奇怪。

项羽也缺乏容人之量。对与自己有所保留、不相配合的人常常以势相逼,最后使事情走向反面。反秦时的楚军先锋将官英布在秦灭后被封为九江王,他是项羽的亲信之属,领地在西楚之南。大概是因为九江郡地盘被西楚划去了一部分的缘故吧,在项羽征召九江军北上平定田荣之叛时他称病未行,只派去四千人相助,刘邦率56万人马攻入楚都彭城,他也没有率军抗击,项羽遂生怨恨,多次派使者前往责备,同时召英布相见,英布不敢前往,由于后来各地战事的紧张,也由于他赞赏英布的将才才没有立即攻打英布。但英布在这种恐怖的关系和环境中不能久持,在楚使者不断地责备和催促下心理紧张、惴惴不安,其后在说客随何的说服下杀使叛楚,最终投奔了刘邦。

英布应是项羽最亲密的诸侯王,即使在有些事情上未能密切配合,也应有充分谅解的气度,应该给对方以充分的回旋余地。项羽以势威逼,大概是想让英布知罪改过,恢复先前的亲密关系,结果适得其反。英布叛投刘邦后,项羽使楚军将其留于九江的妻子儿子全部杀掉,把事情做到了无法挽回的尽头,致使英布死心塌地地为汉军卖命。前203年冬,英布与汉将刘贾进入九江,策反了西楚主管军事的大司马周殷,他们成为致楚军于死命的重要力量。

张良附汉,其实在很大程度上也是项羽威逼所致。项梁立韩成为韩王,并封张良为韩司徒,让他们领兵攻取韩地。后来刘邦率军西进,与其相遇于轘辕(今河南偃师县东南),攻下了十余城,刘邦让韩成留守阳翟(今河南省禹县),他带着张良一同进攻关中。张良和刘邦意气相投,入关后解其鸿门宴之危,刘邦受封汉王,张良一直送至褒中(进陕西汉中市西北),然后告别归韩。项羽见身为韩司徒的张良跟随刘邦入汉中,就将韩王成带至彭城,不让归国,不久改封为侯,最后将其杀害。张良已自汉中返回,听到韩成的死讯后逃亡而去,在汉军还定三秦期间投奔了刘邦,开始了他们的长期合作。

张良慕刘邦悟性之高,跟随刘邦筹划入关,在反秦斗争中当与项羽是共同的目标。他与刘邦在入关作战中建立了情谊,送其入汉中,也不为罪过,但项羽不能容忍,竟执自己所封的诸侯王韩成以报复。张良自汉中返回,给项羽送去田荣反叛的文告,虽有误导项羽北攻之意,但与楚国的表面联系并未中断。韩王成在韩或在楚,均对张良形成巨大的吸引和制约,使他难以全力辅汉,趋势的发展也难保不可能发生张良辅楚的转变。然而项羽最后扣留和杀掉韩成,就使事情彻底失去了挽回的余地,把张良逼赶到了刘邦一方。

沛人王陵一时率众依附汉军,但并非他的本意,项羽搬取王陵之母亲置于楚营,协逼王陵就范附楚。陵母不屈自杀,项羽烹煮其母,最终坚定了王陵的附汉之心,王陵为汉立功,被封为安国侯,后来成为西汉萧曹之后的第三任丞相。

项羽楚军麾下人才不少,但韩信失望跳槽了,陈平被吓走了,范增受疑离去了,钟离眛被弃置了,英布被逼反了,张良逃离了,周殷被策反了,为建都建言的韩生被烹杀了,还有哪些人能在这样的环境下长期留存?人们避之唯恐不及,还有谁愿投入这样的政权为之献身?

项羽失去了众多人才,事情靠谁去做呢?郦生说楚军"非项氏莫得用事",原来他是实行着任人唯亲的路线。项梁当年因故触刑,被栎阳(今陕西临潼东北)狱吏追捕,他请蕲县监狱的办事员曹咎给栎阳监狱的办事员司马欣写信求情,司马欣设法了结了此事。司马欣后为秦军长史,巨鹿之战后随章邯一起降楚,项羽即拜其为上将,进入关中后,项羽封司马欣为塞王,让其领有包含栎阳故乡的大片土地。司马欣的能耐到底如何呢?刘邦后来出兵汉中,打败了雍王章邯后向东用兵,司马欣即投降了汉军,这位塞王并没有能阻塞住刘邦的东进。刘邦在彭城被项羽击败后,司马欣摆脱汉军,逃亡入楚。那位当年的蕲县狱属曹咎被项羽封为海春侯,任大司马,前203年项羽在成皋前线听说彭越夺取了梁地十余城,断了后方粮道,乃对大司马曹咎吩咐:"谨守成皋,慎勿与战,不要让汉军东进就行。我十五天平定梁地,再来与你会合。"项羽走后,刘邦使人挑战羞辱五六天,曹咎一怒之下,率兵渡过汜水来迎战。汉军在楚兵半渡时出击,大破楚军,缴获大量金玉财货,时逃归于楚的司马欣亦在军中,与曹咎一同自刎于汜水中。项羽因旧恩而信任的两位将军连战场上十五天的阻击都未做到。项羽让替代韩成作韩王的吴县(今江苏省苏州市)令郑昌是他早年游历吴地时的故旧之交,被任用不久,就在阳城(今河南省登封东南)投降了韩信。

项羽在军中大量使用自己的族亲,为楚国左尹(令尹的副职)的项羽叔父项伯、鸿门舞剑的项庄、保卫梁地的项声、前205年为杜恬击败的项昌、败于灌婴的项冠、为陈平送都尉之封的项悍、被刘邦封为桃侯的项襄、统率龙且二十万军队救齐的项它等。楚军在项羽的主持下发生人才大流失,未流失的又得不到信任,只好用项氏族亲来填补空缺。项羽对项氏族亲的任用没有一个是成功的。龙且是他手下久征惯战的大将,前203年韩信攻灭了齐国,项羽却安排自己的堂兄之子项它为大将,让龙且为裨将,最后全军覆没,项它被灌婴俘虏,项羽的用人特征由此可以窥见一斑。项羽曾统领过一支当时天下最强大的部队,但垓下之战决胜时,他的身边只剩下了心爱的虞姬相伴,这就是他长期用人方式导致的最终结果。

胸无城府，思想幼稚

项羽在处人用人上的种种失误其实都是思想幼稚、政治上不成熟的表现。这种政治上的幼稚病还表现在许多事情上。

反秦时刘邦自河南先入关中，招降了秦王子婴，把守关口，准备在关中称王。项羽打胜了巨鹿之战后率军西进，让先锋部将英布攻破了刘邦军队把守的函谷关，进入关中。当时秦朝出乎意料地灭亡，天下政治格局的重新设定骤然摆在了义军将领面前。项羽和刘邦是一年前楚怀王熊心派出的两支楚军，已发展成各自均能影响天下政局的部队，秦灭后双方的矛盾迅速激化，问题的关键在于究竟由谁来支配天下政治局面。项羽破关后驻军戏水（源出骊山并流经陕西临潼东入渭河）之西，与驻军霸上（今西安市东南霸河西边的白鹿原）的刘邦相距四十华里，双方形成隔膜与对峙。刘邦军中的左司马曹无伤派人告诉项羽："刘邦欲在关中称王，想让子婴为相国，占有了全部珍宝。"这一下子引发了项羽的恼怒，他下令次日早晨士兵大会餐，准备击溃刘邦军队。当时项羽以自己的四十万虎狼之师要打垮刘邦的十万之军，应当不成问题。谋士范增也反映了他所获取的情报说：刘邦入关后一改过去贪财好色的毛病，说明其志不小，必定会成为项羽称霸天下的对手，建议立即攻击，勿失良机。这时项羽的指挥部里意见高度统一，军令已经下达，次日的进攻已是张弓待发之势。

项羽的叔父项伯有好友张良随从于刘邦军营，他连夜晚去刘邦军中，找到张良，告以实情，劝张良立刻离去，事遂泄密。刘邦从张良那里知道了项羽的军情，考虑到自己难以抵御项羽之军，遂于次日率百余骑至项羽下榻的鸿门（今陕西临潼新丰东），来向项羽道歉。刘邦一直宣称，他派兵守关，是为防备盗贼出入与意外事件。他对项羽说："我与将军协力攻秦，分兵而战，没料到能先入破秦，在这里见到将军。现在小人散布流言蜚语，使将军与我产生了隔阂。"项羽回答："这都是你军中左司马曹无伤说的事，要不然，我项羽何止于此。"当日他在鸿门设宴，留刘邦喝酒。刘邦在宴席上见范增、项庄俱有不测之意，借口如厕离席，托张良持礼物献给项羽与范增，自己则与樊哙、纪信等四人从骊山下抄二十里小道脱身回营，一到军营，就立即诛杀了曹无伤。

项羽本来已发布了军令，要击垮刘邦之军，但当刘邦知情后前来鸿门致谦时,则改变了主意,并且毫无理由地出卖了刘邦军中给自己提供情报的曹无伤,致使刘邦回营后将其斩杀,自己失去了一位现成的或可继续发展的谍报人员。其实刘邦的解释本身就有许多不实之处,没有认真核对,不可全信;即使相信其话为真,也不需要供出曹无伤来刷洗自己的什么责任。何况当时军队没有出发,有许多可以回旋变通的解释,没有必要做出误会澄清的说明。项羽没有刘邦那样的城府,在对方的致谦请和面前头脑一热,把事情的底细和盘托出,他忘记了自己将与刘邦争夺天下主宰的生死矛盾,转而还引为知己,真诚地设宴留饮。

鸿门酒宴间,项羽对范增杀掉刘邦的多次暗示默然不应;对项庄项伯的拔剑对舞漠然置之,他留意和欣赏的是樊哙切啖彘肩、痛饮卮酒的壮士豪气,对其为刘邦的辩解陈词默然接受。刘邦如厕后久不归席,他打发自己手下都尉陈平去寻召;张良将刘邦留下的一双白璧转送给他,并说明刘邦不胜酒力,已脱身离去时,他接过白璧、置于座席,表明已在内心接受了刘邦的人情,很少考虑其中的深刻动机以及其不辞而别的不礼貌行为。对于惊心动魄、暗伏杀机的鸿门宴,作为其主角的项羽,反将其视为无味的人情活动,根本不知道其中隐含着可能改变天下政局和历史走势的政治动向。范增在宴后拔剑撞碎了刘邦转送给自己的一双玉斗,哀叹说:"唉!竖子不足与谋。"表达了对项羽思想幼稚的万般无奈,也隐含着对楚军政治前途的极大失望。

项羽后来在广武涧与刘邦对峙,他急于决战,将先前俘虏的刘邦之父太公置于俎案之上,告诉刘邦:"如不前来决战,我就烹杀太公。"刘邦回答他:"我与你在怀王面前受命时结为兄弟,我的父亲就是你的父亲,你一定要烹杀你的父亲,我盼望能分到一杯肉羹。"项羽闻言竟无可奈何,最终在双方鸿沟划界后因刘邦的请求将太公释放。项羽在与刘邦对抗中手中掌握着太公和吕雉等重要筹码,当他想要为用、以之要挟刘邦时,竟然毫无用处。其实刘邦不可能不心念被项羽扣为人质的父亲和妻子,但他是要在心理上采取欲取故与的策略,要降低项羽对手中筹码的价值估量。所谓在怀王面前结为兄弟的事实肯定是会有的,但连刘邦自己也不会真正相信他们的兄弟之约,而那种我父就是你父的推论纯粹是一种哄骗儿童的诳语胡言,然而却能对项羽的处置行为发生应有的影响,项羽的幼稚亦可由此略窥。

项羽是秦末叱咤天下政坛的风云人物,但他的思维在关键时刻却走不出楚地家乡的小圈子。关中封王时有高人韩生建议他立国于关中，这位万里河山的主宰人想到的却是自己的家乡，他想把称王的富有和尊贵炫耀于故土，认为不这样，就像穿着漂亮的衣服夜间行走，没有为人所知的快感。把自己的一切做给至亲的人们欣赏，时刻关心父老乡亲们的评价，这是恋母情结向恋乡情结的转化。这一心理能促使人们做出事业上的成就，但也可能使人沉湎于狭隘的乡土圈子中，拖累事业的宏大发展，项羽的舞台在广阔的万里神州，但他的恋乡情结被别人更重，始终没有得到升华，一直局限于衣锦还乡、炫耀故土和期待乡亲欣赏的初级幼稚期。自然会葬送自己的事业和人生。

垓下决战之后，项羽率二十八骑突围、斩将、砍旗，一路来到了乌江西岸（今安徽和县东北的乌江浦渡口），对面就是他与叔父项梁当年起事兴兵的会稽故乡，乌江亭长停船靠岸，等他来到后说："江东虽小，地方千里，民众几十万，足以称王。希望您赶快渡江。现在只有我一船，汉军无船渡江。"这是项羽的最后一条生路，而且稳妥可靠。项羽谢绝了乌江亭长的好意，笑着说："当年我与江东八千人渡江而西，现无一人返回，纵然江东父老怜悯让我做王，我有何面目去见他们？即使他们不说什么，我内心不感到惭愧吗？"他于是告别亭长，转身去迎接死亡。唐人杜牧路过乌江，遗憾于当年项羽拒过江东，写了《题乌江亭》：

胜败由来不可期，包羞忍耻是男儿。

江东子弟多才俊，卷土重来未可知。

杜牧关于"卷土重来"的预期对于项羽其实没有多大可能，但他显然是认可回返江东的，大概认为能忍辱负重、卧薪尝胆才是男子汉大丈夫的胸怀，但项羽怀着深深的恋乡情结想问题，即使不能炫耀于故土，也不能忍辱于故土，对汉战争失败后他从主宰天下的西楚霸王跌落至无所傅翼的匹夫，他丢弃了八千子弟兵，感到无颜见江东父老，长期支持自己奋斗的乡土支柱崩塌了，于是义无反顾地选择了死亡。宋人李清照在国破南渡后盼故土恢复，不满于南朝君臣忍辱偷生的苟且行为，借项羽拒过江东一事抒发感慨，写了《夏日绝句》：

生当作人杰，死亦为鬼雄。

至今思项羽，不肯过江东。

就事而论，项羽在江山失手后守死不过江东，的确属悲壮的气概，但也反映着一种特定的初级心理。

徘徊于乌江岸边的项羽一直在考虑一个百思不得其解的问题：自己身经七

十余战,所当者破,所击着服,英雄无敌,从未败于战场,但为什么落到了这样困窘的地步? 最后他得出了结论:"此天之亡我。"垓下决战后他突出重围,仍未在战场上倒下,但接受了天之亡我的结论后,遂决定实行自我毁灭,宁愿成全天意。他拒绝了乌江亭长的过江请求,告诉他说:"我知道您是忠厚长者。我骑这匹马五年了,所向无敌,时常日行千里,不忍杀掉,特以相送。"处理了乌骓马后,他转身步行,与追来的汉兵持刀相迎。在交战中他看见了自己原曾认识的汉骑司马吕马童,两人指认后项羽对他说:"听说汉军以千金购我之头,封邑万户,我成全你。"于是自刎而死。项羽的失败是他的分封失误、战略失误、用人失误及暴虐性格综合作用的必然结果,他至死没有明白这些道理,而将原因荒谬地归于天意,他似乎以自刎来顺应天愿,大概以为自己彻悟了,其实是至死没有醒悟和长进。三十一岁的项羽在自以为清醒的浑噩中走完了一生,以诙谐、幼稚的方式结束了自己的生命。

霸王别姬,众说纷纭

垓下决战的夜晚,汉军将项羽军营重重包围,为动摇楚军军心,乃高唱楚人之歌。项羽在营帐中听见四面楚歌,以为汉军已得楚地,料知大势已去,乃与随身的美人虞姬饮酒于帐中,面对美人骏马,他自己作诗,慷慨悲歌曰:

> 力拔山兮气盖世,时不利兮骓不逝。
>
> 骓不逝兮可奈何,虞兮虞兮奈若何!

虞姬相和曰:

> 汉兵已略地,四方楚歌声。
>
> 大王意气尽,贱妾何聊生。

美人悲伤,英雄泣泪;霸王别姬,幽恨断肠。众人哭成一片,不忍卒视。项羽赴死前放不下的是骓马,尤其是虞姬。骓马后来送给了好心的乌江亭长,虞姬的结局史笔未曾触及,据说是在项羽出帐突围时她伏剑自杀而死。司马迁记载项羽眼睛里有两个瞳子,称为"重瞳子"。清人曹雪芹在《红楼梦》中借林黛玉之手为重瞳的那位美姬写了颂吟之诗《虞姬》,认为她比后来受剁尸剐肉的汉功臣死得其所:

> 肠断乌骓夜啸风,虞兮幽恨对重瞳;

> 黥彭甘受他年醢,饮剑何如楚帐中。

同代朱德蓉作《咏虞姬》曰:

> 歌罢伤心泪几行,江山旋逐楚声亡。

> 贞心甘向秋霜剑,不欲含情学汉妆。

明人朱妙端感霸王别姬,作《虞姬》云:

> 力尽重瞳霸气消,楚歌声里恨迢迢。

> 贞魂化作原头草,不逐东风入汉郊。

项羽生前最放心不下的那位虞姬,其忠贞之情和刚烈之性后来受到人们不少的称赞。

项羽告别虞姬,突围而出,自悟天意后在乌江西岸自刎而死,想把自己的头颅献给故人吕马童。他死后,汉将王翳取走其首级,跟随的汉骑为争功,互相践踏夺取尸体,几十人在争夺中被杀。最后,吕马童和郎中骑将杨喜、郎中吕胜、杨武各得一个肢体。五人把项羽的尸体合起来,完全能对得上。验证后五人瓜分了汉军悬赏的万户之邑。另外,吕马童被封为中水侯,地在今河北省献县西北;王翳为杜衍侯,地在今河南省南阳市西南;杨喜为赤泉侯,地约在今河南省淅川县西南;杨武为吴防侯,地在今河南省遂平县;吕胜为涅阳侯,地在今河南省镇平县南。项羽的败亡,成就了大汉的基业,他也以自己的身肢成全了五位侯爵。

对项羽的败亡,后人曾有不少评价。唐人汪遵作诗《项亭》,认为项羽不施仁政,该当败亡:

> 不修仁德合文明,天道如何拟力争?

> 隔岸故乡归不得,十年空负拔山名。

宋人张耒作《项羽》诗,持相同观点:

> 沛公百战保咸阳,自古柔仁伏暴强。

> 慷慨悲歌君勿恨,拔山盖世故应亡。

清人王昙在谷城酒祭西楚霸王墓,以诗作对项羽失败的若干原因作了评论:

> 秦人天下楚人弓,枉把头颅赠马童。

> 天意何曾袒刘季,大王失计恋江东。

> 早催函谷称西帝,何必鸿门杀沛公。

徒纵咸阳三月火,让他娄敬说关中。

今人毛泽东挥师夺得大半国土后,面对残敌的求和,他则从项羽关中纵刘的行为中总结历史教训,作为自己制定政治对策的借鉴。在一首《七律》中,他表达了一种明确的史实评价:

宜将胜勇追穷寇,不可沽名学霸王。

楚怀王熊心当年封项羽为鲁公,项羽死后,楚地皆降,只有鲁拒不归附。汉军带着项羽的头颅让鲁人观看,鲁地父老们这才投降。刘邦以鲁公之礼将项羽葬于谷城(今山东平阴县西南东阿镇),为之发丧,洒泪而去。

项羽是秦末政治舞台上极为显赫的人物。以前 205 年底为线,他的政治活动分为两个时期。在前一时期,他以自己的勇气和力量对秦朝主力实施了沉重打击,极大地支持了各路义军,推动了秦王朝的崩溃,成了反秦斗争当之无愧的英雄和受人推崇的领袖。在后一时期,他担负了支配和维护天下政治局面的责任,由于战略、用人等诸种失误和暴虐、幼稚等性格特点,他迅速走向败亡。他勇力罕有,智力不及;霸主在握,金瓯失手,至今能听到悲壮的挽歌。

忠心辅楚，不为信任的范增

每一位政治领袖的身边都会有出谋划策之人，项羽身边的筹谋人物当属范增。

范增是居巢（今安徽巢县西南）人，平时居住在家里，好出奇计。陈胜大泽乡起义时，他年届七十。不久，项梁率会稽子弟兵渡江而西，成为反秦斗争的主力，范增前往奔投，希望在有生之年把自己的智慧贡献给反秦事业。

范增和项梁相会于薛地。当时陈胜已被杀害，张楚大旗已倒，反秦斗争陷于低潮，项梁、刘邦等义军首领正相会于薛地，商议挽救时局的方针和策略。范增的到来适逢其时。

范增见到项梁等将领，首先分析了陈胜所以失败的原因。他认为，秦灭六国，楚人的仇恨最深，人们至今还怀念被秦人冤死的楚怀王，因而"楚虽三户，亡秦必楚"的预言是有道理的。而陈胜失败的原因就是因为不立楚王之后而自立，不能充分利用楚国反秦的力量，导致其势不长。接着范增论证和提出了反秦的策略，他认为项梁渡江以来，楚地将领纷纷前来依附，就是因为项氏世代为楚将，人们以为他能复立楚国社稷。他建议应该顺从民众愿望，扶立楚王的后裔。项梁等人毅然接受了范增的提议，找到了在民间替人放羊的楚怀王熊槐的孙子熊心，复立为楚怀王，草创了楚国政权。

范增在七十岁的年龄上热烈地投身于反秦斗争，决心为反秦事业贡献余生，这是极其难能可贵的。他发挥自己的聪明才智，为义军将领出谋划策，对陈胜失败之原因的分析虽然不是非常正确、全面，但提出扶立楚王后裔的建议，使反秦斗争获得了一面新的旗帜，对团结和协调各地的反秦力量，促使反秦斗争重新走向高涨都有积极的意义。另外，义军将领多是行伍出身，范增的加盟，不仅是人才的增加，而且改善了领导集团的能力结构，对楚国的反秦斗争大有裨益。由于他年龄为大，项羽后来对他以亚父称之。

范增加入义军后，经历了怀王之立、项梁阵亡等事件，楚军救赵时他被熊心任为末将，随上将军宋义及次将项羽同行，自然也经历了无盐兵变、巨鹿之战和坑杀秦卒等事件，一路进入关中。

入关中后，秦朝已经灭亡，身为四十万军队统帅的项羽听说刘邦想在关中称王，立即下达了次日进攻刘邦军队的命令。范增极力支持项羽的决定，对他说："刘邦过去贪财爱色，进了关中后，一改过去的毛病，表明他的志气不小。我让人察看他那边的云气，有龙虎之状和五彩之色，这是天子的气象，请赶快进攻，勿失良机。"

范增大概有他的谍报人员，一到关中，并未与刘邦接触，就已掌握了其活动特点。他与刘邦在扶立熊心为王时开始认识，打过不少交道，互相熟悉。经过前后比较，发现了刘邦的变化，由此窥觉和领悟到了其必有的宏图大志。关于云气的说法未可详知，但也反映了增范对刘邦的异常关注。无论如何，增范在秦灭后已把刘邦视作威胁项羽霸主地位的真正对手。秦朝已亡，社会利益格局将有大的调整，不少人另觅新主，但增范对项氏的不变忠诚和对时局观察的准确还是令人敬佩的。

由于项伯与张良的串通撮合和项羽本人的糊涂懵懂，次日的兵刃之战出乎意料地转化成了鸿门酒宴。酒席上刘邦谨慎致谦、掩盖真相，一意弥合矛盾；项羽被人迷惑，毫无设防，只顾酣然畅饮。增范以亚父身份坐于席之尊位，他希望项羽在酒席上下决心就便处理掉刘邦，几次瞅着使眼色，又多次举起所佩的玉玦向项羽暗示。见项羽终究默然不应，增范起身离席，在外面招来项羽的堂弟项庄，对其交代说："你可入席敬酒，之后请求舞剑，乘势将刘邦刺杀于座席上，免得我们这些人将来作了他的俘虏。"项庄领命入席，按吩咐拔剑起舞，只因项伯主动对舞和遮蔽刘邦，项庄未能得手。后来，刘邦部属樊哙带剑拥盾闯入酒席，项羽赐之酒肉，打断了增范的安排。刘邦借口如厕，脱身逃走。当接到刘邦托张良转送来作为拜别礼物的一双玉斗时，增范弃置于地，拔剑击碎，认为："竖子不足与谋"，发出了失望的悲叹。

增范始终把刘邦视作争夺项羽天下的最大敌手，他曾力主大军进攻刘邦部队，当兵刃化酒宴时，也许他以为这是以较小代价杀掉刘邦的最好机会，因而又是给项羽举玦暗示，又是召项庄入席舞剑。他是鸿门宴上战争气氛的推动者和操纵者。他的上述两项策划，由于项羽不配合、项伯闹对立，以及刘邦的奸猾而失败,争夺天下的生死之敌在眼皮底下溜掉了,致使他万分失望。他把受敌之礼视作模糊阵线、敌我不分的昏聩行为,因为无法退还其礼物,宁可击碎其礼物,他的"竖子"之叹,明指项庄,实指项羽,事后他更明白地对人讲:"夺项王天下的人必定是刘邦,我们大家都将成为他的俘虏。"

在秦灭后的天下利益大改组中,增范立场坚定,目标清晰,但他无法从根本上影响项羽在某些关键事情上的政治行为。项羽分封诸侯时,刘邦按约定应分得关中之地做王,大概是增范出谋定计的结果,项羽提出:"巴、蜀也是关中之地。"因而将刘邦封于关中秦岭之南做汉王。这已是增范对刘邦力所能及的最大限制。

项羽在西楚立国,增项被封为历阴侯,领地在进安徽省和县,后来楚汉战争长期相持于荥阳一线,前204年时项羽常在前线侵夺汉军的运粮甬道,刘邦粮食短缺,支持不住,请求以荥阳为界,双方讲和罢兵,项羽准备答应。范增坚持说:"汉军现在容易对付。如果放弃不攻,以后必定要后悔。"项羽于是增兵包围荥阳,志在必得。刘邦在危急关头使用了部属陈平的反间计,在项羽使者的饭菜质量上巧做文章,他见使者后佯装惊愕说:"我以为是亚父派来的使者,原来是项王使者。"遂换上了粗劣的食物。项羽闻报,怀疑范增与刘邦私通,削减了他的权力,范增大怒道:"天下事大体已定,你好自为之。"提出退职甘当平民。项羽同意后,他离开前线回彭城,半道上背发毒疮而死。

年迈七十五岁的范增仍在前线随军,已十分不易,他继续坚持数年前对刘邦持有的坚决打击、毫不手软的方针,根据当时的战场形势,提出了拒绝讲和、包围强攻的主张。当战争正按他的盘算顺利进展时,他无法忍受来自年轻主上无缘无敌的怀疑,怀着对项羽的极大失望和甘作一介平民的决心,弃置官职,负气离去。所谓"天下事大体已定"的离别之言,不是他判断错误,就是有意讽刺。事实上,在范增身后,楚军虽有夺取荥阳和成皋的战场胜利,但战略形势已开始发生根本逆转,垓下之败仅是一年以后的事情。

值得提及的是,范增虽然在遭受项羽无端怀疑后"乞骸骨"负气离职,甘当平民,但他仍把楚都彭城作为最后的归宿地,表明了他对楚国的信心和矢志不移的忠诚。一位忠诚辅国的老人最后落到了遭人猜忌、职位不保、恶气填胸、病死途中的地步,不能不令人感到惋惜。明人吴易路过黄河不远处埋葬范增的商丘坟墓,把它与汉朝五位皇帝的陵墓比较,感慨作《亚父冢》

> 河决川原几变更,商丘何事独峥嵘。
>
> 五陵王气销烟草,玉斗千年恨未平。

吴易赞赏范增在鸿么宴上识定刘邦、击碎玉斗的智慧,他大概以为,若无项羽的猜忌,以范增的智识,不应输给刘邦。与吴易同代的高启则把范增与舍命支持儿子追随刘邦的王陵之母作比较,认为选定项羽辅佐,空劳心神,是无智的表现。其《读史》之作代表了不少人的观点:

> 不识兴王自有真,尊前示玦谩劳神。
>
> 当时谁道翁多智,不及王家老妇人。

应该说,在项羽军中少人才的情况下,范增应该算得上一位极得力的谋臣,他自投军后。谏立怀王、力主杀刘、诳封汉中、荥阳拒和,这些都是不错的谋划。然而,人们也无法将这些筹谋做过多的夸大,除过鸿门宴上力主杀掉刘邦,可能除掉项羽的生死之敌,会影响到天下政局的改变外,其他三项建议均被采纳,未见后两策有改变楚汉格局的出奇效果。范增的筹谋多属解决具体事情的计策而不是能够影响大局的谋略,对项羽在分封、战略和用人上的失误,以及动辄坑卒的暴行,未见他有纠正和弥补的表示。他是项羽分封方案制定的参与人,对其中的重大失误应负有连带责任。他跟随项羽约五年,碰到的事情应该极多,提出过的建议却极少。如果不是对楚国的事业置身度外而听任事态的恶化,那这些表现就是认同失误、头脑不清的表现。在跟随项梁时,宋义曾发现了项梁失败的征兆,而范增却对这一事关全局和主帅性命的失败未能发现、纠正,并使之避免。因而他在辅佐项羽时的谋少筹疏,绝不仅仅是项羽拒纳忠言、压制意见所致,其中有不少自身的原因。总之,对范增的智识无法高估,项羽的军营是一片智慧的荒漠,范增是大片荒漠中的一株老藤。

身为楚将,暗庇汉王的项伯

楚军高级官员中有庇护刘邦的人物,这就是项伯。

项伯,名缠。他是项羽最小的叔父,早年曾杀了人,跟随韩公子张良在下邳(今江苏睢宁西北)躲避。项羽统兵后,他任左尹,为令尹的副职,随项羽一起进入关中。

项羽听说刘邦欲守关自王关中,遂在鸿门发布命令:次日犒赏士卒,进攻刘邦。刘邦当时驻军霸上,并不知情,在大战即临、霸上将玉石俱粉的时刻,项伯想到了跟随刘邦的张良。张良曾有恩于他,两人关系极好。项伯不愿弃张良而不顾,连夜赶至霸上,找到张良,告以实情,要张良和他一起离去。张良借口说,危难时弃人而逃是不义的,遂将此事告诉了刘邦。

刘邦按照张良的提示,邀请项伯相见,施以兄长之礼,他奉酒相敬,约为婚姻,告诉项伯,自己入关后一直等待项羽到来,所以派兵守关是防止盗贼出入与意外事件,并不敢忘恩反叛。项伯答应将这些意思转告项羽,并叮咛刘邦:"明天早些来亲自向项王解释道歉。"项伯当晚返回军中,向项羽报告了刘邦所说的话,并强调说:"刘邦若不先破关中,咱们能进来吗? 进攻立有大功的人是不合道义的,不如他来后好好地款待一下。"项羽同意他的意见,于是次日的兵刃之争转化成了鸿门酒宴。

项伯于险难中不忘朋友,有恩图报,不辞辛苦,表现出了一种高尚的仁德情怀,这是极为可贵的,但他忽略了两个问题:一是秦灭后刘邦与项羽已成一对生死对手,自己身为楚军高级将官,当朋友之谊与政治利害相冲突时,究竟应把什么放在首位;二是要让张良离开霸上,可以找出多种借口,未必一定要把实情相告知。当真话有泄漏军机之嫌时未必不可以说些善良的谎话。项伯对两个问题显然均未考虑,他把朋友之谊凌驾于政治关系之上,也没有说谎话的准备,因而向政敌之友泄漏了自己军中至秘。张良提出危难时不能弃友自逃,这和项伯要唤走张良的道理是暗合的,项伯也就同意了张良的请求,遂听任军中机密直送政敌刘邦。

刘邦感到自己力量不敌,决定软化双方的对抗,遂把项伯选定为行事的突破口。他对项伯极恭敬地约见、祝酒,结为亲家,又以圆通的理由,诚恳地解释了能产生误会的事情,表明了他对项王的忠诚之心。项伯完全相信了刘邦的忠诚,甘愿充当双方和解的中介人,不仅给刘邦提出了一个自认不错的主意,而且说服项羽善遇刘邦,为刘邦的到来做了很好的铺垫。

在次日的鸿门宴上,范增不断地暗示项羽,让乘机杀掉刘邦,项羽因在事前已被项伯说服,认定刘邦为忠诚有功之将,因而对范增的暗示默然不应。当范增招来项庄即席舞剑时,项伯一定看出了其中要杀刘邦的真意,立即拔剑对舞,常用身体遮护刘邦,使项庄一直难于下手。在项伯看来,刘邦来鸿门是自己出的主意,因而他实际上是自己请来的客人,对他的性命负责是自己应尽的道义责任;何况自己与刘邦已在昨晚结为亲家,更有一层亲戚关系包含其中。

在秦灭后的刘项政治对抗刚一开始,项伯就不自觉地滑到了庇护刘邦的立场上。他根本没有把刘邦视作项氏的生死大敌,并且被刘邦的拉拢手段岁迷惑,看到的只是朋友与亲家关系的情义,而忘了自己应有的政治身份。他和张良是对等的朋友,但张良始终把与刘邦的政治关系放在首位,从未给项伯的侄儿做过忠诚谋划;而项伯则把朋友关系放在首位,关键时设身处地地为刘邦着想。这自然首缘于刘邦的为人之长,但同时也在于项伯的做人之昏。一场鸿门宴实在是项伯政治立场和个人才智的大表演。

项羽分封诸侯时,分给刘邦巴、蜀之地,这是秦朝贬谪流放罪犯之处,且蜀道艰难,地僻偏远,刘邦让张良送给项伯很多钱财,张良也把自己获增于刘邦的百镒黄金、二斗珠玉一并送给项伯,让项伯为刘邦请求汉中之地。由于项伯从中活动,项羽答应了,刘邦于是得到了这块地盘。此地与关中只有秦岭之隔,不久就成了汉军反攻关中的基地。

刘邦入关中后掠取了秦宫不少财物,他拿出一些送给项伯,作为对其鸿门庇护之情的报偿,同时又提出了对汉中的土地要求。项伯收了大量钱财,甘为亲家朋友效劳。他不顾政治利益的需要,以项家的权力增加刘邦封地,个人从中得到了不少好处。他似乎没有失掉什么,从中白捞了一把,但对后来项楚政权的稳固产生了不利的影响。在这一交易过程中,项伯充当着极不光彩的角色。

在楚汉战争相持的后期,项羽把刘邦之父置于广武东边的俎案上,以烹杀相威胁,要挟刘邦决战,刘邦竟不理睬。在项羽欲杀太公的时候,项伯出面劝诫说:"天下局势尚未可知,况且为天下者不顾其家,杀了太公没有好处,只会添祸。"项羽听从了他的话,未杀太公,不久在鸿沟划界时将其放归。

项伯劝项羽勿杀太公,所言道理虽不清晰和充分,但以仁道主义态度对待俘虏尚不为错。然而,项羽坑杀活人无数,从未见项伯有劝谏的表示,此事出面相劝,一定是他想起了四年前刘邦与他在关中霸上的婚姻之约,既然结为亲家,就有保护亲家翁的义务。项伯勇敢地承担起了保护太公的责任,真实的心境不好说出,只好语焉不详地用大话劝阻,这其实是他政治立场的又一次表露。如果说分封诸侯之前,楚汉对立之势尚不明朗,项伯庇护刘邦的一切行为可以用头脑不清来解释,并加以谅解;那在楚汉战争已近四年的广武对峙之时,仍然暗存庇汉的态度,就难以做出正常的理解。

项伯为楚左尹,在九江王英布反叛投汉后,他奉命收集九江散兵,杀尽了英布的妻子儿女,除此之外,未见有显身战场之功。项羽败亡后,刘邦封项伯为射阳侯,地在今江苏省淮安县西南。赐其姓刘,但后来未见刘邦的哪位儿女与其子辈成婚。古人有同姓不婚的禁忌,(如《左传·僖公二十三年》记有"男女同姓,其生不蕃")刘邦赐项伯姓刘,不知是赏以同姓之尊,还是要借故取消以前的婚姻之约,因为当年霸上结亲本来就是刘邦临时求助的手段。项伯受封三年后死去,其嗣子项睢因罪未承爵。

司马迁在《汉功臣侯表》中解释项缠(伯)所以封侯的原因时说:"汉王与项羽有郤于鸿门,项伯缠解难,以破羽缠尝有功,封射阳侯。"楚军的左尹高官在汉军打败项羽时"尝有功",这是耐人寻味的情况,其政治品格已跃然纸上。

关于霸王败亡的议论

以项羽为首的西楚政权是一个暴兴的政治集团,其兴也勃,其亡也速。

烈火烧身的秦王朝要做垂死挣扎,以似乎强大的力量反扑关东,摧毁了陈胜张楚政权,几乎荡平了关东的反秦力量。在秋风萧瑟、寒气弥漫的关头,项氏率江东八千子弟兵挺身而出,他们草创了以怀王熊心为名义的楚政权,联络各方势力,与秦朝势力展开了新一轮的周旋。

项梁阵亡后,项氏集团失去了一位关键的领军人物,但却强烈刺激了项羽的复仇心。这位心高气傲、不曾驯服的青年,在万般压抑的处境下发动安阳兵变,其后率领一旅虎狼之师破釜沉舟,在巨鹿大胜秦军,威服诸侯,一举扭转了反秦斗争颓败的局势,直至率军入关,把秦王朝彻底送进坟墓。

秦王朝以暴治民,推翻这一王朝需要以暴制暴,项羽以他拔山扛鼎的气力和敢作敢为的气魄,义无反顾地承担起了制服暴秦的使命,他的奋勇击秦也符合关外各政治集团的根本利益,加之秦朝大厦本身的蠹蚀和内朽,项羽的抗秦义举很快获得了辉煌的成功。这一成功把项羽推到了时代的峰巅,使他成了各义路真正拥戴的领袖。

然而,灭秦之后天下政治格局的安排和维持却不是仅仅依靠气力就可以做好的事情。作为天下霸主,项羽仍然没有失掉力敌万人的盖世之勇,但在楚汉争战的短短四年中就迅速走向覆灭、兵败身亡。

项羽的败亡在于他分封方案的失策引起了秦后天下政局的激烈动荡,也在于他战略思想上的种种失误,他战略上两线作战的被动局面抵偿不了战场上的胜利。这些失策和失误,归根到底在于身边没有运筹帷幄的智谋之士和能征惯战的将帅之才。考察项羽集团的衰败过程,会清楚地看到,这个疆场无敌的集团虽强大无比,但人才却最为匮乏:没有人为项羽乾坤定策,没有人为他在战场独当一面,也没有人为他纠失谏过,有的却是暗护刘邦的亲叔项伯、营帐中幽恨断肠的虞姬。一幢堂皇大厦而无栋梁之柱，怎能不很快崩塌！

项梁留给项羽的故旧班属和关系网络中曾经不乏影响时势的人物，如韩信、张良、范曾，以及后来的陈平等等，但项羽不能笼络人才，使用人才，反而常常疑忌和限制他们，最终除范曾离职而去外，其余都先后投奔了刘邦。项羽相信的只是自己的盖世之勇，他的智识不能领悟人才的筹划，从而不能识辨人才的价值，最终被身旁的人才所抛弃。

项羽是一位勇冠三军的将才，在以暴制暴的关头，他虎豹出山、勇担道义，威服天下、成为霸王。但项羽毕竟不是谋勇兼济的帅才，他思想单纯，智识不高，想以匹夫之勇经营天下，终于金瓯失手，迅速败亡。

【汉王得鹿——】

群雄逐鹿

运筹帷幄,智胜天下的张良

群雄逐鹿、楚汉争霸,不仅是一种气力、力量的拼争,更是一种智慧和谋略的较量。西楚霸王由强盛而至灭亡,缺少的正是智慧和谋略;对西楚缺少的东西,汉军却敛聚汇集,他们是以智御敌、谋略制胜。

张良是汉军政治战略和军事方针的主要策划人,刘邦称他:"运筹策帷帐之中,决胜于千里之外",这种赞叹当有充分的根据。张良以他拥有的智慧开启刘邦心胸,引领汉军由弱小走向了胜利。

国仇砺志,苦修兵法

张良,字子房,他的先祖为韩国公族,其祖父张开地和父亲张平连续辅佐过韩国五世君主。公元前250年父死时,张良尚幼,未能承位做官。二十年后,韩国为秦所灭,张良时有家僮三百人,他对死去的弟弟不及安葬,花掉全部家财收买刺客谋刺秦王,为韩国报仇。后来他在东夷仓海君那里得到一位大力士,为其铸造了一个重一百二十斤的大铁锤。秦始皇东游时,张良与这位力士在博浪沙(今河南原阳县东南)埋伏袭击,误中了一辆随车。秦始皇大为震怒,命令全国大举搜索,紧急捉拿刺客,张良乃改名换姓,逃亡于下坯(今江苏睢宁西北)躲藏起来。

以张良的出身,财力和志趣而言,完全可以在韩国取得不错的前程,但秦国对于天下的兼并打断了他个人的正常发展,国家破灭,山河空在。先辈们为之献身的社稷无处可寻,自己满心期待的前程也毁于眼前。年轻的张良怀着一腔仇恨寻求报复。他把目标锁定为秦国最高执政者嬴政,选择了一种最简捷的方式,经过周密策划,试图将嬴政刺杀于博浪,但天不遂愿,误中副车,百二铁锤非但未中目标,反而引来了秦国大张罗网的反报复,迫使他走上了亡匿求生之路。

博浪一击实际上打碎了张良谋刺复仇的企图,它说明个人的匹夫之勇在强大的秦国政权面前是无能为力的。但天高地广,自己的复仇之路和出头之日究在何方,不能不是张良悉心寻解的问题。

正当张良苦苦思索,无所获解的时候,公元前 219 年的一次偶然际遇,确定了他以后人生的发展定向。张良闲暇时在下邳的一座桥上从容散步,一个身穿粗布短衣的老人走到他面前,故意让鞋子掉到桥下,回头对张良说:"小伙子,下去把鞋子拾上来。"张良愕然一惊,想揍他一顿,见其年老,忍住气下桥把鞋子拾上来。老人说:"给我穿上。"张良既已捡上鞋子,便跪下给老者穿上,见老人伸出脚,穿上鞋子后笑着离去,张良特别惊讶,一直目视老人走远。老人走了约一里路后又返回,说道:"孺子可教矣!五天后的拂晓,与我在此相会。"张良惊异地跪下答应,五天后的黎明,他赶到桥边,老人已先在那里了,生气地问道:"和老人约会,为什么后到?"离去时约定五天后再会。又过了五天,鸡鸣时节,张良赶往桥边,老人又已先期到达,怒斥了张良,再约五天后相会。到了约定的那天晚上,张良不到半夜就去了,一会儿,老人也来了,高兴地说:"应当像这个样子。"随即拿出一册书,告诉张良:"读这本书就能做帝王的老师,十年后会发迹。"并告诉了十三年后的相见地点,说罢离去。天明后张良看这本书,乃《太公兵法》,原来是西周姜太公吕尚所著的兵书,张良觉得它非同寻常,于是经常诵读温习,直至融会贯通。

韩国公子张良初见老人,即受到了侮辱性的对待,他本欲上前殴打,以挽回自己失去的尊严,但为什么又忍气接受了这一对待呢?原因是他感到太突然、太惊异、太不能理解了。一个非常平凡的老人故意抖落自己的鞋子于桥下,大言不惭地让张良为他下桥拾起,后来还伸出脚要人给他穿上,他一定有着未被发现的过人之处,至少他没有常人具有的自惭、自卑心理,张良的惊讶之处和迷惑之处正在于此。苦苦思索复仇之路而未得其解的张良带着一种迷惑心理和好奇心理,要将老人探究明白,他强忍自己的怒气,顺着老人的旨意去行动,想看到这位奇特的老人身上究竟会发生出什么奇迹来,于是有为其下桥拾鞋和跪而穿鞋的行为,老人穿鞋后远去一里路程时他尚在桥边注视观看,正是他的好奇心理、幻想奇迹发生的心理没有得到满足但仍有所期盼的表示。

老人远去后又返回桥边,约他五日后相见,使张良没有得到满足的心理又产生了一线希望,他如约而行。前两次约会因为后到而受到斥责,增强了他的惊讶,也更增强了他获得事情之谜底的渴求,他怀着探求谜底的不懈心情去赴约,一次比一次更认真、更迫切,终于探求到了一个奇特事情的根底和结局。这位老人设计迷局、反复相约,大概是要考验张良的忍耐心、好奇心和探索心。当他穿鞋远去,又返回桥边见到张良时,就认为"孺子可教";三次相约,张良终于早到相等,他觉得张良已通过了考验,高兴地称赞,并将《太公兵法》送给了这位早已心仪的年轻人。老人的赠书为张良迷途指路,谋刺失败、人生受挫的张良由此获得了复仇报秦的新路径。

得到《太公兵法》的张良隐匿下邳,其间他怀着侠义衷肠帮助过杀人逃亡的项伯,在此间十年苦读。他怀着为国复仇的决心磨砺意志、探索事理、通过苦修研读,极大地提高了洞察世事、运筹策划的智识水平,为日后投身天下政治准备了立身安命的雄厚资本。

下邳桥上的那位老人向张良赠书后自称是谷城山(今山东东阿县东北)下的黄石,后人故称其为黄石公。他临别时告诉张良十三年后在济水之北相见。张良获书后再未见到这位老人,据说十三年后张良随刘邦路过济北,果然在谷城山下见到了一块黄石,张良把它取回作为圣物供奉起来祭祀,死后还把黄石和他一起安葬。张良对黄石老人的神秘化想象未必是合乎科学的,但却反映了张良对老人的思念和感情,反映了老人赠书对他一生事业的极大影响。他是从黄石老人所赠《太公兵法》中获得启示、转变人生,并由此奠定了一生事业成功的基石。

求仕择主,凤栖汉枝

公元前 209 年,陈胜大泽乡起义时,张良苦修兵法十年,他在当地聚集了百余年轻人,以响应陈胜起义。后来听说陈胜兵败,景驹被立为楚假王(暂时代理为楚王),遂前去投奔,行至留地(今江苏沛县东南),与刘邦军队相遇。当时刘邦在沛县起事不久,正率兵数千人攻占下邳以西之地,张良遂以兵随从,他被刘邦拜为厩将(管理军马的官),于是打消了奔投景驹的念头。

不久,项梁在薛地(今山东滕县南)召集各路楚军将领,商议陈胜被害后的反秦大略,刘邦、张良均赴会。会上大家接纳了范增的建议,拥立熊心为楚怀王,重新树立起了反秦的旗帜。张良对主事人项梁说:"您现已立楚国之后,而韩国诸公子中横阳君韩成贤能,可以立为王,增加盟友。"项梁同意了他的建议,遂派张良找到韩成,立其为韩王,以张良作韩国司徒,让他与韩成率一千多人向西攻取韩国原来的领地。这支部队攻下了几座城邑,但总是被秦军又夺了回去,他们便来回游动于颖川之地。

后来,刘邦奉楚怀王熊心之命西攻入关,率兵自洛阳之南进入轘辕(今河南偃师县东南之山),韩司徒张良引兵相迎,联合攻下韩地十余城,击破一部秦军。刘邦乃令韩王成留守阳翟(今河南省禹县),带张良一同南下,攻下宛(今河南南阳市),西入武关(今陕西丹凤县东南),在峣关(今陕西商县西北)打破秦军,经蓝田到达咸阳,招降了秦王子婴,遂灭秦。

项羽在巨鹿之战后率楚军主力入关中,与刘邦军队的冲突一触即发,张良通过项伯的故旧交情和缓了双方的矛盾,并在鸿门宴上尽力避免了一场血杀。刘邦被项羽封为汉王,去封地汉中时张良一直送至褒中(今陕西勉县东北),乃与刘邦分手归韩。

韩成仍被项羽封为韩王,但因韩司徒张良跟随汉王刘邦之故,项羽带韩成东至彭城,不让韩成返回韩国,不久又改封韩成为侯,最后将其杀于彭城。返回韩国的张良听到韩成被杀的消息,深感独力难支,乃抄小道奔投刘邦,当时刘邦已出汉中,还定三秦,张良这次在关中正式依附刘邦,他被封为成信侯,作为汉军的军事战略的制定者,开始参与楚汉战争。

张良在下邳起兵时,反秦复仇仍是他军事活动的根本目的,因势力弱小,他决定投靠和依附别人,反秦时期他先后选定了景驹、刘邦、项梁、韩成等人为效命之主。除景驹未曾谋面外,他与刘邦的关系最为相投。项梁对他的复韩活动给予了真正的支持,韩成成为他这一时期最终选定的效命君主,因为这和他反秦复国的根本目的最为契合。他后来在轘辕与刘邦二次相遇,随其用兵入关,这是反秦斗争中的一种联合,按他曾给项伯的说法,是"臣为韩王送沛公",始终是客事刘邦的身份。直到韩成被项羽所杀,韩国无主可事,他才摆脱了故国观念的束缚,选定汉王刘邦为自己终生的效命之主。

经过十年苦读,自谓满腹韬略的张良其实是非常自负的,不愿轻易向别人托付人生。他择主而仕,其实心底里对所仕之主存有两个要求,一是反秦复国,这是他自少年时代就曾树立的政治目标;二是意气相投,这是一般读书人对所仕之主的正常希望。这两个要求在现实中是不易统一的,人们只能偏重于一条而做出抉择。就张良而言,灭秦之前他特别看重第一条,因而合乎常理地扶立韩成而辅佐。灭秦之后,韩成被项羽所杀,新的国仇只能依靠汉王刘邦来报,而刘邦正是与他一直意气相投、亲密无间的人物,贤臣择主的两条要求这时候出乎意料地统一起来了,良鸟择木而栖,张良毫不犹豫地投奔刘邦,实现了他无怨无悔的人生选择。

张良在留地首次遇到刘邦,被任为厩将期间,他多次用《太公兵法》向刘邦献策,刘邦非常赏识,常常采纳他的计策。张良向其他人讲兵法,大多不能领悟,他感叹说:"沛公大概是天赋才质。"所以他乐于为刘邦出谋划策。楚汉战争结束后,张良在受封时对刘邦说:"当初我在下邳起兵,与您相会于留,此乃天以臣授陛下。"张良对他与刘邦的合作共事深感满意,甚至认为这是出于上天的安排。张良择主而仕,终为汉臣,是他智慧人生的成功之笔。

其实,张良自第一次在留地见到刘邦,就一直心有所许。至关中择主前,虽不为刘邦之臣,但在许多重大事情上已积极地协助刘邦。轘辕迎兵后从军入关,在峣山献计破敌;霸上危急时放弃自我逃生,力邀项伯与刘邦相见,最终化干戈为酒宴,避免了刘邦军队被击毁的命运;鸿门宴上他唆使刘邦脱身离去,并为刘邦转达送给项羽与范增的白璧玉斗,代为致谢,使刘邦的不辞而别显得较有礼貌;在刘邦封王巴蜀后他把自己获赠的百镒黄金和二斗珍珠一并送与项伯,为刘邦争取封得汉中之地;甚至在褒中分手返韩时,他还写信给项羽,说明刘邦得到关中即止,不敢向东,并附上田荣、彭越的反叛文告,误导项羽向北用兵,为刘邦的军事行动作粉饰掩护。在刘项双方的对立中,他拥刘反项的政治态度是十分明显的,只不过他以韩国司徒的身份表现,使这种态度更具迷惑性而已。关中择主完成了自我身份的转化,他从此作为汉王重臣为刘邦的统一事业而竭尽心力。

知己知彼,智胜强敌

张良于前 207 年在轘辕与刘邦二次相遇,随其用兵入关,一路上他为刘邦出谋划策,克敌制胜,表现了极其精湛的战术韬略。

刘邦军队攻略南阳,南阳守齮聚兵守宛(今河南省南阳市),刘邦为了快速入关,率兵弃宛西进。张良建议说:"你虽然急于入关,但目前秦兵势众力强,又据险抵抗。如不拿下宛城,宛城守敌从背后进攻,强大的秦军在面前阻挡,那是很危险的。"在他的建议下,刘邦连夜率军抄小道返回,更换旗帜,天亮时将宛城重重包围,南阳守齮看见城围数匝、军旗不同,他不明虚实,万分惊慌,以至想要自刎而死,最后被迫派人出城约降。刘邦封其为殷侯,收服宛城,然后引军西进,所至皆降。

在这里,刘邦绕过宛城西进,张良看到了军队可能前后受敌的危险处境。在前敌尚未相遇,后敌又麻痹无备的情况下,他让军队返兵围宛,使敌人措手不及就处于被动挨打的地步。张良在行军途中回师围敌,降服宛城,使自己的军队消除了后顾之忧,在解除了险境的状态下全力西进,又为沿途秦军做出了招降的示范,实际上极大地提早了入关的时间。

军队西入武关,到达峣关之下,刘邦准备以两万兵力发起进攻,张良分析说:"峣关守将是屠户的儿子,商人出身的人容易以利动之。"他安排人在周围山上大张旗鼓,作为疑兵,造成人多势众的假象,然后让刘邦部属郦食其带足珍宝去收买秦国守将。秦守将见来攻的楚军布满山上,顾忌势大难敌,又贪其财宝,答应反叛秦国,并提出与刘邦联合进攻咸阳。张良未动刀枪,即拿下了峣关。

峣关守将欲与刘邦一道西攻咸阳,刘邦准备同意,张良提醒说:"这只是守将想要反叛,恐怕士卒不会随从,这样做是很危险的。"他遂让安排军队,乘敌人麻痹松懈时发起进攻,果然一举大破敌军,一直向北追至蓝田,消灭了这股敌军,顺利到达咸阳。

兵法云:"知己知彼,百战不殆。"张良既熟知自己的部队,又对敌方情况有着深透的了解。他不仅知道峣关守将的出身,而且明白对付这类人物的简捷方式。按照"贾竖易动以利"的原则,他下重饵钓秦将,虽大费钱财,但却是军事上最小的代价。他对秦将以利诱之,又以疑兵威胁之,达到了不战而胜的效果。

秦守将提出,与刘邦一同西攻咸阳,这种意外的收获自然是求之难得的大好事,但善作敌情分析的张良认为,这不代表士卒的愿望。道理很简单,受了财贿的是秦守将一人,而不是士卒,士兵们绝不会无缘无故地为攻入自己国土的敌人主动效力,而收买众多的士卒又是不可能的。这样,秦守将西攻咸阳的行动必然得不到士卒的支持和配合,甚至会发生内部冲突,使秦守将处于十分不利的地步。和这样的守将同属大事,只能贻误军机,绝无成功可言,张良因而劝阻了刘邦的计划。但敌将反叛,士卒懈怠,却提供了打击敌军的绝好时机,根据

"出其不意,攻其不备"的原则,张良在收买敌将反叛后突袭敌军,自然大获全胜。

熟读兵法的张良在随刘邦入关途中充分发挥了他的军事战术才能。刘邦接受楚怀王熊心的指派,与宋义、项羽的救赵部队分兵抗秦,他能先期进入关中,并接受了秦王子婴的投降,在反秦斗争中立下了大功,张良的战术指导在其中起了极重要的作用。

启悟君主,拨云见天

张良对汉军的重大贡献在于他常常能以自己充满智慧的头脑思考眼前的军政之事,提出谋划高远、意蕴深长的建议或方案,也常能矫正刘邦凭经验感觉来处事的行为,使汉军的战略和举措始终行驶在正确的轨道上。

公元前 206 年,刘邦赶在项羽之前进入关中,他为秦宫室的豪华和珍宝美女的众多所动心,想在秦宫住下去,他的连襟樊哙劝谏,毫无用处。张良前去对刘邦说:"因为秦朝如此无道,因而您才能到这里。为天下人消除凶残,应以崇尚朴素为资本。现在刚入秦都,就想安享其乐,这就是人们所说的助桀为虐。况且'忠言逆耳利于行,毒药苦口利于病'希望您能听樊哙之言。"刘邦听了这番话,乃离开秦宫,返回霸上。张良的劝谏把历史教训上升到理性的层面去认识,以兴兵目的和天下大志启发其放弃感官之乐。对刘邦行迹密切跟踪的范增,对此事就极为重视,他对项羽说:"刘邦居山东时贪财好色,入关后财物无所取,妇女无所幸,此其志不在小。"追求感官之乐几乎是人的本性,而不沉湎于感官之乐是谋大事者的基本特征。刘邦本出身低下,志趣不高,入关灭秦后成为天下瞩目的政治明星,张良这次劝谏成功,帮助他实现了个人志趣和人格的提升,不仅优化了他在三秦的政治影响,也使他明确了自己日后的政治志向。

张良正式依附刘邦时,汉军已暗度陈仓,还定三秦,他于前205年随从刘邦东击彭城,战败而还,兵至下邑(今安徽砀山县),刘邦下马相问:"我愿将函谷关以东之地作封赏,谁能与我共建统一天下的功业?"众人莫应。张良回答说:"九江王英布,楚之枭将,与项王有隙。彭越与齐王田荣反梁地。此两人可急使。而汉王之将,独韩信可属大事,能独当一面,如赏此三人,则楚可破。"刘邦听了张良的话,派部属随何说服英布,使英布叛楚归汉;又派人去争取彭越,使彭越从后方不断骚扰项羽,造成项羽常年东西两线作战的被动局面;其后刘邦还派大将军韩信率兵先后击破魏、代、赵、齐、构成雄厚的北方实力,对西楚形成合围之势。

汉军彭城大败,二十多万人被杀,魏王魏豹等借故离汉独立,部队中充满着失败主义情绪,刘邦家室被虏,连他本人也没有必胜的信念。在这样严重的关头,张良提出了战略制胜的方案,该方案以军事斗争为核心,以外交斗争相配合,不计较眼前战役战斗的必胜,而是着眼于天下全局的把握,重心在于营造战略主动的态势。尤其是,张良为该方案推荐了三位重要的实施人,后来的军事实践说明,他所推荐的英布、彭越、韩信三人的确在反楚斗争中起到了极其关键的作用,司马迁也认为:"卒破楚者,此三人力也。"当时英布还是项羽的爪牙之属,彭越军队是被齐王田荣收编了的游兵,韩信尚是未经实战考验的部属,发现和相信这三人可以破楚,需要犀利的军事眼光和高超的政治远见。张良正是从全局上看问题,从政治局势的变化态势中思考长远,因而不被眼前的失败惑乱心志,其败中求胜的制胜方略对汉军如驱迷雾而见曙光。

公元前 204 年,楚强汉弱的形势依然如故。刘邦被楚军围困于荥阳,形势非常严重,他与谋士郦食其商议如何削弱楚军的力量。郦食其建议封六国之后,他说当年商汤伐夏桀,封其后于杞(今河南杞县);武王伐纣,封其后于宋。秦灭六国之后,毁除其社稷,使无立锥之地,他认为如能复立六国后世,颁发印绶,六国的君臣百姓必然对汉王感恩戴德,甘愿为臣;等到汉王南面称霸,楚王也只好毕恭毕敬地前来朝拜。刘邦听罢非常高兴,即刻让刻制印信,准备让郦食其带着去完成这件事情。

郦食其成行之前,刘邦把这件事情得意地告诉了张良,征询意见,不料张良坚决反对。这是国家体制和反楚策略合而为一的大问题,牵扯到天下政治格局演变的方向和楚汉力量对比的变化趋势。在分封制尚有不薄的社会基础和汉军病急乱求医的情况下,郦食其的建议代表了汉军相当一部分人的思想倾向,张良不仅明白地表示了自己的态度,而且廓清是非,清晰地表达了所以反对该方案的理由。张良提出了八条反对理由,重在说明目前反楚战争与汤伐桀、武王伐纣时的形势有着根本的不同,归结来主要是:当时汤能制桀之死命、武王能得纣王之头,而汉军目前尚弱小于楚军,如立国之后,六国会去追随强大的楚国,怎么能臣服于汉呢?另外,天下的人才游士离开他们的父母妻子跟随我们奔走，朝思暮想的是盼望得到咫尺封地，如立六国之后，游士们回归故土，各事其主，谁会跟随汉王夺取天下呢？张良还从经济、军事、文化诸方面比较了汉楚战争与汤武伐桀纣时的不同，说明了不可仿效其分封。刘邦听罢，茅塞顿开，他辍食吐哺，顾不上吃饭，连口大骂："竖儒，几乎坏了老子的大事！"下令立即销毁了刻制的印信。

张良的分析抓住了事情的关键。附强求利是政治斗争中一条永恒的法则，汤武在征服了桀纣时，立被征服者之后，仅仅是为表象自己的仁德，并不影响后者对自己的依附。而汉军在强大的楚军面前，如不谋求军事上的转机而分封六国之后，势必为强者增益爪牙，并且会涣散汉军的斗志，最终事与愿违。从反楚策略的角度看，张良认为汉军当下面临的形势与汤武时期并无可比性，在军事势力没有扭转之前，这一切都是妄谈，这就破解了一个长期困扰汉君臣的体制重建问题，矫正了刘邦等人对该问题的认识偏差，使汉君臣摈弃了不切合实际的幻想，能立足于现实状况考虑自己的政治举措。张良对分封六国一事的分析及其结论，在西汉的形成和发展史上应该起到了纠偏匡正、拨云见天的作用。

就反楚斗争的策略言，张良并不一概地反对分封，他主张利用分封制作为凝聚内部人心、增强反楚力量的手段。前203年，攻占了齐国、威震北方的韩信向刘邦提出立自己为假齐王，以便镇守，刘邦本来不愿意，张良私下说服刘邦，认为汉军不能真正禁止韩信称王，封其为王可以作为团结韩信、防止生变的手段。刘邦接受了这一建议，封韩信为真齐王，还派张良向韩信送去了印绶。至次年，战略形势已发生了有利于汉的变化，刘邦与韩信、彭越约定在固陵（今河南省太康县南）共击项羽，但两人并未如约到达，致使汉军大败。张良对刘邦说："韩信、彭越未得封地，他们不来会战是必然的。君王能与两人共分天下，就能招致他们参战，如果不能，事态就无法预料。"按照张良的具体建议，刘邦将陈县以东至海滨之地封给韩信，将睢阳以北到谷城的土地封给彭越，两人果然率大军参加会战，终于在垓下击破了楚军。

根据政治斗争中的利益原则，张良把封王裂土视作团结军队、协调各方利益的筹码和手段。也许这些分封不是出于他的本意，但他坚持军事斗争为上的策略，利用分封这一各方看重的筹码灵活处置，成功地控制和驾驭了几乎游离于楚汉之外的两支最大的军事集团，以土地和名号换来实力，以求孤立和战胜楚敌。张良对韩、彭的分封主张和对六国之后的阻封议论看似矛盾，其实却却是他具体分析问题,坚持利益导向原则、军事至上原则的一致表现。把土地不封给六国之后,而封给支持汉军战争的将军,无论从国体的创建还是从反楚的策略上,其意义和作用都非同一般。

在和韩信、彭越固陵约战之前,还与一段插曲。当时项羽苦于两线作战,又感到战略形势已发生逆转,乃与刘邦鸿沟划界、中分天下,和谈之后释放了刘邦的父亲和妻子,引兵东归。当刘邦也准备率军西返时,张良与同僚提议说:"楚军兵疲粮尽,引军而回,这是上天亡楚的时机,不如乘其懈怠追袭歼灭之,如果放走不追,就是'养虎自遗祸患'。"当时韩信已攻破赵、齐,拥兵几十万雄踞北方,彭越在梁地也渐成气候,英布早已降汉,正是鉴于汉军已有大半天下、诸侯多已归附的良好战略形势,张良提出了抓住时机、追袭楚军、致其死命的主张。他把和谈仅仅看作致敌麻痹懈怠的手段,而自己绝不想受和谈条件的束缚。兵不厌诈、机不可失,张良的建议改变了刘邦西归的计划,汉军在和谈后全力追击,于是有紧接着的固陵约战和后来的垓下之役。由于张良的这一建议,楚军的灭亡和汉军的胜利在时间上大大提前。

灭楚之后,刘邦封上等功臣二十余人,其他人日夜争功,难以决定,尚未封赏。刘邦在洛阳南宫,从天桥上望见许多将领三三两两坐在沙地里议论,不知道将领们在说些什么。张良认为一定是在图谋造反,并对刘邦分析说:"你起身平民,靠这些人夺取天下,做了天子后,封赏的是萧何、曹参这些故旧亲爱之人,对平常怨恨的人则诛杀之。如今军吏们计算功劳,认为天下之地不够封赏,怕您要记恨往日的过失而遭受诛杀,因而相聚谋反。"刘邦极为忧虑地询问对策,张良反问说:"您平生最为憎恨、又为群臣共知的是哪个人?"刘邦说:"雍齿与我有旧怨,他多次窘辱我,我想杀他,因为他功劳多,所以不忍心。"张良于是提议:"赶快封赏雍齿给群臣看,大家见雍齿都受封了,就不会有什么疑心。"刘邦乃设置酒宴,封雍齿为什方侯,地在今四川什邡南。群臣见雍齿尚被封侯,于是消除了担忧。

军吏们在沙地中聚众私语,发生在灭楚之后封功行赏的敏感时期,引起了刘邦的注意,张良认为这是谋反的征兆,看来是有夸大和弄玄的成分,因为并不是那么众多的军吏都曾有可以追究诛杀的往昔过失,也不是任何谋反的人都敢于公然聚众谈论。但张良的分析至少可以说明在赏封未定的时候,满怀期望的军吏正处于惴惴等待、情绪不稳时期,他们议论人物、评价封赏、猜测高下、相聚抒怀都是极可能的。为了稳定众人的情绪,张良让刘邦选择一位人所共知的憎恨之人提前赏封,这等于交给众人一个赏封的标准,且用事实告诉群臣:胜利后赏功不计过,这无疑是稳定众人情绪的最佳良方。

张良为什么在此要夸大事态,故弄玄虚,把军吏们的相聚私语谬称为图谋造反呢?如果不是思维上的一次失误,那就是灵机一动、借题发挥,有意诱导刘邦解决功臣雍齿的封赏问题。雍齿论功当赏,但刘邦计仇不会封赏,意欲求得赏封公正的张良料难说服刘邦,因而用特殊的方式催促刘邦对雍齿弃怨赏功,亦当在情理之中。通过雍齿之赏,明白表示了赏封的标准,稳定了军吏们不安的情绪,维护了赏封的公正,树立了刘邦不计前嫌的形象,虽然促赏的方式不为上佳,但有多利而无一害,这也许是张良智慧行事的一种特殊表现。

灭楚之后,张良于前202年明确支持了齐人娄敬向刘邦所提的建都关中的建议,他从关中的地理形势上论述了其在军事和经济上的优越性,使举棋不定的刘邦放弃了建都洛阳的打算,带领这支关外将士占多数的军队进驻关中,在长安辟基筑宫,建立都城,由此开始了约二百年的西汉基业。

张良的许多策划都引导着刘邦的决策,它使汉军即使在力量弱小的时候都保持着战略优势,这成为汉军最终取胜的关键。刘邦无疑是汉军的统帅,但就上述意义上说来,张良实际上是汉军的灵魂。

不动口舌,大谋安嗣

张良对汉王朝的重大影响还在于他打消了刘邦晚年对太子的废立之意,巩固了刘盈的天子之位。

刘盈是刘邦与太后吕雉于前211年所生之子,前205年刘邦自彭城败退后被立为太子,常与萧何留守关中。刘邦做汉王时得到了定陶女子戚姬,非常宠爱,不久生下儿子如意,他出关作战数年,常带戚姬随行,戚姬日夜泣哭,要求更立如意为太子,刘邦也以为刘盈仁弱,不像自己贤能,觉得如意更像自己,几次要改换太子,由于许多大臣的反对,暂时未得实施,但他发誓:"绝不使不肖之子居爱子之上",其态度是非常明确的。

太后吕雉年老色衰,很少能见到刘邦,她担心儿子刘盈的命运,但无能为力。因为张良以善于策划出名,又为刘邦所信用,有人劝她请张良想想办法,吕雉乃让自己的兄长吕泽向张良请求挽救的良方,张良推辞说:"君上因自己的偏爱更换太子,至亲骨肉间的事情,有我这样的百余人进谏也没有作用。"吕泽坚决要求张良出个主意,张良告诉他:"这事情难于用口舌相争辩。君上曾想招致四位年老的长者,他们却认为君上待人傲慢轻侮,所以逃匿商山,义不为汉臣。但君上看重这四人。现今您能不吝惜金玉璧帛、让太子写封信,言辞谦逊,备车相迎,派辩士敦请他们,来后当贵客相待,经常使他们随太子上朝,让君上看见,当君上惊异地询问时,再告诉他。君上知道这四人的贤德,这对太子是有帮助的。"吕雉信服张良的策划,她让吕泽派人带着刘盈的书信,卑辞厚礼,迎来了这四人,以贵客身份住于吕泽之府。

刘邦在他生命的最后一年,率军击破了淮南王英布的反叛,回长安后重病缠身,急切地准备改换太子,对张良的劝谏根本不听。刘盈的太傅叔孙通引古今事例劝告,以死相争,刘邦假装应允,实际上还想更换。及设宴置酒时,太子刘盈在旁侍奉,有四个老人相随,他们年已八十多岁,须发皓白,衣冠甚伟。刘邦奇怪地相问,四人上前回答他们的姓名:东园公、甪里先生、绮里季、夏黄公。刘邦大惊,说:"我访求诸位好几年了,你们逃避我,今天为什么自愿与我儿子交游呢?"四人回答说:"陛下轻士善骂,我等义不受辱,所以恐慌躲藏。我们听说太子为人仁孝,恭敬爱士,天下没有不愿舍命为太子拼死效力的,所以我们来了。"刘邦回答:"麻烦诸位善始善终地关爱保护太子。"于是彻底打消了更易天子的念头。

更易太子是刘邦"子以母贵"、宠爱如意的感情需求,也是他认定刘盈仁弱、立意选贤为嗣的个人决断,不是靠据理力争、能言善辩就能改变得了的。在家天下的社会,选嗣也一般属于皇族家事,文武之臣不好直接参与。何况在选择对象之间,孰贤孰劣也没有泾渭分明的界线,一切都是相对的、主观预料的、难以把握的。十五岁不到的刘盈和十岁左右的刘如意究竟哪个做皇帝更好些,实在无法预料。大臣们根据传统的嫡长子继承制和企求政局稳定的心理,希望维持太子的地位,这当属正常的情况。但当当权的皇帝以宠爱或"选贤"的缘故执意更换太子时,也往往能够成功,因为古代选嗣,无论怎样都没有特别的合理性可言,只不过需要为皇家的最后所选找个理由作些说明而已。

张良深谙其中的道理,在他看来,刘邦更换太子自有他能够坚持不动的理由,而任何维护刘盈地位的理由又都有其不足,因此他认定,这不是以口舌之辩就能解决的问题,要害是要影响和改变当权皇帝的认识。

刘邦征战半生,夺得天下,居至尊之位,晚年在改嗣问题上刚愎自用,有什么办法来改变他在此事上的认识呢?张良敏锐地寻找到了刘邦在治理天下中的自谓遗憾之处,他让刘盈设法弥补刘邦自认的遗憾,从而使刘邦对刘盈刮目相看。

刘邦虽然贵为皇帝,占有天下,但却不能征召到东园公等"商山四皓"。四皓为天下隐士,刘邦将其作为天下人心的象征,无论是从考察治国效果上还是从附庸风雅的心理上,四皓的逃匿不至,都使刘邦感到了自己作为皇帝美中不足的遗憾,这构成他的一个心结和内心的秘密。但张良意料到,四皓避汉并不是不愿臣服于汉朝,也不是讨厌锦衣玉食的生活,而是不愿忍受刘邦对士人惯常的慢侮。他让储君刘盈一反刘邦的轻侮态度,以卑辞和厚礼迎请到四皓,使他们享受到尊贵和安乐,做出追随刘盈、自愿交游的姿态,并且不露声色地显示给刘邦,给刘邦造成刘盈贤能、天下归心的印象,借以改变刘盈在刘邦心中的政治地位。果然,刘邦目送四皓随刘盈离去后,给戚夫人指着说:"我欲易之,彼四人辅之,羽翼已成,难动矣。"更换太子一事遂不了了之,数月后,刘邦去世,刘盈顺理成章地继承了皇位。

四皓接受了吕氏的重金之请和卑辞相迎而投靠刘盈,看来不仅仅只是做个姿态,而是衷心保全刘盈的太子之位。前196年,淮南王英布反叛,刘邦生病,想让太子刘盈统兵出击。不能排除刘邦的这一安排有借机考验刘盈或在事后寻过废弃的意图,但更多的可能则是刘邦病中难以成行的无奈。然而四皓老人听到这一安排,则敏感地认为:"太子统兵,事态危险。"他们给吕泽分析说:"太子统兵,有功则位不过太子,无功则从此受祸。"他们并且认为:"军队中都是与皇帝一同平定天下的枭将,太子统领他们,无异于使羊统狼,大家不为尽力,太子肯定无功。"作了这样最坏的预料后,他们决定让太后吕雉去面请刘邦出战。吕雉见到刘邦,按照四皓的提示,向其说明了刘盈统兵的困难,并说明了刘邦统兵、将士用命的必胜前景,泣求刘邦为妻子儿女勉强出征。刘邦怨怒道:"我知道这小子办不了事,你老子只好自行。"刘邦带兵出征,次年战胜回都,见到自己征召多年的四皓就在太子东宫,但始终不知道这次出征是四皓的主意,更不知道四皓投靠东宫及其对自己易嗣主意的改变都在张良的计算之中。唐朝杜牧写了《题商山四皓庙》一诗,认为商山四皓扶持刘盈,虽不出于个人恩仇,但若不是后来周勃号召守宫南军左袒拥刘,他们的行为实际上只是强壮了吕氏而最终危害了刘氏。

> 吕氏强梁嗣子柔,我于天性岂恩仇。
>
> 南军不袒左边袖,四老安刘是灭刘。

元稹在《四皓庙》中也持相似观点,认为四皓扶持汉惠帝刘盈,反不如周勃与陈平的安刘之功。其中有几句包含不少指责:

> 刘项取天下,先生游白云。
>
> 海内八年战,先生全一身。
>
> 汉业日已定,先生名已振。
>
> 不得为济世,宜哉为隐沦。
>
> 如何一朝起,屈作储贰宾。
>
> 安存孝惠帝,推顿戚夫人。
>
> 舍大以谋细,虮盘而蟥伸。
>
> 惠帝竟不嗣,吕氏祸有因。
>
> 虽怀安刘志,未若周与陈。
>
> 皆落子房术,先生道何屯?

诗中末句亦讥讽了张良,实是对其立嗣一事上政治倾向的批评。张良的安嗣谋划瞒过了刘邦,对后来孝惠帝刘盈继位起了决定的作用,也为吕雉后来的干政称制作了重要的铺垫,因而他长期受到吕雉的尊崇与关爱。戚夫人母子后来受吕雉残酷迫害时,未见他有劝阻的表示,这是人们一直责难他为吕雉筹划安嗣的重要缘由,无论张良在此事上的政治倾向是怎样的未可恭维,但其筹划的高超和谋算的精当确有令人折服之处。

不爱万金,功成身退

张良在灭楚后对刘邦回忆说:"家世相韩,及韩灭,不爱万金之资,为韩报仇强秦,天下振动。"张良确实是一位对财富极其淡漠与看轻的少有的政治人物。他出身韩国贵族之家,国破时尚有家僮三百,当属阔绰家境,是不必为稻粱谋的贵公子,但他悉破家财,收买刺客,为求博浪一击。前206年他随刘邦兵进关中,刘邦收取了秦宫珍宝,赐给他黄金百镒、珍珠二斗,他全部转送给项伯,为刘邦请得汉中之地。他把手头的财富仅仅看作是实现目的的手段和资源,随时准备将其投之于被称为政治的目的,表现了一种难得的豪爽洒脱与轻松自如。

灭楚后刘邦大封功臣,充分肯定了张良的功劳,让他在齐地自择三万户封邑,张良说:"我在下邳起事后与您相会于留地,能受封于留就满足了,不敢当三万户。"于是改封为留侯,地在今江苏省沛县东南。张良选择留地受封,带有一种人生纪念的象征意义,这成为劝阻刘邦厚封的手段。作为曾经左右天下政局的风云人物,张良看透了人世间的翻覆之变,他等闲身外之物,淡泊名利,认为自己"以三寸舌为帝王师,封万户、位列侯,此布衣之极,于良足矣。"他以布衣平民自居,认为自己人生的目的已经满足,因而绝不接受过多的累赘之物。

张良自跟随刘邦后,身体多病,这也是他未单独指挥军队的原因。前202年,刘邦在长安建都,张良随从入关,即采用了道家辟谷、道引的养生之法。辟谷,即不吃粮食,而服用药物;道引,或称导引,是通过呼吸俯仰、屈伸手足,使血气充足,身体轻举,以此促进健康。他闭门不出,谢绝宾客一年多,几乎过上了与世隔绝的生活。也许,他还想到了春秋末范蠡和文种的不同命运,为防止"兔死狗烹"的结局,宁愿适时退出政治斗争的旋涡激流。这位受过《太公兵法》熏陶的大智之人,经过了半生的颠簸起伏和世情磨炼,愈益相信道家的处世方式及其养生之道,在功成名就之后选择了一条与众不同的生活方式。

吕雉为保刘盈太子之位,让兄长吕泽强求张良为之谋划,一度打断了张良独特的生活方式。刘邦征讨淮南王英布时任张良为太子少傅,让其辅佐刘盈镇守关中。刘邦去世前,张良大概预感到了宫廷斗争的诡谲迷离,明确表示"愿弃人间事,欲从赤松子游。"赤松子是传说中的仙人,为神农时的雨师,服水玉以教神农,能入火不烧,常登昆仑山,随风雨上下,是后世道教所信奉的人物。张良表明了自己的心迹,又行辟谷道引之术。

刘盈执政后,吕雉感激张良的恩德,强求他吃饭,说:"人生一世间,如白驹过隙,何必自苦如此!"张良不得已,乃勉强听从进食。数年后去世,时约为前188年。死后谥为文成侯。

关于张良的卒年,各家记载不一。《史记》中说"后八年卒",《汉书》则说"后六岁薨",而据《汉书·功臣表》,张良死于高后二年。《通鉴》中则记为孝惠帝六年夏。从这些不同记载中可以看到,张良在吕雉的强求下虽然恢复了日常生活,但基本已淡出了政治活动之外,成了不被人们所关注的人物。张良不受万金、急流勇退,他淡泊名利、功成不居的人生观发自内心,基本上做得彻底。

约半个世纪后出生的司马迁说他见过张良的画像,状貌如妇人美女。张良早年也有博浪锤击的大丈夫气概,后期崇尚道家超世的人生态度和阴柔的生命方式,相信画像更多的是对他后期生命方式的描摹。作为一位名震天下的政治人物,张良晚年独特的处世方式深为后来的许多人们所赞赏。清人杨重雅将张良与韩信两人的结局作比较,作《谒留侯祠》,深赞张良:

> 圯桥进履气恬然,胯下王孙事亦传。

> 一作神仙一作狗,论人须到盖棺年。

唐朝刘知几在《读汉书作》中评判了淮阴黥彭之后赞叹张良:

> 智哉张子房,处世独为工。

> 功成薄受赏,高举追赤松。

> 知止信无辱,身安道自隆。

> 悠悠千载后,击柝仰遗风。

战无不胜 军威天下的韩信

在楚汉相争的时代,出了一个"连百万之众,战必胜、攻必取"的韩信。韩信年轻时仗剑从军,在项梁、项羽的麾下,未得重用。刘邦被封汉王,自关中入蜀时,韩信奔投依附,不久受萧何推荐,被刘邦拜为大将,开始了他一生率将统兵的生涯。他在楚汉战争中充分展现了战胜攻取的军事天才,创造了惊世遗史的战争奇观和辉煌业绩,为刘邦汉军的军事制胜起了决定的作用。

力主东向,暗度陈仓

前 206 年,刘邦在汉中拜韩信为大将。拜礼结束后,两人商议军机大计,韩信即向刘邦提出了打出汉中、东向发展的战略。

刘邦汉军多为楚人,皆有思乡东归之念,这和刘邦抗击项羽,争夺天下的战略意图相一致,只是患于项羽的势力,只好屈居汉中。当时楚军的勇悍强盛胜过汉军,但韩信从以下方面分析了项羽的劣势:其一,项羽勇力过人,力敌万人,但不能任用贤将,仅是匹夫之勇;其二,项羽仁慈有礼,言语温和,逢人生病,会流泪而分食,但人有功而当封爵时,却舍不得给人印信,其实这是妇人之仁;其三,项羽霸天下而弃关中,背义帝之约,分封不公,诸侯不平;其四,项羽攻城后摧残毁灭、天下多怨,百姓不附。韩信因而认为,项羽名义上虽为霸主,但失去天下之心,强大必会转而为弱势。他告诉刘邦:"今大王如能反其道,任天下武勇,何所不诛! 以天下城邑封功臣,何所不服! 以义兵从思东归之士,何所不散!"

出汉中必经关中,关中为项羽所封三位秦国降将章邯、司马欣和董翳的封地,称为三秦。韩信进一步认为:三秦王为秦将时牺牲士卒无数,欺骗众人降了项羽,项羽又坑杀秦卒二十万,独封三将为王,秦民对三人恨入骨髓。这与汉军入关后秋毫无害、约法三章、为民拥戴形成鲜明对照。因为汉王在关中深得民心，因而只要兴兵向东，三秦之地可传檄而定。刘邦听了韩信的分析，非常信服，立即着手做打出汉中的准备。

韩信承认西楚力量的强大，但他更看重战争因素的转化。他把分析的着眼点放在用人和得民心两个方面，尤其看重人心的向背，由此得出了对楚汉战争全局形势和最终结局的判断。韩信认为汉军必胜的判断与眼前的战争局势不相吻合，但其分析却精辟、透彻，极有说服力，因而深得刘邦赞同。韩信的这一分析为不久的历史事实所证实，因而也为后来人们的战争分析提供了极好的范例。今人毛泽东在《论持久战》中分析中日战争的演变趋势，就借用这一方法，得出了可靠的结论。

韩信不仅向刘邦提出了打出汉中，争夺天下的战略，而且在刘邦的支持下，迅即实施了明修栈道、暗度陈仓的军事部署，一举夺取了关中。刘邦所居的汉中与关中之间横亘着巍峨的秦岭，难以逾越，止有子午道、褒斜道、陈仓道几条路径相通，这些道路沿途山高谷狭、两岸悬崖峭壁、崎岖险阻。它们本是当地人依山傍水开凿，绝壁处凿以洞穴，横插木梁，上铺木板，称为栈道。刘邦被封为汉王后，自子午道（自今西安市南通往汉中）进入汉中，他采纳了张良的建议，路过后即烧绝栈道，是为防备项羽等诸侯军的追袭，也向项羽表示没有东进的意图。秦岭北麓的守将是雍王章邯，他在巨鹿之战前曾率秦军扫荡关东，是一位善战的将军。韩信决定兵出汉中时，先派汉将樊哙、周勃率兵万人佯修前已烧毁的栈道，摆出要从褒斜道（汉中褒河至陕西眉县西南斜峪）出兵的架势，调动章邯主力前来堵击，汉兵主力则暗度陈仓故道（今陕西宝鸡市南，经凤县入褒河河谷），攻下大散关，突然集结于秦岭以北。章邯仓促在陈仓（今陕西宝鸡市）迎战，被韩信打败，退守好畤（今陕西乾县东），再败，最后退守都城废丘（今陕西兴平东南）。汉将樊哙、周勃也兵出斜谷与韩信会师。次年，汉军引水灌废丘，章邯兵败自杀。塞王司马欣、翟王董翳先后投降，刘邦派兵略地，遂定三秦。

韩信明修栈道、暗度陈仓的行动部署，后来成为军事上制造假象、麻痹敌人、出奇制胜的用兵范例。这一军事行动的成功，为汉军与西楚的军事对抗打下了稳定的战略后方，也为西汉的建立奠定了基础。

抢用兵机，吞尽北土

汉军夺取关中后，于前205年出关东进，邻近的诸侯，如魏王魏豹、河南王申阳皆来投降，殷王司马卬和项羽新封的韩王郑昌亦被韩信击破，被迫来降。汉军裹挟这些诸侯之军，会同陈馀的赵军一同攻楚，乘项羽北击田荣齐国之机，打进了楚都彭城。不久却被项羽的精锐之师回军打败，韩信收兵与刘邦会合于荥阳，使楚汉争战稳定于荥阳一带。

汉军彭城之败后，魏豹等诸侯又背汉降楚，形势对汉军极为不利。这时，张良为刘邦作战略策划，并举荐韩信、英布、彭越三人。自此，韩信奉刘邦之命，以左丞相的身份率兵击魏，以此开辟了战略反楚的北方战场，并连获大捷，为刘邦的荥阳战场不断提供了声势上的支持和兵源上的补充，最终扭转了汉军的弱势。

魏豹以探亲为名离开汉军，回国后即断绝黄河关口，反汉和楚，在劝说无效的情况下，韩信率军渡过黄河、攻袭安邑（今山西夏县西北），作战中俘虏了惊慌迎战的魏豹，他平定魏地，建立了河东郡，将魏豹押送给荥阳作战的刘邦。其后，又奉命与张耳进军代地，击破代军，在阏与（今山西省和顺县西北）擒获了陈馀之将夏说。韩信取魏破代。刘邦每次都派人从韩信军中征调精兵，发往荥阳抵抗楚军。

韩信与张耳率数万军队，东下井陉（今河北省井陉县东北的井陉口）击赵。赵王赵歇和成安君陈馀聚兵二十万对抗。赵国谋士李左车向陈馀建议说："井陉之道窄，车不能并排，骑不得成列，行数百里，粮食必在其后。我率骑兵三万人，抄小道截其粮食辎重，您深沟高垒，坚壁勿战，汉军前不能战，退不能还，又无粮食，不出十天，就会打败。"陈馀是位读书人，经常宣称义兵不用诈谋奇计，认为赵军兵力数倍于敌，若避而不战，诸侯会认为怯敌，以后更强大的敌人就难于对付，于是拒绝了广武君李左车的建议，率军御敌。两军于是发生了井陉口之战。韩信采取背水列阵的方式，以二千奇兵配合，大败赵军，斩杀陈馀、擒获赵歇，攻取了赵国之地，并请立张耳为赵王，以镇抚其国。

破赵之后，韩信下令不准杀害李左车，他高价悬赏，活捉李左车予千金。当李左车被献来时，韩信亲解其缚，让他坐于尊位，向其请教攻燕伐齐的策略。李再三推辞不过,遂具体分析了汉军的长处和短处,建议韩信按兵不动,造声势摆出北攻燕国的架势,然后派出辩士带着书信说降燕国。韩采纳了这一策略,未发一兵一卒,使燕国望风而靡,前来归降。

在韩信取赵降燕时,刘邦兵败成皋,他与滕公夏侯婴逃出成皋北门,渡河驰入修武(今河南省获嘉县境),住于客馆,次日凌晨自称汉王使者,闯入韩信军营,在其卧室内拿到印信和兵符,征调了韩信的军队去荥阳,命令张耳防守赵地,任命韩信为相国,让他收集各地的赵兵去攻打齐国。

韩信引兵东进,到了当时的黄河渡口平原津(今山东省平原县境),听说刘邦已使辩士郦食其说服齐王田广归顺,遂欲停止前进。范阳(今河北省定兴县南)说客蒯彻(史官为避汉武帝刘彻名讳,改为蒯通)对韩信说:"将军奉诏令攻齐,而汉王只不过派密使说降齐国,难道有诏令阻止将军进攻吗?为什么要停止不前呢?何况郦生只是个说客,凭三寸之舌降服齐国七十多城邑,将军率数万之众,一年多才攻赵五十多城邑,为将多年,反倒不如一儒生之功吗?"韩信觉得蒯彻的话有道理,于是率兵渡河。齐王已听从了郦生的游说,挽留郦生畅饮,撤去了防御汉兵的守备,韩信乘势袭击了齐国历下(今山东省济南市)的驻军,并攻至都城临淄。齐王田广认为郦生出卖了自己,将其烹死,逃往高密(今山东省高密西南),派使者向楚国求救。

韩信平定临淄后,向东追赶田广至高密之西,与号称二十万的救齐楚军相遇。楚将龙且与田广合军抵抗韩信,有人对龙且建议说:"汉军远来拼战,锐不可当。我们齐楚在自己地域上作战,士兵容易逃散。不如深沟高垒,坚守勿战,让齐王派心腹之臣去招抚所丢失的城邑。这些城邑如听说齐王还在,楚军又来相救,必然反叛汉军。汉军客居于二千里外作战,齐城皆反后必然无所得食,自然会不战而降。"龙且回答说:"我向来知道韩信的为人,容易对付。何况我前来救齐,不交战就使其投降,我还有什么功劳呢?"遂与韩信隔潍水对阵。潍水之战,汉军大胜,龙且被杀,齐王田广逃亡,韩信挥师追击到城阳(今山东省菏泽东北),俘虏了全部楚军。韩信平定齐地后,派人去荥阳前线请示刘邦,当了齐王。

经过两年多的征讨,韩信已先后平定了魏、代、赵、燕、齐。当刘邦在荥阳与项羽苦苦相拒,难于支持时,韩信已全部掌握了北方领地,对西楚形成战略夹击与合围之势,使楚汉战争的形势发生了根本性的变化。尤其是,龙且的二十万军队被一朝消灭,显示了北方汉军锐不可当的强大力量和对楚军后方的严重威胁,终使项羽在荥阳战场难以坚持,匆匆与刘邦鸿沟划界后撤军东归,收缩战线。汉军立刻开始了战略反攻,部署垓下合围。

韩信在北方战场取得了一系列巨大的胜利,其中一个原因是势力上占绝对优势的敌方往往低估了汉军的力量和韩信的军事才能。如赵国陈馀、楚将龙且分别拥兵二十万,以众拒寡,又占有本土作战的优势,都曾听到过坚壁避战、绝汉粮草、待其自败的极好建议,但都不屑于采纳,他们不认为韩信是难以对付的,想在两军对阵的战场上收到以众击寡、以石破卵的轰动性效果,但均被劣势的汉军所消灭。他们没有想到自己所对付的是一位几乎空前绝后的军事天才,因而用常规的、经验的方式去迎战,结果为对方提供了发挥想象、创造奇妙的场所。

韩信在北方战场虽然连续出击,但始终遵循着谨慎用兵的原则。"昔之善战者,先为不可胜,以待敌之可胜。"(《孙子兵法·形篇》)韩信深知赵、楚之军坚壁避战的策略对汉军是致命的,因而在听到广武军李左车的建议被陈馀拒绝后才敢进兵井陉口;在听到龙且否决了避战建议后才决心与楚军决战,他要首先保证使自己的军队立于不败之地,而后才寻求战机,致胜敌人。

作为战胜者的韩信还不乏以能者为师和谦纳善言的胸怀。他击毁了赵国二十万大军,但仍找到赵谋士李左车,待以师礼,询问取燕之策。当李左车以败军之将自称,再三辞谢时,韩信诚恳地说:"陈馀果真听了您的计策,我韩信早被俘虏了。"并告诉他:"我从心底里想听到您的建议,希望您不要推辞。"于是才有李左车和平降燕的良策。汉军向燕国摆出架势。先声夺人,不战而屈人之兵,正是采纳了李左车的计策。

齐国历来为北方大国,那是韩信北方战场的最大对手。韩信明知郦生已说服齐王归顺,他抓住时机,袭破齐军,最终攻取齐国七十余城。韩信在败赵降燕后受命攻齐,郦生说齐后他的确未收到停止攻击的命令,但那是刘邦对齐方针上的摇摆和疏忽。刘邦对攻取和说服齐国都无绝对把握,因而双管齐下,务求收服。在郦生说服齐国后大概也忘记了收回对韩信的攻齐之命,韩信在齐人归顺后生怕自己的武功落于说客之下,他权作不知,亦不再请示,挥师直进。攻齐成功显示了他强烈的功名心和善于抢占军机的优长。

韩信于败兵之际受命北征,他率为数不多的部队,在两年多的战争中虏魏豹、擒夏说、俘赵歇、斩陈馀、逐田广、杀龙且,驱兵千余里,破敌几十万,收服五国,吞尽北土,为汉军的全面胜利准备了充分的条件。

神机妙算,诡诈胜敌

韩信对魏、赵和楚军的决战、以少胜多、以弱胜强,堪称战争史上的经典战例。

前205年,魏豹背汉和楚,刘邦派郦食其去说服,遭到拒绝。魏豹占据今山西南部,陈兵黄河东岸的蒲坂(今山西永济西蒲州镇),封锁临晋关渡口(今陕西省大荔县东的黄河西岸,后改为蒲津关),截断了刘邦与关中的联系。这年夏天,韩信被拜为左丞相,受命击魏。出发前他问郦食其魏国是否任周叔为大将,当知道魏国任用柏直后,他认定这是无能之辈,遂立即进兵。他把船只集中在临晋,摆出强渡黄河的架势,吸引魏豹的兵力,实际上却埋伏重兵于夏阳(今陕西省韩城南),并且暗中准备了木罂瓿,这是一种木制的盆瓮,形状像小口大腹的盛酒罂器。当魏兵在临晋口对岸盯着汉兵船只陈兵以待时,韩信带领着身缚木罂瓿的汉军自夏阳偷渡黄河,出其不意地袭取了魏军后方重城安邑(今山西省夏县西北)。魏豹惊慌失措,引兵迎战,战斗中被汉军俘获,全军大败。

韩信在渡河攻魏之战中用了疑兵之计,疑兵计的成功是利用了人们的思维定式。人们总以为大军渡河离不开船只,韩信因而把船只摆在临晋渡口,在这里虚张声势,迷惑魏军,事实上却让士兵身缚木罂瓿,囚渡黄河。大军渡河所离不开的船只,在韩信的部署中只是作为吸引魏军注意力的战争道具而已。兵法主张进攻的一方应该"由不虞之道,攻其所不戒"(《九地篇》,本篇用兵理论均自《孙子兵法》,此处只注篇名)韩信正是在魏军没有预料到的夏阳出兵,避实击虚,攻敌无所戒备之处,取得了渡河的成功。韩信在渡河后袭取安邑,不仅使汉军在河东有了稳定的立足点,而且"攻其所必救"(《虚实篇》),是调动魏军的手段。当魏豹率军来战时,汉军已是"先处战地而待敌者逸"(《虚实篇》),收到了"以虞待不虞者胜"(《谋攻篇》)的效果。韩信这此大胆用兵,迅速取胜,是和他对敌情的分析预料分不开的。当他知道魏军大将是柏直而不是周叔时,大概出于对两人的了解,就已形成了成熟的制胜方案。

韩信攻赵时,探听得陈馀拒绝了谋臣李左车坚壁不战的建议,非常高兴,他率新增的三万军队在井陉口三十里处下寨,半夜传令出发。他首先选出两千轻骑,每人手持一面红旗,从小道迂回到赵营侧翼的抱犊寨山隐藏起来观察敌军,命令他们:"交战时赵军见我后撤,必然全军出营追击。你们立即冲入赵营,拔掉赵旗,插上汉军红旗。"又让副将传令分发食品,简单就食,宣布说:"今日击破赵军后会餐。"诸将并不相信会击败二十万赵军,佯装答应说:"行!"韩信作好安排后,让一万士兵先行,出井陉口,背靠绵蔓水,在东岸微水村一带列阵。天亮时,他竖起大将旗号,率大军声势浩大地开出井陉口,逼近赵营。赵军开壁迎战,激战了一阵后,韩信假装失败,丢弃旗鼓,逃回河边的阵地,与先期列阵的一万军队会合作战。赵军果然倾巢出动,争夺汉军旗鼓,追逐汉军。韩信的军队退到河岸边,再无退路,大家拼命求生,殊死搏斗,以不可战胜的勇力抵抗赵军。隐蔽于山上的两千汉军轻骑则乘机冲入赵营,更换上汉军旗帜。赵军在河岸边不能取胜,遂欲回营,却望见营中皆汉军旗帜,大为惊慌,他们以为汉军已收降了赵王的将领,不敢回营,军队大乱,四散逃跑。赵将虽然斩杀逃兵,仍不能禁止。占据赵营的汉军轻骑则乘势出击,从侧后切断了赵军归路,汉军前后夹击,大败赵军,俘虏了大批人马。成安君陈馀被斩杀于泜水之上,赵王赵歇被汉军活捉。

赵国的二十万军队顷刻瓦解,汉军诸将献上首级和俘虏,共同祝贺。他们问韩信说:"兵法上主张背靠高地列阵,而不提倡背靠水泽。今天您让我军背水列阵,还宣称'破赵后会餐',我们都不信服,然而竟胜利了,这是什么战术呢?"韩信回答说:"这一战术兵法上是有的,只是大家没有留心。兵法上不是说'陷之死地而后生,置之亡地而后存'吗?我们所率领的并非平时训练精良的部队,正像驱赶着集市上的人去作战,非把他们置于死地不可;如果留有退路,大家都逃跑了,怎么能用来作战呢?"将领们这才心悦诚服。

"凡战者,以正合,以奇胜。"(《势篇》)韩信的作战部署中就充满了奇正变化。除正面进攻之外,还安排了两千奇兵,他们负责特殊的作战任务:制造假象,震慑敌军,并配合主力部队包抄截击。对于正面迎敌部队,他又分为背水待敌的奇军与前行决战的正军。决战之军中建大将旗鼓,属主力部队,但交战之后弃旗退走,又成了引诱赵军追逐的奇兵;而背水待敌的军队自夜半就列阵于河岸,他们以先到为主的心理接纳了撤退之军,又成了稳定战局和反击赵军的主要支持力量,奇复化为正。"战势不过奇正,奇正之变,不可胜穷。"(《势篇》)

韩信这次布阵最大的出奇之处是背水列阵。兵法上讲:"丘陵堤防,必处其阳而右背之。"又提出："平陆处易而右背高,前死后生。"(《行军篇》)古代以右为尊(如"右职"、"右武"、"无出其右"等),这里的"右"带有崇尚、看重之意,主张布阵对敌要靠高地,做到前低后高。韩信背水列阵,一反用兵常规,连赵军望见,都以为汉军无路可退,窃笑韩信不懂兵法,但这实际上却是韩信针对具体情况、出奇制胜的部署。兵法上有许多关于险中求胜、绝处求生的主张:"投之亡地然后存,陷之死地然后生。夫众陷于害,然后能为胜败。"又提出:"兵士甚陷则不惧,无所往则固,深入则拘,不得已则斗。是故其兵不修而戒,不求而得,不约而亲,不令而信。"认为"投之无所往,死且不北。"(均见《九地篇》)这些论述都体现了一种死中求生的精神。对敌制胜是兵法理论的最高原则和用兵布阵的最终目的,井陉之战后韩信说明了自己背水列阵的原因和根据,表明了他对军事理论的精通和善于实际应用的高度灵活。

韩信在齐地与几十万齐、楚军队隔潍水对阵,楚将龙且轻视汉军,急于决战立功。韩信夜晚令人准备了万余砂囊,在上游堵住潍水,水势大减时他率军半渡,攻击楚军,又假装战败,向后腿走。龙且见楚军战胜,非常高兴,于是率军渡水追击。韩信派人决开上游堵水的砂囊,水势汹涌,楚军大半不得渡河,汉军乘势掩杀,龙且被斩,潍水对岸的楚军四散逃走,韩信率师追至城阳,全歼楚军。

在强大的齐、楚联军面前,韩信的汉军人数极少,又千里奔袭,军已疲弊,确无优势可言,这正是龙且骄傲自信的地方。韩信抓住对方的轻敌弱点,就便利用潍水来消灭敌人和分隔敌人,为自己创造取胜的机会。兵法云:"以水佐攻者强。"(《火攻篇》)韩信用万余砂囊就把潍水变成了能为自己作战目的服务的强大武器,显示了极巧妙的战争构思。他率汉军渡河而退,既是骄敌的手段、诱敌的手段,又是向敌示范的手段。楚军决然没有想到,潍水流量已在韩信的掌握之中,当他们仿效汉军渡水追敌时,实际上已跳进了汉军布好的陷阱。

贯穿韩信用兵始终的,是"知己知彼"、"兵以诈立"和"因敌制胜"的精神。他在作战中熟知敌我双方的特点,能巧妙利用河流高山等自然地理态势,以奇正多变的诡诈之道胜敌。"水因地而制流,兵因敌而制胜。"(《虚实篇》)不拘常规、依据实情,出奇制胜,是我们能够看到的韩信的用兵之诀。

良鸟栖木,不辞汉臣

韩信收服数国,吞尽北土,他向刘邦请得齐王之位,拥兵几十万,军威天下,一时成了"为汉则汉胜，与楚则楚胜"、影响天下政局的关键人物。身在荥阳战场的项羽在龙且被杀后深深感到了来自北方的威胁，他派盱眙人武涉前往齐地、向韩信诉说故旧交情，说服韩信脱离刘邦。

韩信是淮阴（今江苏省淮阴西南）人，年少时家贫、父母早亡，生活艰难，经常流浪乞食，遭人白眼。前209年项梁渡江而西，军过淮河时，韩信仗剑相投，居其麾下，无所知名，项梁死后，他又归属项羽，被任为负责警卫工作的郎中，他多次向项羽献策，未被采纳。刘邦自关中入蜀时，他投奔汉军，被任为连敖，负责接待宾客诸事，先后受到滕公夏侯婴、丞相萧何的器重，被萧何推荐给刘邦，前206年被刘邦在汉中拜为大将。

韩信从关中投汉到被刘邦任用的不到一年间，也并非一帆风顺，而是经历了异常的挫折艰难。他为连敖时，同一伙人犯法当斩，同案的十三人都已被杀，轮到韩信，他目光仰视，看到滕公夏侯婴，说："汉王不想得到天下吗？为什么要斩杀壮士？"夏侯婴因感到此言不同凡响，又见其人相貌威武，释放了他，与其交谈，十分高兴，就向刘邦作了推荐，韩信即被任为治粟都尉，管理粮饷。其间他结识了丞相萧何，与其交谈，深得赏识。

汉军自关中进入南郑（今汉中市），半路上逃跑的将军已有几十人。韩信估计萧何已向刘邦推荐了自己，刘邦无意重用，于是就逃走了。萧何听说此事，来不及报告，急忙追赶，过了一两天，萧何追回了韩信，拜见刘邦，告诉他说："大王如欲长在汉中称王，就用不上韩信；如果要争夺天下，就非任用韩信不可。"在萧何的全力推荐下，刘邦决定任韩信为大将。鉴于刘邦平时待人轻慢。这次拜用大将与前大不相同，选择了吉祥的日子，沐浴斋戒，设置坛场，准备了隆重的仪式。汉军诸将领听说要选拜大将，都很高兴，人人都以为自己要做大将，等到任命时，竟是韩信，全军震惊。

大将被将军更高一级，在有些军队中具有统帅将军的职能。韩信被拜为大将军后，才真正开始了他率将统兵、战胜攻取的军事活动，他的人生由此发生了根本的转折。龙驾长云，虎啸山风，三、四年间，韩信即成了横扫北土、军威天下、令人惊恐的人物。

武涉奉项羽之命，前往齐地说服韩信，他首先向韩信说明楚汉相争的责任在刘邦，是刘邦不满足于自己的封土，侵夺别人土地，得到了关中，又想吞尽天下，是一个极不知足的人。其次，武涉向韩信谈及刘邦的人品，说刘邦几次落入项羽之手,项羽怜悯他而放掉,但一脱身他就背弃盟约,进攻项王,可见他是一个言而无信、不可依靠之人。再次,武涉告诉韩信,刘邦现在之所以看重你韩信,是因为项羽尚存,你韩信现在有"右投则汉王胜,左投则项王胜"的势力,你以为和刘邦交情深,为他尽力用兵,但如果项羽亡,刘邦接下来就要消灭你,你必会被他擒拿。最后,武涉提到韩信与项羽的一段往日交情,劝他反汉联楚,三分天下,独立地建国称王,做一个清醒的智者。

武涉的说辞很有煽动性,他站在局外人的立场上作分析,确也揭示了一些真情和事理。从韩信个人的角度着想,依附刘邦不会有多大益处;而消灭了项羽,兔死狗烹的结局必然在等待着他。韩信未必要反叛刘邦,但存项羽以巩固齐地,肯定会是他较好的选择。然而韩信在大处是一个感情型的人物,他对武涉辞谢说:"我臣事项王,官不过郎中,位不过执戟守卫,进言不听,献策不用,所以离楚而归汉。汉王授我上将军印,交给我数万军队,脱下衣服让我穿,分来食物让我吃,言听计从,因此我才会有今天。对这样深深亲信的人,我背叛了会不吉祥。我的心意宁死不变,希望替我回谢项王。"韩信表明了自己的心迹,明确拒绝了武涉的游说。

范阳辩士蒯彻曾劝韩信在郦生说齐后继续进军,于是才有韩信对齐、楚的胜利和后来的齐王之封。他见韩信成了影响天下局势的关键人物,以为自己与韩信颇有交情,想以奇策打动韩信,前去对韩信说,他曾学过相人之术。韩信问他如何相人,蒯彻回答说:"贵贱在于骨法,忧喜在于容色,成败在于决断,以此参验,万不失一。"韩信让为自己看相,蒯彻看后回答说:"相君之面,不过封侯,且险而不安;相君之背,贵不可言。"蒯彻在这里用"面"、"背"等双关语词,是借助神秘方式,隐晦地劝韩信不要依附别人,让他背叛刘邦。韩信大概没有理解,要求作具体说明,蒯彻借此发挥了大篇议论,着重分析天下形势和齐王韩信应有的使命选择,大意是说,楚汉争战,相持于荥阳三年,结果两败俱伤,天下百姓遭受涂炭,怨恨已极。形势需要安定天下的贤圣来平息祸乱。他建议韩信三分天下,鼎足而立,凭借北方势力牵制楚汉,承担起平息祸乱、为民请命的责任,并争取德怀天下,臣服诸侯。蒯彻应用当时流传的谚语:"天与弗取,反受其咎;时至不行,反受其殃。"希望韩信深切考虑。听了上述长篇大论,韩信回答说:"汉王对待我非常优厚,让我乘他的车,穿他的衣、吃他的饭。我听说,乘人之车者载人之患,衣人之衣者怀人之忧,食人之食者死人之事。我怎么能图谋私利而背弃恩义呢?"

见韩信难以用道理说通,总以个人交情相辞,蒯彻向他举了两个例子,一是张耳与陈馀,开始为刎颈之交,后来反目为仇,互相仇杀;二是文种与越王勾践,兔死狗烹,功成身死。他劝韩信深以为鉴,不要相信与汉王的交情和效忠之功。他提醒韩信:"勇略震主者身危,功盖天下者不赏。您的功劳天下无双,军事谋略世上少有,现在已是拥震主之威,挟不赏之功。归楚则楚人不信,归汉则汉人震恐,还能到哪里去安身呢? 您声望高过任何人,若依附别人,那就处人臣之位而有震主之威,实在是很危险的。"韩信让蒯彻先离开,答应考虑此事。

过了几天,蒯彻又去见韩信,他劝告韩信,如果一心瞅着小事,必会疏于大的盘算;认为事情明白了而不敢去行动,是百事之祸;并催促说:"功者难成而易败,时者难得而易失。"劝韩信抓住时机、立刻行动。韩信还是不忍背汉,最终谢绝了蒯彻。

在天下政局即将突变的前夕,武涉、蒯彻分别去游说韩信这一关键人物,他们分析事理和人理,抒发长篇议论,引据历史事实;既有对天下百姓的关爱,又有对韩信个人命运的考虑。古训、谚语、相术、交情都成了说服的手段。目的只有一个,希望韩信挟北方之重,脱离汉王,三分天下。武涉说服的动机大半在于保存项羽,蒯彻可能更多的是为制止楚汉恶战、防止刘邦一统,也是为了韩信的个人安危考虑。韩信拿不出什么反驳的道理,每每以个人交情的理由相辞绝。刘邦解衣让他穿,推食让他吃,划拨军队让他带领,在韩信看来,这就是一种无上的赐予。这位饱受贫困、长期为衣食煎熬的贫家子弟,对衣食之予始终是刻骨铭心的;同时,这位胸怀大志,多年不得伸张的奇士,把给自己提供了事业舞台的人视为人生至交和终身之主。贫穷者易足,功名者易使。韩信辞谢武、蒯的作为应验了这一点,也再次证明了这一点。人们总是善于抓住对他自己来之不易的东西。韩信的选择无疑是由他人生经历所形成的个人心性决定的。

前203年夏,楚汉以鸿沟划界,讲和罢兵,刘邦乘项羽退兵时追至固陵袭击,战而不胜。他把陈县以东至海滨的大片土地划给韩信,要求韩信前来会战。韩信率齐国几十万大军南下,与彭越、英布、刘贾、楚降将周殷等,会同刘邦之军,把项羽的十万军队包围于垓下。在正面战场,韩信统三十万军队担任主攻,他的部将孔熙、费将军陈贺担任左右两翼,这为第一线;刘邦军队为第二线;周勃、柴武的军队为第三线。战斗开始后,韩信佯败,项羽追击,孔熙、陈贺从两侧出击,楚军不利,韩信回军复战,大败楚军。第二、三线的部队尚未参战,楚军便被击垮。项羽晚上在营帐听到四面楚歌,丧失了再战的信心,他泪别虞姬,率骑突围,未过江东,在乌江岸边自刎。

韩信拒绝了武涉和蒯彻的游说,最终未动摇他为汉立功的决心。他为刘邦消灭了最大的敌人,结束了楚汉战争,从而把整个天下奉送给刘邦,作为对知遇之恩的回报。

贫中恩怨,功成图报

贫穷的少年生活对韩信一生的影响实在太大了。因为贫穷,他饱受过别人的白眼与欺辱,也受到过他人的施舍,这一切,对自视甚高的韩信都形成强烈刺激。他自己一无所有,对这些恩怨寻求图报的唯一途径只能是猎取功名,对贫贱恩怨的图报心因而升华为强烈的功名心。因贫穷而敏感于恩怨,因恩怨而寻求图报,因图报而追求功名,构成韩信人生成长的基本思想轨迹。

韩信在家乡淮阴时因为贫穷和缺乏人们认可的品行,不能被推选做官,又不会做买卖谋生,常依靠他人寄食,人们大多厌烦他。他曾多次在本地一个乡上的南昌亭长家吃饭,一连数月,亭长的妻子嫌恶了。有天早上,妇人清早做好饭,端到床上吃掉。开饭时间韩信前往,没有准备好的饭食,韩信也明白其中的意思,很生气,最后断绝了和他们的关系。

韩信在城下水中钓鱼,有几位老妇人在旁漂洗衣物,其中一位大娘见韩信饥饿,送给他饭吃,一连几十天都是这样。韩信高兴地对她说:"我一定会重重地报答大娘。"这位妇人怨怒说:"大丈夫不能养活自己,我怜悯你公子才给饭,难道希望报答?"

淮阴一个做屠夫的年轻人欺侮韩信说:"你虽个头高大,喜带刀剑,但内心胆怯。你真的不怕死,就刺我;如果怕死,就从我胯下爬过去。"韩信仔细地打量了对方,当着众人的面伏地爬出胯下,引来满街市的嘲笑,大家都以为他胆怯怕事。

人们至今不能知道为什么韩信在年轻时常常沦落到无饭可吃的地步,是他不屑于做工糊口呢,还是他连做买卖以外的日常生存能力也不具备?人们也无法知道,当受到年轻屠夫当众侮辱时,是什么原因决定了韩信不能采取回避的方式,而必须在屠夫设定的"两不可"中做出选择?但从这些信息中,能看到他在家乡生活的艰难和舆论评价的低下。然而,人们从中也不难发现如下较奇特的地方:

其一,他身材高大,相貌惹人。喜好挑战为胜的屠夫把他作为征服的对象以作炫耀。不能没有他外表强壮的原因。后来项羽让他执戟守卫,汉将夏侯婴对他行刑时"壮其貌,释而不斩"亦是其相貌威武的明证。

其二,他喜欢佩带刀剑,对用兵作战有着比对商贾谋生更为浓厚的兴趣。虽然生活艰难,衣食无着,但刀剑却是他必带之物。年轻屠夫就是这样看他的;他投军项梁时也正是"仗剑从之";在楚军常向项羽献策,一生熟知兵法,都佐证了他少年时的兴趣与爱好。

其三,韩信虽在贫贱之中,但对自己有着高度的预期和自信。这种自信在对洗衣大娘的报答之诺中已经显露,为人所知。另据史家司马迁讲,他到了淮阴,当地人对他说,韩信在家乡为平民时,其志就与众不同。他母亲死后,家贫无法安葬,然而他寻找到高大宽敞的坟地,使坟旁能安置万户人家。司马迁亲自去看了韩信母亲的坟墓,果然是这样。在韩信的心目中,自己的贫贱是暂时的,只要自身才能得到发挥,必然会干出震惊天下、猎取侯王、光宗耀祖、世代受祭的大事业。他把母亲安葬于宽敞之地,实际是为后世的大规模祭祀准备了场所,他对自己一生获取功名看来有所准备,毫不怀疑。这也恐怕是他对年轻屠夫能屈辱忍让的原因。

其四,高度自信的青年韩信有着强烈的图报心理,这些都是他内心的秘密,他高兴之下对漂洗大娘吐露了心迹,可惜这位妇人当时未能理解和接受。他在南昌亭长家里吃饭,正是同样心存"必有以重报"的想法,才会心安理得地寄食数月,可惜这一依附被不能理解其心迹的亭长之妻所中断。韩信从军后离楚归汉,到了南郑后又以治粟都尉的身份私自逃亡,是因为无所重用的环境虽然衣食无忧,但却使他难取功名,从而阻塞了他的图报路径。当刘邦拜他为大将时,他的人生才闪亮出了光辉的前景。

韩信于前209年底离乡从军,前206年为汉军大将,前202年以齐王身份在垓下击破楚军,刘邦改封他为楚王,定都下邳。不到七年的时间,韩信从一位受人欺侮的流浪公子一变而成为威震家乡的诸侯,功名到手,祖宗光耀,达到了人生辉煌的极点。

韩信就国后,招来那位漂洗的大娘,赐以千金。又找到南昌亭长,送以百钱,告诉他:"你是位小人,做好事有始无终。"韩信还招来淮阴街市上的那位屠夫,任命为楚国中尉,让负责巡城,捕盗等治安工作。他告诉楚国将相们说:"这是位壮士。当年侮辱我时,我难道不能杀死他吗?但杀他没有意义,所以忍了下来,才争取到今天的成就。"

韩信做了楚王,首先想到和所做的是对贫中恩怨的回报,这曾是他长期追求功名的动力,也是他所认定的人生成功的展现。他的回报明显有以德报怨的成分,但这正是大人物心境的展现和特殊的回报方式。韩信功成名就,了却恩怨,人生追求和个人心理至此得到了充分满足。

饱经艰难坎坷的韩信始终没有忘记,是刘邦为自己提供了成就功名的机会,按照他知恩图报的一贯心性和对刘邦心意的理解,他回报刘邦的唯一方式只能是战场胜敌,建功立业。武涉和蒯彻纵然有一百条理由劝说韩信脱汉自立,但改变不了韩信的固有心性和对刘邦刻骨铭心的感激,一切说服都没有用处。这位无双的军事奇才不用字号,以"信"为名,含有自信、信用之意,正是他对自己人格设定的特殊标记。

汉军集团的核心人物们对韩信的心性是有所了解的。如萧何在汉中追回韩信,向刘邦极力推荐时,刘邦起先对萧何决定说:"看在你的面上,封他为将军。"萧何坚持说:"封为将军,韩信一定不会留下来。"直到刘邦决定封其为大将,且准备仪式以礼相拜,萧何方才认可,因为萧何明白将军之位不足以打动韩信,他知道韩信的才能和自我期许的程度。刘邦追袭项羽于固陵,约会齐王韩信而未至,张良建议将陈县以东至沿海之地封给韩信,吸引其来会战。他对刘邦说:"韩信的家在楚国,他的心意是要得到家乡的封地。"张良掌握了韩信衣锦还乡、光耀故里、威报恩怨的心理需要,果然方剂对症,齐军骤至。刘邦曾对韩信拜将、付军和连续升爵,也正是对其于"兴奋点"投资的方式。刘邦看准了韩信的功名之"穴"而不断刺激,使韩信在心理满足中为自己建树奇功,韩信也在为刘邦横扫群敌中实现了自己人生的追求,他们在对楚战争中达到了合作双赢的极值。

多智立身,除危扶汉的陈平

陈平是汉军中几与张良相并列的谋士。他是阳武县(今河南原阳县)人,家在户牖乡(今河南兰考县东北)。陈胜反秦时,其部将周市攻下魏地,立魏咎为王,陈平与一伙年轻人赶往临济,奔投魏咎,被任为太仆(管理车马的官)。他向魏咎献策,不被信用,于是投奔项羽,跟随项羽入关破秦。被赐卿爵,不久立功被拜为都尉,后来因殷王司马印降汉一事受到牵连和追究,他惧而逃亡,在武修(今河南获嘉县)投归刘邦,不断受到重用,从汉都尉一直升任丞相。陈平以自己的聪明和智慧扶持了汉军,使刘邦在多次危难中免于厄运,死里逃生,他是西汉立国不可缺少的功臣。

品行受非,谗言难毁

陈平在武修投奔汉军,通过刘邦的近臣魏无知求见刘邦,刘邦一并召见了陈平等七人,赐予酒食,说:"吃罢饭,就去客舍。"陈平说:"我为要事而来,所说的话不能过了今天。"刘邦与其交谈,非常喜欢,因而问道:"你在楚军担任什么官职?"当知道他为楚军都尉时,当即任他为汉军都尉,并让他做自己的骖乘,并典护军。都尉是比将军略低的武官,骖乘为车主的陪乘与护卫,护军的职责是监督和协调各将领的行动。陈平初见刘邦,不仅获得了与在楚军中同样的都尉之职,而且一下子成了君王的身边近臣,且负监督诸将之责。他的才华一开始就得到了刘邦的高度赏识。

陈平被任用后,汉军众将喧哗起来,大家说:"大王当天得到了楚军的逃兵,不知他的深浅,就与同车相坐,反而让他监督我们老资历的将领!"刘邦听说后不为所动,更加亲信陈平,与他东击楚军,到达彭城,兵败退还荥阳后,任其为亚将,陈平成了次于主将的将领。

　　周勃，灌婴等汉军故旧部属对刘邦说："陈平是个美男子，就像头冠上的美玉，只能做装饰，腹中未必有货。我们听说陈平过去在家里时，就与他的嫂子私通；事奉魏王，与人不和，投奔楚军；到楚军又不中意，逃来降汉。大王器重他封给官职，让监督诸将领，听说他接受将领们的金钱，送钱多的人得到好处。这是个反复多变的乱臣，请大王审察。"周勃等人的言论除对陈平的实际才能表示怀疑外，着重于对其品行的诋毁，一是说他有背人伦之礼；二是说他仕主不终，反复无常；三是说他利用职权受贿营私。在人们特别看重忠臣不二和男女之防等传统伦理的社会，对于初来汉军、不为人识的陈平，这些诋毁可谓击中死穴、刀刀滴血。事实上，陈平的哥哥陈伯曾为弟弟而逐妻，个中原因全属局外人的猜测；陈平自魏投楚，又仕楚归汉，这是已有的事实；任职受贿之事亦非空穴来风。陈平初来乍到，却被任要职，后来居上，本来就招致了不少的嫉妒，他身为刘邦近臣，大概我行我素，忽视了对一批故旧之臣的热捧与附和，终于被嫉妒者揪住了辫子，新账老账一起算。陈平的个人命运在此受到了严峻的考验。

　　刘邦听到周勃等人的言论后，心中疑惑不定，他招来引荐人魏无知，加以责问。魏无知回答说："我推举的是陈平的才能，陛下所问的是他的品行。假如有像尾生、孝已那样良好品行的人，而对战争的胜负起不到作用，您有闲工夫任用他吗？现今楚汉相持，臣推举奇谋之事，考虑的是他的计谋是否有利于国家，至于盗嫂受金又何必疑虑的。"刘邦是放心不下陈平的品行而询问魏无知，魏无知对陈平的品行未置可否，但却提出了一种独特的用人观。他认为战争时期的用人应该着眼于他的才能。只要有才者能为我所用，其个人品行是无足考虑的。历史传说中，战国时的鲁人尾生，与一女子约会于桥下，女子未来，河水上涨，他仍不离去，抱住桥柱被淹死，以坚守信约而知名。孝已是商高宗武丁的儿子，以孝顺知名。魏无知举此两人为例，是要说明品行不应是战时用人的尺度。传统的用人观主张德才兼备，甚而更看重德行的方面。魏无知实际上回避了刘邦的询问，转而阐述了一种切合眼前实际、突破传统、独树一帜的新型用人观。这一思想被后来三国时代的曹操发扬光大，曹操在公元210年的《求贤令》中表示："若必廉士而后可用，则齐桓其何以霸世！今天下得无有被褐怀玉而钓于渭滨者乎？又得无盗嫂受金而未遇无知者乎？"其中明确肯定了魏无知对陈平的荐举，公开表明了不计品行、唯才是举的用人观。

　　刘邦当时可能并未完全认可魏无知提出的新观念，他又招来陈平，隐去私通家嫂一事,就事奉三主和收受金钱两事相责问。陈平回答说:"我事奉魏王,魏王不能采纳我的建议,所以改事项王;项王所信用的都是项氏本家和妻之兄弟,即使奇谋之士也得不到重用,我因此离开楚军。听说汉王能够用人,故来归降。我赤身而来,不接受金钱就没有费用。如果我的计策有可取的您就采用,如果没有可采用的,所收的金钱都还在,请封存起来送交官府,我请求辞职。"

陈平并没有否认自己事奉魏、楚和收受金钱之事,而是出乎意料地承认,对刘邦表明了胸无所藏、心无所愧的坦荡。他在说明事奉三主一事时,公开表明了"贤臣择主而仕"的观念,说明自己以是否受人信用为择主的原则,暗衬出自己不是止为衣食所谋、会随便以身许主的庸碌之辈,也透露出了对刘邦的最终依附。事实也是,陈平在正受秦军围攻的临济投奔魏咎,不乏一片赤心,陈平献出的计策非但未被魏咎采纳,反而招致人们的谗言,心高气傲的陈平不得不离魏而去。在项羽的楚军中,陈平曾受命率魏军在楚国的旧部,以少量兵力击降了背楚联汉的殷王司马卬,被项羽拜为都尉,并受赐重金,说明功劳不小,但不久司马卬在刘邦出关东进的攻势下兵败附汉,项羽一怒之下,准备诛杀先前平定殷王的将吏,陈平无端受到追究,他大概早已不满于项羽的用人方式,见自己被人怀疑,性命难保,于是封裹了所受的黄金和印信,派人送还项羽,只身逃走。陈平先前在鸿门宴上与刘邦有过一面之交,当时刘邦借口如厕,离席出逃,陈平曾受项羽之派外出寻召。在楚汉争战的大势下,他离楚投汉,不是没有原因。总之,事奉三主,跳槽两次,对于陈平事出有因,也是一位才志贤士迫不得已的选择。

在说明收受金钱一事时,他充满了对自己所献计谋的高度自信,认为自己将计谋献于汉军,在需要金钱之时得到金钱,受之无愧。陈平受金的途径自然是不正当的,也许是当时的人们逢事情只考虑结果而不计较途径,或者是两人疏忽了这一问题,刘邦竟然认可了陈平的行为。陈平在对两件事情的说明中以自己的才能为立足点,这曾是他敢于反传统行事的基点,也是刘邦对他破格任用的基点。他的说明和魏无知的新观念在本质上不谋而合、毫无二致,使刘邦听后大受感悟。

刘邦本是要责问陈平的,听了陈平的表白,他当面道歉,送给丰厚的赏赐,拜为护军中尉,爵位升高,监督所有将领,将领们再也不敢说什么了。陈平以他的才能立身行事,在受到众人诋毁的关键时刻,又以自己的才能销蚀谗言,出色地保护了自己。

屡出奇计,智克厄难

陈平归汉当在刘邦还定三秦,出关与项羽开始争战的前205年。不久经历了彭城之败,汉军在荥阳相持的形势处于明显的下风,刘邦常常被困孤城,性命不保,依靠陈平的出奇计策,刘邦数度脱身而逃。

前204年,刘邦被项羽围困在荥阳,断了运粮通道,难以久持,他请求双方以荥阳为界,罢兵讲和,项羽准备答应,楚军谋士范增力劝项羽围城急攻。为了除掉范增,陈平向刘邦献了一计:项羽派使者入城,刘邦准备了丰厚的食物招待,等见到使者后,佯装惊异地说:"我以为是范增派来的使者,却原来是项王的使者。"让人撤走菜肴,换上了粗劣的食物。项羽听到使者报告的这一情况,对范增大起疑心,对其急攻荥阳的建议也不再听从。范增见项羽怀疑自己,怒而离去,病死于回彭城的途中。项羽身边唯一的谋士就这样被轻易除掉。这一计策是在国人十分看重的食物和礼节上搞差别、做文章,佯以不经意的方式透露给项羽一个毫无根据的事情:范增私与汉军联系,且关系紧密。利用项羽的多疑,巧使反间,使力主攻城的范增在无所知觉中受到怀疑和疏远。

陈平认为,项羽身边的忠直之臣除范增外,只有钟离眛、殷周、龙且等数人,他建议刘邦拿出数万斤黄金施行反间。刘邦给了陈平四万斤黄金,让他任意使用,不过问如何支出。陈平以大量黄金向楚军派出间谍,宣扬说钟离眛等将领为项王立有大功,但不能封地为王,他们想要联络汉军,消灭项王、分地称王。项羽果然怀疑钟离眛等人,不再信用他们。陈平凭借刘邦对他的信任支持和他对楚军内部关系的了解,以重金收买间谍,散布极有针对性的言论,收到了分化瓦解、削弱楚军的效果。刘邦花掉数万黄金,代价的确不小,但在生死攸关的战场上,能以重金削弱敌人的强势力量,实现保护自己的目的,也是非常划算的。

在项羽围困荥阳,情况危急的关键时刻,陈平再出一计,他让将军纪信装扮成刘邦,坐着汉王的黄屋车,晚上带着二千多披铠戴甲的妇女出东门,诈称投降。围城的楚军高呼万岁,皆来东门观看,刘邦则带着陈平等几十名随从乘机从西门逃出。他们摆脱楚军,进入关中,收集散兵后又重新出战。面对城破被俘的危机,陈平舍城保帅,他利用楚军对胜利的预期心理佯顺其意,扮假诈敌,为刘邦创造西门突围的机会。这一计策实在是为已经山穷水尽的刘邦设计出了柳暗花明的脱生之路。

前203年,韩信攻破齐国,派人到荥阳前线请求刘邦封他为假齐王,以便他镇抚齐国。刘邦方受困于荥阳,见韩信之请怒而大骂,陈平与张良暗中踩刘邦的脚,附耳相告,刘邦醒悟,厚待齐使,当即封韩信为真齐王。陈平认为,在汉军战场不利的情况下,并不能真正地禁止韩信称王,韩信既然有名号之请,不如顺其心愿,益发作个人情,使他为汉守齐,不致生变。刘邦采用此策,最终稳定和拉拢了韩信,为汉军胜楚争取到了一股极重要的力量。前201年,楚王韩信与刘邦的关系发生了微妙变化,汉军准备征讨又恐不能取胜,陈平又向刘邦献了伪游云梦之计,解决了问题。

前200年,刘邦率三十万汉军征讨匈奴,因情报失误,进军至平城(今山西省大同市东北),被匈奴四十万铁骑包围,七天得不到食物,十分危险。陈平向刘邦献出密计,他让画工画下美女,派使者送给匈奴单于的阏氏(匈奴王后),对她说:"汉有美女如此,今皇帝困急,欲献之。"阏氏怕其夺己之宠,急劝单于解围。陈平此计是空中指花,挑起阏氏的忌妒心,把匈奴单于的后宫矛盾用来服务于自己的战争目的,充满着奇妙的想象。刘邦平城突围后,感激陈平,改封其为曲逆侯,地在今河北完县东南。

陈平后来还以护军中尉身份随从刘邦平息陈豨和英布的反叛。史传他六出奇计,六次增封,又说"奇计或颇秘,世莫能闻。"陈平献给刘邦的计策有些没有被记载流传下来,人们知道的并不是全部。作为护军中尉,他事实上始终是刘邦险难中的救星。

陈平先前在离楚投汉的途中,只身一人自小道持剑而逃,过河时,划船的人见他一表人才,又单身独行,怀疑他是逃亡的将领,认定他腰中藏有金玉宝器,以目注视,想要杀掉他。陈平惧中生计,他脱掉衣服,赤身帮助撑船,船夫见他一无所有,才没有动手。在这里,他因自己的外表和装束而被误作持金之人,性命受到威胁,身在船上,没有自卫成功的保证;向对方说明自己身上无金,会让对方感到有"此地无银"之嫌,并且会有恶心被窥、无地自容的恼怒,绝不会有好的后果。机智的陈平佯装撑船,脱掉衣服让对方观看,使对方自己得出客身无金的结论,免掉了一场性命之灾。为撑船而脱衣顺理成章,船夫由此知道了陈平无金的事实,又无恶心被窥的恼羞,且陈平撑船表面上有对自己的急渡之利,又有帮助船夫之功,可谓天衣无缝地化解了恶斗。陈平的计谋既解汉军之困,又免自身厄难。

陈平曾说过:"我多于诡秘的计谋,这是道家所禁忌的。"的确,《老子》一书中提出:"智慧出,有大伪",认为智慧是产生奸诈的原因,因而提倡"绝圣弃智"。(分别见第十八、第十九章)陈平年轻时就喜好道家学说,但却走上了以智立身的道路,他因此而认为自己会积下阴祸,后世不得长久。无论如何,他的许多计谋曾经"救纷纠之难,振国家之患。"(司马迁语)对汉朝的立国做出了重要的贡献。

屈伸自得,功成持贵

喜好黄老之术的陈平深通人生的屈伸之道,他屈能持志,贵不失柔。

陈平年少时家贫,却喜好读书。家里有三十亩田地,与他的哥哥陈伯一起生活。陈伯自己耕种,听任陈平外出游学。陈平长得身材魁梧、仪表堂堂。有个人戏问说:"你家里贫穷,吃什么长得这样胖?"他的嫂子恼恨其不居家劳动,回应说:"也不过是吃糠罢了。有这样的叔子,不如没有。"陈伯听到此话,就赶走了妻子。

贫而好学,不失求进之心,是有志的表现。陈伯看到了弟弟的非凡之志,给予了游学上的大力支持,他宁肯抛弃妻子,也愿承担供养的义务,表现了对陈平少年之志的无限信任和对他未来前途的高度信心。

陈平的嫂嫂因为陈平不居家生产,口出不恭之言,至少可见两人没有稍微亲密的关系。但陈伯因弟而逐妻,家庭的破裂被好事之人所猜测、渲染,竟变成了叔嫂私通的无稽之谈。汉将周勃捕风捉影、搜罗其事,说给刘邦,作为诋毁陈平的事例。刘邦责问陈平时对此又避而不谈,使陈平失去了一次自我表白的机会,因而可能被有些人信以为真。偏偏曹操在说明有才无德者可用的观点时,信手用了陈平此例,使陈平又一次蒙上了不白之冤。其实从信史看,陈平居家时勤于游学交友,"其意(志向)固已远矣。"(司马迁之语)尚不是溺于女色、不顾伦理和礼仪的无聊之徒。

陈平到了娶妻的年龄时,富家女不愿嫁给他,贫家女他不愿要。当地有一富人叫张负,他的孙女五次嫁人都死了丈夫,没有人敢娶她,陈平愿意得到她。

张负在村里一家的侍丧活动中见到了陈平,对其印象很好,他跟随陈平到他家,见其居于偏僻小巷,用破烂席子作门,但门外有很多显贵者行车的轮迹,他回家对儿子说:陈平如此交游好进,不会长久贫贱。于是借给他聘礼和娶亲的费用,把孙女嫁给了他。陈平娶了张家之女后,费用宽裕,交游益广。

村里祭祀社神,陈平主持分配祭肉,分得非常均匀。村中父老们说:"陈家小子肉分得很好!"陈平说:"如果让我主宰天下,会做得同样很好!"

年轻时的陈平家里贫穷,他难于娶妻,为人侍丧,家里看上去破败不堪,但他好读书,喜交游,结交非凡、意在天下,深得长者的好评,也为有眼光的老者所看好。

汉朝立国,陈平有不世之功,取得了极其尊贵的地位,但他以虚待盈、以柔持贵,在汉初的政局多变之期竟然得以善终,实现了人生的最后成功。

开国之初刘邦重赏陈平时,陈平认为自己无功,固辞不受,刘邦说:"我采用先生的计谋,战胜克敌,难道不是功劳吗?"陈平回答:"若非魏无知,我怎么能进见呢?"刘邦说:"你先生可说是不忘本之人。"又厚赏了魏无知。陈平在这里以谦逊的方式辞让重赏,报答了魏无知,又表现了自己虚怀若谷的胸怀和功不忘本的美德。

前 195 年,刘邦病重。有人向刘邦报告说,樊哙勾结吕氏之党,皇帝一旦逝世,他就会把戚夫人和赵王如意全部杀光。戚夫人是刘邦最宠爱的姬妾,其子如意深得刘邦之心,几乎得到太子之位,刘邦最终放心不下的正是这母子两人的安全。听到此言,刘邦大怒,他让陈平车载周勃,急速赶到燕地樊哙之军,立斩樊哙之头,留周勃代樊哙领兵。樊哙是吕雉妹妹吕媭的丈夫,又是刘邦的故旧心腹。陈平在路上计议,认为以樊哙的亲贵地位,刘邦怒而欲斩,事后恐怕会后悔。于是至燕地宣诏后槛载樊哙,决定送往长安,交给刘邦自己处理。陈平未到长安,刘邦即已去世,吕雉则释放了樊哙,恢复了其爵邑。

陈平奉诏去斩樊哙,按刘邦的要求应该立斩其于军中,持头来见,但陈平有所顾虑。他既怕刘邦后悔,尤其未能明示的一点,是怕吕氏事后报复;但皇帝的诏令不能违背,于是他想出了槛载樊哙,送交刘邦自行处理的变通之法,把斩杀樊哙的执行权送交刘邦,自己则从矛盾旋涡中跳了出来,成了旁观之人。陈平对刘邦的病情发展大概有所预料,他宁可稍违刘邦之意,也不愿得罪吕氏,开始表现了对朝中强势的回避和柔顺。

尽管陈平违诏保护了樊哙，但吕媭还是在太后面前不断地谗毁陈平。陈平畏惧受谗，在刘邦死后向掌权的吕雉坚决要求值宿宫廷、担任警卫，他主动把自己置于吕氏的眼皮之下，要求做一些低下的工作，作为堵谗之方，吕雉安排他为郎中令，主管皇帝的侍从警卫，并让他傅教新上台的皇帝刘盈，不久升任丞相。

前188年，刘盈病逝，吕后于次年行施皇帝权力，她想立吕氏之人为王，征求大臣意见。右丞相王陵说："高皇帝曾与大臣盟誓：'非刘氏而王，天下共击之。'不能违背盟约。"当问到陈平时，他回答说："当年高皇帝平定天下，封自己的子弟为王；现今太后称制，封自己的兄弟为王，没有什么不可以。"吕后听了很高兴，不久即拜王陵为帝太傅，罢了他的相位，以陈平为右丞相。从后来的事实看，陈平支持吕后封吕氏为王，完全是一种保护自己、以曲求伸的策略。当时王陵私下指责陈平不守高帝盟约，陈平就曾回答说："于今面折廷争，我不如您；将来保全社稷、安定刘氏天下，恐怕您不如我。"八年之后，吕雉病死，陈平即与周勃合谋，以计夺得兵权，诛灭吕氏，迎立代王刘恒为帝，使西汉进入了一个稳定发展的时期。

陈平在吕后称制期间为右丞相时，吕媭多次谗毁说："陈平身为丞相，不理政事，每天只痛饮美酒、玩弄妇女。"陈平听说后，更加饮酒作乐。吕雉得知此事，私下暗喜。她有次当着吕媭的面对陈平讲："俗话说'小孩儿和妇女说的话不可信'，只看您对我如何就行，不要怕吕媭说坏话。"在这里，为什么听到吕媭的谗言，陈平反而加倍饮乐，最后竟还使吕雉更为窃喜？原来吕雉称制后，一心想张吕氏之势，她唯望刘邦时的老臣虚职放手，不理政事，好让吕氏执事揽权。陈平看准了吕雉的心思，他放弃朝政，溺于酒色，做出胸无大志、满于现状、无所作为的样子，实在是一种韬光养晦的自保之术。陈平是精于黄老之术的高手，他识透了吕雉，瞒过了吕雉，使自己免于吕氏之祸，为后来除掉吕氏保存了力量。

汉文帝刘恒于前179年登基后，陈平称病请假，刘恒觉得奇怪，加以追问。陈平说："高帝时，周勃的功劳不如我；诛灭诸吕时，我的功劳不如周勃，我愿把右丞相之位让给周勃。"刘恒于是任命周勃为右丞相，位次第一，调任陈平为左丞相，位次第二。赐给陈平黄金千金，加封食邑三千户。

不久，刘恒已经更加熟悉国家大事了，有次在朝上问周勃说："天下一年审多少案件？"周勃说不知道。刘恒又问："天下一年钱粮收支多少？"周勃又不知道,他汗流沾背,深感惭愧。刘恒又问陈平,陈平回答:"陛下若要知审案,请问廷尉;若要知钱数,就问治粟内史。各部门都有主管的人。"刘恒问:"如果各部门都有主管的人,那你们丞相主管什么事呢?"陈平回答说:"主管群臣!作为宰相,上佐天子理阴阳,顺四时,下育万物适时生长,对外镇抚四夷诸侯,对内亲附百姓,使卿大夫各得履行其职。"刘恒听后深表赞赏。陈平的对答并非事前准备,但却非常精彩。其中表达了一个管理层次问题。世界上任何人的所知都不可能是无限的,在国家管理的大系统中,每个官员都只能在一定位置上担任相应的职能,宰相的特殊性仅仅在于其为高层管理、宏观管理,而绝不是全能管理。陈平在具体事情上并不比周勃知道得为多,但他明白管理层次的问题,明白宰相的职责范围及其管理界限,因而比周勃高明。

周勃这次在朝堂上丢了面子,退朝后埋怨陈平平常没有教给他如何对答,陈平笑问道:"您身居相位,难道不知道丞相的职责吗?如果陛下询问长安城中盗贼的数目,您也要勉强回答吗?"周勃感到自己的才能和陈平差得很远,不久就借口生病,请求免相,陈平于是担任了全权丞相。

诛灭吕氏后在和周勃的位次排比上,陈平主动把尊位让给对方。周勃在诛吕中立有大功,对位次排前当仁不让,刘恒也认可了以功排位的做法,这恐怕都是陈平甘退次位的原因。陈平出让尊位,把周勃和刘恒想做的事情主动提出来,避免了两争相伤,也表现了自己推举功臣、甘居人后的美德,他为此得到了不小的赏赐。然而,行伍出身的周勃在右相之位上必定是不合适的,他于何事上出错受窘纯粹是偶然的、无所谓的,但他不能履行职责、难称君意却是必然的。把周勃推到尊位上,让他暴露自己的缺短,最终受窘弃位,正是陈平予取先与、后发制人的玄机所在。

陈平任全权丞相的次年病逝于任上,时为前178年。司马迁认为陈平在吕后称制的多事之秋能自免于祸、安定汉室,能够善始善终地保持尊贵,荣耀终身,没有智慧和谋略是难以做到的。陈平穷不失志,贵时持柔,深通盈虚变化和屈伸之理,始终以多智立身,都是他一生成功的秘诀。

同力伏虎，共扶汉室的诸功臣

除张良、韩信、陈平之外，汉军中还有一大批才能出众、能够降龙伏虎的英雄，他们追随刘邦、同心协力，为汉室的建立效命献勇，竭忠尽智，使他们的人生各显异彩。

保守后方，功盖群臣的萧何

萧何是前 209 年跟随沛公刘邦一同起事的人物，刘邦在关中被封为汉王后即任其为丞相。萧何最大的功绩在于他为赴前作战的汉军成功保守了后方基地，使刘邦在每次战场失败的情况下总能得到兵源和粮饷上的补充。

前 206 年刘邦引兵出汉中，还定三秦，萧何以丞相身份留守巴蜀，他主持政务、安抚地方，征调军粮。次年刘邦出关击楚，他留守关中，在栎阳侍奉新立的太子刘盈，制订法令和规章制度，建立汉室宗庙社稷，建筑宫室，设置县邑机构，创建了以后汉朝的政体雏形。

萧何处事是非常谨慎的，他逢事总是向上汇报；如果来不及汇报，就酌情实施，等刘邦回来再汇报，刘邦总是同意。后来刘邦委任他全权处理关中事务。他在关中细心地管理户籍人口，征收粮草，由水路运给荥阳前线的刘邦。刘邦多次战败后弃军遁逃，萧何总是征发关中士卒，补充前方的兵源缺额。

前 204 年，刘邦在前线与楚军相持最艰难的时候，多次派使者来关中慰劳萧何。有位姓鲍的先生对萧何说："汉王在前线餐风宿露，却多次派使慰劳您，是对您有怀疑之心。"萧何采纳其言，派遣自己子孙兄弟中能打仗的人全部赴前线去在军队中供职，刘邦大为高兴。他受重任、立大功，又主动免除君上的疑忌，因而深得赏识。

还在刘邦破秦军入关、兵至咸阳时，将领们都争相去秦朝府库瓜分财物，唯独萧何抢先入宫,把秦丞相和御史府的律令文书、地理图册和户籍等文书档案收藏了起来。不久秦宫室被项羽大火焚烧,刘邦后来之所以知道天下山川要塞、户口多少和财力物力的强弱分布,全凭萧何得到的这批秦图书。萧何早年曾做过秦沛县文吏,知道这些图书资料的价值。当时秦御史到地方上检查公务,萧何被抽调共事,他把事情办得井井有条,在泗水卒史的职务上,公务考核名列第一。要不是他当时坚决辞谢,恐怕早被秦御史入朝征调为秦朝高官了。他为汉军成功地保守了后方,事情并不偶然,因为他本来就是一位具有战略眼光、善于主政、周到细致的人物。

萧何的另一功绩是他为刘邦受封汉王前后的几项重要决策起了引导和推动作用。项羽分封诸侯时,刘邦如约应得关中,却被项羽排挤到巴蜀。据《汉书·萧何传》载,刘邦大怒,准备进攻项羽,周勃、灌婴、樊哙等将领推波助澜,唯独萧何劝刘邦屈居汉中,他认为以寡击众,必然失败,虽居汉中,总强于死亡。他甚至借用古代"天汉"一词,认为受地汉中,是吉祥之兆。《诗经·小雅·大东》上有"维天有汉,监亦有光"之句,用"汉"来指银河。萧何借题发挥,说服刘邦接受汉王之封,认为"天予不取,反受其咎"。他进一步提出,在汉中"养其民以致贤人,收用巴、蜀,还定三秦,天下可图也。"他是向刘邦提出宏伟战略的第一人。

刘邦到了汉中,不少将领逃亡,韩信亦在其中。萧何以犀利的政治眼光看准了韩信举世无双的用兵之才,在来不及请示的情况下,冒着被刘邦误会的风险,私自行动,演出了"萧何月下追韩信"的千古美谈。事后他对犹豫不定的刘邦推荐说:"大王如果想长期在汉中称王,那自然用不上韩信;如果要向东争夺天下,就非韩信不可。用不用要根据您的战略意图来决定。"萧何把任用韩信与汉军打出汉中联系了起来,一下子提高了刘邦任用韩信的信心与兴趣。当刘邦决定任其为将军时,萧何说:"任为将军,是留不住韩信的。"当刘邦终于决定任其为大将时,萧何又提醒说:"大王向来傲慢疏礼,拜大将像呼小孩一样,这是不行的。您决心要任用他,就择吉日,斋戒,设坛场,举行仪式。"刘邦照此办理。不仅使默默无闻的韩信在全军将士中威望骤升,而且以巨大的恩宠锁定了韩信的效命之忠,使后来武涉、蒯彻对齐王韩信的叛汉说服毫无效果。

当时张良属韩王韩成之臣,尚未完全依附汉军,萧何劝刘邦屈居汉中和推荐韩信,对汉军后来的发展起了极其重要的作用。

　　除了无可替代的功绩之外，萧何还是刘邦的平民之交和他反秦起事的协助人。萧何是沛县丰邑人，与刘邦同乡，秦末为沛县县令属下主管人事与政务的一类官员，非常通晓刑律法令。刘邦为布衣平民时，萧何常以官吏身份袒护他。刘邦作了泗水亭长，担任乡村之间管理治安兼治民事的小职务，萧何仍经常帮助他。刘邦以下层官吏身份到秦都咸阳服差，同僚官吏们都送钱三百，唯独萧何奉送五百钱，足见两人交情之深。

　　陈胜起义建立了张楚政权，一时间各郡县都杀掉官吏以响应。沛县县令恐惧之下，也想领沛县人反秦，身为下属的萧何告诉他："您是秦朝官吏，现要背叛秦朝，恐怕沛县子弟不会听从。希望您召回本县逃亡在外者，可以得到几百人，再用他们来胁迫县里的民众。"当时刘邦逃亡于芒、砀山中，聚众数百人，县令让樊哙前往相召。但等刘邦率众来沛县时，县令却后悔了，闭城不纳，准备诛杀萧何，萧何恐惧之下，逃出城去投靠刘邦。经过策反，城中人杀掉了县令，迎入刘邦之军，准备推荐一人为县令，萧何尽力推举刘邦，于是刘邦作了沛公，收沛中子弟二三千人，拉出了一支反秦队伍。

　　从萧何与刘邦的相交关系看，他向县令提议召回逃亡之人劫众，实际上已心仪刘邦，他正是冲着刘邦才提出此议的。县令中途反悔，大概是因为张楚的兴旺之势一时逆转，也很可能是萧何的真正心思被县令察觉。在关键时刻，萧何逃奔城外的刘邦，这是他真实心意的大暴露。萧何后来在进城后再三辞让，推举刘邦为义军领袖，据说是他作为文官，看重身家性命，害怕万一大事不成，不愿冒被杀头灭族的风险。但除此之外，也是在天下乱世需要草莽英雄的时代，萧何深识时务和景仰刘邦的必然表现。没有萧何，平民刘邦就不会成为沛公。

　　由于实际功绩和旧有的关系，刘邦在平定天下后认为萧何的功劳最大，封他为酂侯，地在今河南永城西北，食邑最多。那些在前方攻城略地的将领们心里不服，前去问刘邦说："我们披坚执锐、身经百战，功有大小。但今萧何没有汗马功劳，只是操持文墨，空发议论，未参加战斗，封赏为何反倒在我们之上？"面对汹汹争功、岁余不决的众多群臣，刘邦不惜轻侮开罪他们，举出了他那著名的"功狗"与"功人"之喻，并且举出萧何宗族几十人随军的事实以佐其功，消除了群臣的怨言。任何功劳评定既有一个事实问题，也有一个主观评定问题。刘邦认定萧何之功第一，既反映了他的一种价值评价体系，也是他宁愿施予萧何的一种回报。

列侯受封之后，排列朝中位次，大家都说："曹参身受七十处创伤，战功最多，宜居第一。"刘邦前面已给萧何争了第一功臣，位次上难以再说什么，但心里还想把萧何排在首位。关内侯鄂千秋进言说："大家的议论都错了。曹参虽有野战夺地之功，但这只是一时之事。皇上与楚军相拒五年，经常丢弃军队、只身逃脱。但萧何在没有皇上诏令相召的情况下，常从关中派遣兵源补充缺额，转运粮草、不绝粮饷。陛下多次丢失了郡山以东的土地，而萧何总能保全关中以待陛下，这才是万世之功。如果没有曹参这样的百十人，无损于汉室，得到他们也未必能保全汉室。怎么能以一时之功凌驾于万世功劳之上呢？应该是萧何第一，曹参次之。"刘邦评价鄂千秋说得好，于是确定萧何第一，给了他带剑履上殿、入朝不趋等象征性恩宠。

事后刘邦说："进贤者受上赏。萧何的功劳虽然高，让鄂君说得更明白了。"于是给鄂千秋加封安平侯，地在今河北省安平县。当天还给萧何父子兄弟十多人封了食邑，又加封萧何两千户，报答当年萧何在自己往咸阳服差时比别人多送二百钱的恩惠。

在排列位次时，刘邦表面上没有发表意见，但大家推举曹参居首，他默不作声；而当鄂千秋推举萧何居首时，他立即表态赞成，其主观倾向是非常明白的。因为鄂千秋说出了他心里想说的话，事后给其封上"进贤"的美名予以奖励。这里的一切赏赐其实都是出于对萧何的敬重和宠爱。

汉朝建国之初，萧何受到了最高规格的待遇，这是他的功绩所致，也反映了刘邦个人的主观认定。萧何以他的多能、谨慎和忠诚建功立业，又深博君主的信任，使自己在汉初的历史上占有不少光彩。

战功卓著，醉酒为相的曹参

曹参也是沛县人，秦时为沛县的狱吏属员，与主吏萧何都是县里有势力和名望的官吏。陈胜反秦时，曹参与萧何一起向沛县令建议招来刘邦劫众；县令反悔后又与萧何一起出逃，奔投刘邦；后来又与萧何一起推举刘邦为沛公。但和萧何不同，曹参的建汉功绩完全在攻城野战方面。

曹参于前209年随刘邦起事，即开始了前半生的征战生涯，不久随刘邦配合项梁反击秦军,曾斩杀秦三川守李由,小破章邯之军。后来刘邦受楚怀王熊心之命进兵关中,曹参沿路破关斩将,曾俘虏南阳守齮等,西破武关、峣关,在蓝田击败秦军,兵至咸阳,灭掉秦国。

刘邦为汉王时,曹参被封为建成侯;至汉中,晋升为将军。后来随刘邦还定三秦,率军自下辩(今甘肃成县西北)向东横扫关中之地,又破敌东进。彭城之败后,他击破叛军,协助刘邦在荥阳稳定了战局。

前205年,刘邦任曹参为代理左丞相,让他作为韩信的助手开辟北方战场,韩信之军破魏、击代、败赵、威燕、攻齐,都有曹参的功劳。韩信率兵诣垓下围歼项羽时,曹参留于齐地平定尚未收服的军队。

曹参戎马半生,身受七十处创伤,攻城略地,大家公认他战功最多。史籍统计他的战功:打下两个诸侯国,攻县一百二十二(魏国五十二,齐国七十),俘虏魏王豹和齐王田广两个诸侯王,擒获赵夏说、齐相田光和守相许章共三个诸侯相,斩杀包括秦李由、楚龙且在内的六位将军。但史籍对他的作战方略未作任何记录。司马迁说:"曹参攻城野战之功所以能如此之多,是因为与韩信在一起。"曹参战功虽多,但独立作战较少,多是接受刘邦、韩信的指令作战。刘邦封功臣时把曹参一类战将比作"功狗",以与发布指令的"功人"相比较,不赞成封以首功,也正说明了他缺乏战争谋略的特点。

曹参在反秦和攻楚的数年间,其官爵随战功不断升高。汉军灭楚后,他因功食邑平阳一万六百三十户,号平阳侯。刘邦封他为齐相国,辅佐齐王刘肥。

曹参是刘邦的故旧心腹,有人认为,刘邦于前205年任他为代理左丞相,先派往关中屯兵,月余后又派他跟随韩信攻魏,一直用兵北方,是先后让他监督关中的萧何和大将韩信。后来齐王韩信率军南下会战垓下,曹参留守齐地,在韩信后方,是刘邦对韩信反叛的预防措施。不能排除这种可能,但曹参的军事行动总是受人指使,他对韩信能够形成的制约力不会多大。

前193年,萧何去世,曹参接任相国。他在相国之任上采取了一种不作为的治政方式,竟然大获成功。曹参选择郡国中木讷质朴、不善辞令的老实敦厚之人为丞相府办事人员,对那些长于文辞、追求名誉的人罢斥不用。他日夜痛饮美酒,不理政事,官员宾客前来拜访劝告,等他们一到,曹参就让大家饮酒,过了一会儿,有些人想说点什么,曹参又让他们饮酒,直到喝醉离去,终究未能开口劝谏。

相国住宅的后院靠近官吏宿舍,官吏在宿舍里整天饮酒,唱歌呼喊,曹参的随从听不下去,又无可奈何,就请曹参到后院游玩,希望他处置这些官吏,但曹参在院中听到官吏们醉后呼唱之声,反而叫人取来美酒,陈设座席,也痛饮起来,唱歌欢呼,与官吏们相应和。

曹参看到别人有细小的过失,一味隐瞒遮盖,因此相府中平安无事。

新皇帝刘盈对曹参的醉酒驰政曾有责备之意,曹参对刘盈解释说:先帝的圣明英武胜过陛下,萧何的贤能胜过我曹参。先帝与萧何平定天下,制定法令,陛下只要垂衣拱手,我们朝臣谨守职分,勿使有失,不也就可以了吗?

曹参为相三年,百姓赞颂说:"萧何制法,明白画一;曹参代之,守而勿失;清净不乱,民以宁息。"在吕雉执政期间,曹参在相位上长醉不醒,取不作为的施政方式,也许有陈平那种顺时屈伸的自保意识,但在客观效果上却是清静无为,与民休息,适应了秦末战乱后社会生活的需要,萧规曹随、无为而治,得到了当时和后世的高度评价。在相国的职位上,曹参独立地创造了他人生的第二次辉煌。

战功显赫,皇亲为贵的樊哙

与刘邦同乡的樊哙是汉军中又一位战功显赫的人物。他娶吕雉的妹妹吕媭为妻,是刘邦的连襟和心腹之臣。

樊哙早年在沛县以宰狗为业。为了避祸,曾经与刘邦一同至芒山、砀山一带藏匿。沛县县令准备响应陈胜起义时,萧何、曹参唆使县令派樊哙去芒、砀山中召唤刘邦,他遂参与起义并开始从军。樊哙跟随刘邦反秦、入关,多有战功。刘邦为汉王后封他为列侯,迁为郎中,共入汉中。汉军还定三秦时,樊哙曾击败雍王章邯之军,为夺取关中立了大功。数年反楚战争中,他随从刘邦,在荥阳、广武一线抗击楚军,长于守城作战,灭楚后被增封食邑。

刘邦称帝后,樊哙以至亲之臣随军征讨,先后平定过多个异姓王的反叛。曾虏燕王臧荼、缚楚王韩信、破韩王信之军、平陈豨与曼丘臣之叛、又击破燕王卢绾,稳定了燕、代形势。其间被封为舞阳侯,食邑五千四百户,地在今河南省舞阳县西北。

史籍对樊哙的军功也有记载,说他"斩首百七十六级,虏二百八十八人。破军七、下城五、定郡六"等等。但对他的用兵方略同样未作任何记述。刘邦被封为汉王时,他与几位将军曾支持刘邦攻击项羽。(见《汉书·萧何传》)刘邦去世不久,匈奴单于致书汉朝侮辱太后吕雉、朝中计议此事时上将军樊哙表示:"臣愿得十万众,横行于匈奴之地。"先前刘邦率三、四十万军队尚被困平城、对匈奴无可奈何,樊哙的莽撞大言当时就被有识者斥责。他在长安城中跪拜迎送前来拜访的淮阴侯韩信,口称:"大王竟肯光临臣下之门。"韩信出门笑着说:"我竟然与樊哙等辈为伍!"那位落架的凤凰并不以他恭迎称臣为荣。可见,屠夫出身的樊哙始终是一位有勇无谋、缺少自尊的逢迎莽夫。他以军功和皇亲身份得到了不低的爵位,但却没有得到人们应有的尊重。

樊哙凭他的老资格将领和贵亲的双重身份侍卫于刘邦身边,对刘邦的某些行为也曾发生过特殊的影响。破秦入关后,刘邦进入咸阳秦宫,被其间的豪华和美女所吸引,意欲留住下来,是樊哙首先出面劝谏他搬出秦宫。张良向刘邦讲清了不可安享其乐的道理后指出:"愿沛公听樊哙言。"当时汉军文武众多,不会缺少有识之人,但大家均不敢劝谏,张良当时身为韩王丞相,客随刘邦,虽能面谏,但仍要打出樊哙之言作导引,以御可能出现的难堪。只有樊哙的性格和身份决定了他能首先出面,干预此事。

刘邦在晚年常有病,也可能怠于政事,他躺在内宫不愿见人,命令门卫不得放群臣进入。许多大臣有事奏请,十多天不能见面。樊哙听说后,推开内门径直闯进,众大臣随后跟入。刘邦正头枕一个宦官,非常疲惫地躺着。樊哙怆然流泪说:"陛下病重,大臣震恐,不召见我们议事,难道临终独自与一宦官诀别吗?陛下难道不知道赵高之事吗?"秦皇临终后和二世为帝时都是被宦者赵高所误,终致秦朝失国,这是汉朝君臣们眼见的事实。敢于闯门入宫,并当皇帝之面说出这样直露的谏言,汉廷其他大臣恐怕没有这种胆量,但听了樊哙这番话,刘邦笑着坐起来,并无恼怒之意。这是樊哙特殊身份所一贯拥有的便利。

樊哙对刘邦最重要的一次特殊帮助是强撞鸿门宴,面折项羽,帮助刘邦虎口脱险。当时刘邦为缓解与项羽军队剑拔弩张、一触即发的战争气氛,与张良来鸿门赴宴,面见项羽,欲解释情况。楚谋士范增安排项庄舞剑,欲击杀刘邦于宴席间。在紧急关头,张良出军门,告诉心急等待的樊哙:"项庄拔剑起舞,用意常在沛公,情况非常危急。"樊哙听说后,怀着拼命的决心,带剑持盾直闯军门,卫兵们交叉着矛戟,阻止进入,樊哙侧盾一拥,撞倒卫士,乘势闯进,掀开帷帐,站在东边,他眼瞪着项羽,头发竖起,眼角几乎迸裂。项羽打听了他的姓名和身份,赐以酒肉,他立而畅饮,把得到的猪腿放在盾牌上,拔剑切碎而食。项羽见其豪爽雄壮,欲使再饮,樊哙借酒发挥,痛陈胸臆:"我死都不怕,还怕喝酒!秦王有虎狼之心,杀人无数,天下皆叛。沛公如约破秦,守关以待,劳苦功高,未见封赏,而听小人之言,欲诛有功之人。这是秦朝灭亡之路,不是大王您可以效仿的。"樊哙怀着拼死的念头闯入宴席,在紧张肃杀的气氛中,他发指眦裂,不及缛礼,借着酒气酒胆,酣畅淋漓地陈述了刘邦的委屈,把刘邦赴宴时的满腹语言痛快地倒了出来。项羽本质上是一武将,从樊哙的外貌特征、饮酒啖肉和言辞陈述上,看到了自己特别欣赏的壮士豪气和直露性格,因而听了樊哙向自己这番不无指责的议论,非但没有怪罪,反而恭敬地赐其席坐。他没有应对回答,表明他当时已接受和认可了樊哙之言。

　　樊哙受礼让坐于张良之侧,刘邦如厕时被招跟出,他力劝刘邦不辞而别,认为"如今人家为刀俎,我们为鱼肉,有什么可告辞的?"最后跟随刘邦从骊山下一小道脱身返回霸上汉营。正是樊哙在鸿门宴上的所为,最终打消了项羽诛杀刘邦的想法。司马迁认为:"当天若无樊哙闯入营中责备项羽,沛公的事情就很危险。"

　　樊哙是刘邦的心腹之臣,由于他妻子吕媭与吕雉的姊妹关系,后来可能陷入了吕氏之党。有人对刘邦说:"樊哙在皇帝去世后准备将戚夫人和赵王如意一帮人诛尽杀光。"因为触动了刘邦最痛的神经,刘邦当即下诏让陈平持剑将其斩杀于军中。权高势重、结于吕氏,为人所嫉,是他晚年致祸的根本原因,只因为陈平的多虑和刘邦的早逝使他侥幸逃生。前189年樊哙去世,被谥为武侯。这位沛县的屠狗之徒、草莽无谋,但附骥之尾,征战多年,余勇可贾,终也成名于世,不枉人生。

随军征战,重厚少文的周勃

　　周勃也是沛县人,他的祖先原在卷城(今河南原阳县西南),后来迁至沛县。周勃早年以编织苇席为生,又常常给人办丧事时吹箫,后来成为拉强弓的勇士。

　　刘邦起事时,他以中涓身份从军,是刘邦的侍卫官。他随刘邦东征西战,入关灭秦。刘邦到汉中时他被任命为将军,参加过还定三秦、东出函谷关的战斗,曾经受命守卫峣关,又曾守卫敖仓,保卫汉军的后方安全和粮草储备,参加过垓下之战。

灭楚之后,他驻军洛阳,后来数次随刘邦出征,平定过燕王臧荼、韩王信和代相陈豨的反叛,还代樊哙为将,与灌婴率兵讨伐燕王卢绾。攻下蓟县(今北京市西南),追至长城。

史籍对周勃的战绩有所记载,他军功颇丰,被封为绛侯,八千户食邑,在今山西侯马市东北。像其他几位武将一样,周勃在战场上冲锋陷阵,但很少有独自运筹指挥的经历。

周勃为人质朴敦厚,不爱好文辞礼节,每次召见儒生和说客,自己坐在尊位命令道:"快给我说。"足见其不好礼节的质朴性格。刘邦临终时交代说:"周勃重厚少文,然安刘氏者必周勃也。"认为他稳重厚道,缺少文才,并对他安定刘家天下存有高度预期。

因为刘邦生前认为周勃可嘱托大事,按照他的吩咐,周勃平定燕地后还朝,就以列侯身份辅佐新帝刘盈。六年后朝廷又置太尉官,任周勃为太尉,负责军事。周勃后来在太尉任上除乱安邦,对西汉的政局稳定起了极大的作用。

统领骑兵,勇冠三军的灌婴

汉军中曾组建了一支由灌婴率领的骑兵部队,在战争中发挥了重要作用。

灌婴早年在睢阳(今河南省商丘南)贩布,刘邦初期攻城略地、还军砀县时,灌婴以中涓身份投降。他跟随刘邦入关灭秦、进入关中,因作战勇猛,屡有战功,职位不断升迁,曾为负责警卫的郎中和在君王身边管理传达的中谒者。在楚战争中,他参与过关中争夺战,后来又东出临晋关,击降殷王司马卬,数破楚军,被封为列侯,号昌文侯。汉军彭城之败后他击破几路叛军,随刘邦在荥阳守战。

汉军荥阳拒楚时,楚军骑兵很多,刘邦想在军中选择骑兵将领,大家都推荐熟悉骑兵的原秦军骑士李必和骆甲,两人当时为汉军校尉,他们对刘邦说:"我们原是秦国人,恐怕得不到士兵信任,请选择大王身边善于骑射的人,我们愿意辅佐。"灌婴当时年轻,但作战勇猛,刘邦任他为中大夫,让李必、骆甲为左右校尉,率领郎中骑兵作战。这支骑兵部队曾承担了在楚军后方断其粮道、伏击楚骑和护送刘邦等任务。

前204年,这支郎中骑兵部队被划拨在左相韩信属下,灌婴参加了韩信的攻齐之战,取得了俘虏齐相田光、斩杀楚将龙且等一系列胜利。韩信为齐王后,灌婴单独率军扫清鲁北,又南下淮河,击破项声等军,包围彭城,俘获楚上柱国项佗。灌婴与刘邦的军队会师颐乡(今河南省鹿邑县东),曾在陈下击破项羽之军,迫使项羽退兵垓下。

垓下之战后,项羽率八百骑突围而出,灌婴带领五千汉骑追杀至东城(今安徽定远县东南),楚军已剩二十八骑。项羽不渡乌江,被灌婴骑兵围困后自刎。灌婴接着收编了楚军数万部队,攻取了周围城邑,旋即渡江而东,平定了吴郡、会稽等江东之地。

刘邦称帝后,灌婴数次参与平叛,尤其是在平定英布的战斗中担任主力,建有大功,曾被刘邦在颍阴封邑五千户,号为颍阴侯。他在吕雉死后仍有安定政局和远击匈奴之功,被拜为太尉,前176年死于汉文帝时的丞相任上,被谥为懿侯。

反楚战争中,弱势的汉军可能还没有成建制的骑兵部队,等到战争需要时,他们只好从秦军降将中推举骑兵将领。由于特殊的原因,年轻勇将灌婴临难受命,组建了郎中骑兵部队,创建了汉军中的一支特殊兵种。统率这一快速反应的特种部队,灌婴如虎添翼,扫荡南北,为对楚战争的最终胜利和捍卫大汉领土的完整建立了未可磨灭的战功。史籍虽然没有对灌婴的作战方略作应有的记述,但人们能依稀看到他在辽阔的疆土上驰骋千里、冲锋陷阵的矫健身姿,也能看到一位年轻布贩终于走上三公之位的成功之路。

宽厚待人,忠心辅汉的夏侯婴(滕公)

夏侯婴是汉朝三世重臣,与刘邦关系极深,可能是对刘邦为人处世产生过重要影响的人物。

夏侯婴与刘邦同乡,早年曾在沛县官府的马房掌管养马驾车,他每次送客人经过泗水亭,总与泗水亭长刘邦交谈大半天,两人谈得非常投机。后来他做了县里的试补官吏,仍与刘邦要好。刘邦有次开玩笑伤了夏侯婴,被人告发,当时官吏伤人要加重治罪,刘邦不敢承认伤害夏侯婴一事,夏侯婴自己证实未被刘邦所伤，因此开脱了刘邦。但后来事情被证实，案子翻了过来，夏侯婴因此被关押一年多，挨了几百板子。

试补县吏夏侯婴在被误伤的情况下，冒着作伪证的风险为刘邦开脱责任，终以自己被押受笞为代价换得了伤人者刘邦的解脱。古代人们的法制意识极其淡漠，作伪证并无道德过错。夏侯婴为刘邦做出的自我牺牲自然是出于朋友之谊，但也反映了他敦厚处世、宽宏待人的性格特征。当时他的地位在刘邦之上，其利人行为应该没有任何功利目的，纯粹是他克己容人的宽厚心性的表现。

刘邦在沛县起义时夏侯婴跟随从军，自后一直在刘邦身边为太仆，执掌舆马之职，他宽厚待人的处世方式一直未变。韩信离楚投汉，到了汉中，在接待宾客的连敖之位上犯法当斩，同案十三人已受戮，韩信在临刑前适逢夏侯婴，表示不甘就死，夏侯婴即将其释放，遂有后来的萧何荐韩信之事。他以仁爱宽厚的心肠看待囚犯，给了不甘死亡的韩信以再生的机会。

前205年，刘邦自关中东入彭城，被项羽打败，狼狈逃命，路上碰到了儿子刘盈和女儿鲁元公主，同行的夏侯婴即让两人上车。马力疲惫，追兵又紧，刘邦着急之下用脚把两个孩子拨了下去，打算抛弃他们，夏侯婴不顾刘邦的恼怒和楚兵在后，几次把孩子抱上来，终于把两人送到了丰邑。刘盈和鲁元公主是刘邦的孩子，刘邦在军情紧急时只顾逃命，不惜把他们弃之敌手，夏侯婴则以极大的仁爱之心保护了他们。他并非不清楚这样做的危险，但扔弃孩子为敌所虏，是他的本心所不能忍受的。

楚汉战争中，有一位叫季布的楚将受项羽指令，多次窘困刘邦。灭楚之后，刘邦悬赏千金捉拿季布，下令有藏匿季布者，罪及三族。季布被知情者所伪装，卖给鲁地朱家为奴。朱家知道内情后，乘车到洛阳拜见夏侯婴，深谈中问他如何看待季布，夏侯婴当即表示："那是位贤能的人。"朱家向夏侯婴讲了人臣各为其主的道理，请他说给刘邦，不要把季布逼到北胡南越，为他人所用。夏侯婴果真说服刘邦，赦免了季布。季布不久被刘邦召见，拜为郎中，后升为统领皇帝侍卫的中郎将，汉文帝时为河东郡守，一度几乎升任朝廷御史大夫，成为一时知名人物。

夏侯婴当时认定季布为贤能之人，并未因其受通缉而贬低他。当朱家在他面前提说季布、请求赦免时，他意料季布藏匿其家，但并没有拿出"藏匿者罪及三族"的诏令移祸朱家，而是理解和尊重朱家的自我保护心理，心许朱家之请，最终找机会说服了刘邦,让他收回成命。由于夏侯婴的理解和宽容,汉朝得到了一位不错的人才,刘邦也一改狭隘报复的心理,树立了大度宽容的形象。

值得注意的是,朱家为求季布之赦,在与满朝文武都无深交的情况下,独找夏侯婴,说明在刘邦的身边群臣中,夏侯婴已有了宽厚容人的民望。朱家在事情结果不明的情况下向夏侯婴求赦季布,明知可能自我暴露,但并无三族受诛的疑虑,完全出于对夏侯婴的信赖。夏侯婴始终以宽厚仁慈的心态去处事为人,民众逐渐形成对他的高度信赖是必然的。

当年反秦时,楚怀王熊心要派军队西攻关中,准备选一位宽厚老成的将领,向秦国父老标示仁义之师,尽管项羽自告奋勇,但熊心手下的老将们都坚持认为:“只有沛公是宽大长者,可以派遣。”老将们对刘邦的评价正好像在说刘夏侯婴的为人性格。刘邦无疑是一位豁达的人,在许多事情上都持无可无不可的态度。如果说他有宽厚待人之气,那应该离不开夏侯婴的引导与影响。

前209年刘邦率众攻打沛县时,身为县令属吏的夏侯婴已为刘邦办事。刘邦做了沛公,即封他七大夫爵位,任为太仆。刘邦后来辗转征战,他驾车跟随,并常以兵车急攻猛战,爵位不断升高。一度为滕县(今山东省滕县西南)令,人们称其为滕公。鸿门宴上,刘邦中途离席,不辞而别,夏侯婴与樊哙、纪信、靳强四人持剑护卫,徒步逃归。刘邦为汉王时他被封为列侯,号昭平侯,仍掌太仆之职,随入汉中。

反楚战争中,他与刘邦一同经历了彭城之败,退守荥阳,多次陪刘邦弃城出逃。前204年,刘邦逃出成皋北门,渡过黄河,在修武韩信军营中夺其帅印和兵符,陪同的只有夏侯婴一人。灭楚之后,夏侯婴跟随参加了几次平定反叛的作战,在北击匈奴之战中立功颇多,刘邦封他为汝阴侯,食邑六千九百户,地在今安徽阜阳市。

夏侯婴在执掌舆马之职的太仆之任上侍奉了刘邦一生,后来又以同样身份事奉新帝刘盈和太后吕雉。刘盈和吕雉把皇宫北面第一等的公馆赐给夏侯婴,表明靠近皇族,以报答他当年在败逃路上解救刘盈和鲁元公主的恩德。前180年吕雉死后,汉大臣拥立代王刘恒为帝。夏侯婴以太仆身份进入宫廷进行清洗,以天子的法驾迎接刘恒,八年后逝于太仆任上,被谥为文侯。

夏侯婴自随刘邦从军,终身太仆,辅帝三世。他以自己的敦厚宽宏之心处事待人,影响了刘邦,优化了汉室的形象;并在一个具体的岗位上勤勉守职三十七年而无纰漏,确也非常难得。

游说求贵,为齐所烹的郦食其

汉军中有一批游说助战之人,当以郦食其为首。

郦食其是陈留县(今河南开封市东南陈留镇)高阳乡(今河南杞县西南)人,喜好读书,家贫不得志,没有谋生之业,做了负责里中治安的小吏,为人放荡不羁,自称"高阳酒徒",县中的豪贤都不敢役使他,称他为狂生。

天下反秦之时,刘邦率兵到了陈留郊外,郦食其通过本里中一个担任刘邦麾下骑士的子弟,见到了刘邦,与其谈得投机,遂作了刘邦的宾客,常乘车马出使各地。因帮助刘邦谋划扩大势力范围,故号广野君。

郦食其投奔刘邦后立有不少功劳,一是凭他与陈留县令的友好关系,在大军围城的背景下,说降了陈留。二是在刘邦西攻关中,路过峣关时,他以重金珍宝收买峣关秦守将,使刘邦迅速入关。三是在楚汉荥阳相持的关键时刻,他说服刘邦坚守敖仓(在荥阳东北敖山上建立的大粮仓),保证了汉军在前线粮草不绝。四是他在前203年奉命使齐,说服齐王田广和齐相田横归顺汉军。尤其是,在汉军对楚的战略相持之时,郦食其凭自己的口辩之才使拥有七十多城邑的齐国归顺,胜过了几十万大军的作用,这是极不容易的。

郦食其在建功立业的同时也有一些过失:一是在楚汉荥阳相持之时,他建议刘邦封立六国之后,希望为楚树敌、削弱其力。刘邦已刻制印信,安排他去实施。后来张良知道了此事,深剖利害,认为在汉军无力制楚的情况下,封立六国只能为楚所用。郦食其的想法是天真幼稚的。二是他奉命去说服齐王,其时汉大将韩信已破赵降燕,兵锋指齐,这位雄辩之士临行前疏忽了提醒刘邦收回下达给韩信的攻齐成命,终使他自己的说服成功仅仅起到了为韩信攻齐而懈怠齐军的作用,对人忠诚的说服似乎成了一种阴谋。其三,说齐成功后,他在齐国放纵饮酒。这位高阳酒徒大概为巨大的成功所陶醉,忘记了一切。当韩信率大军对齐国突袭得手后,田广认为郦食其欺骗了自己,将其抓获烹杀。郦食其为他自己的失误付出了生命的代价。

狂生郦食其对汉王刘邦有着内心的忠诚。齐王田广兵败于韩信后抓住他说:"你能制止汉军,我让你活;要不然,我就烹你。"大概是希望挽回他欺骗了齐军的不利影响。郦食其回答说:"成大事者不拘小节,道德高尚不怕责难。老子不替你说话。"一口拒绝了田广的请求。他是在被齐人误会、可以有所选择的情况下,为了汉军的最高利益,义无反顾地走向死亡,显示了一种狂傲不屈的性格。

郦食其投奔刘邦时已六十多岁,当时各部将领攻城略地经过高阳的有几十人之多,他听说这些人器量狭小、喜好烦琐的礼节,一律藏匿不见。后来听说刘邦对人傲慢轻侮,具有大略,于是想办法主动前去求见。他对刘邦其实是有选择地投奔,也许觉得这种人更契合自己狂傲不羁的性格。

在高阳客舍见刘邦时,刘邦正叉脚坐在床边,让两个女子给他洗脚。郦食其进屋见状,长揖不拜,问道:"您想帮助秦军攻诸侯,还是与诸侯攻秦军?"刘邦破口大骂:"竖儒!天下受秦之害已久,怎么能帮助秦军攻诸侯。"郦食其接口说道:"如果聚义兵诛无道,不应这样对待长者。"刘邦听到此言,赶忙停止洗脚、整理衣服,道歉请坐。郦食其初见刘邦,就感受到了其不拘礼节、轻侮慢人和知错就改的豁达性格,恐怕这正是郦食其为之向往、愿献忠诚的重要原因。

与郦食其几乎同功为名的,还有在前205年说服九江王英布背楚降汉的随何,和在前196年说服南越王赵佗归汉称臣的陆贾。他们明理、机智、富有辩才,在说服对手、完成使命方面各有成功的技巧。依靠他们的智慧和成功,汉军减少了兵戎之争,在军事努力和疆土规模上跳跃式发展壮大,也使反楚胜利和一统天下的时间大大提前。

追随汉王,被扶立国的韩王信

刘邦属下有一位与大将韩信同名同姓的人物,他是战国时韩襄王韩仓的庶孙,韩国王族的后代。因长期追随刘邦征战,后被封为韩王。人们称他为韩王信,以与汉大将韩信相区别。

项梁于前208年立横阳君韩成为韩王,以张良为韩司徒。张良率军攻取韩地时得到韩王信,任他为韩将,他俩后来一起随刘邦攻秦入关。韩王信随军进入汉中,第一个向刘邦提出,应利用士兵的思乡观念,兵锋东指,与项羽争夺天下。刘邦平定了三秦之地,拜他为韩太尉,让其率兵夺取韩地。

项羽原本封韩成为韩王,但因恼恨韩司徒张良随汉,未遣韩成归国,将其带至彭城,不久贬其为侯,旋又杀掉。听说韩王信来攻韩,就让自己的故旧好友郑昌为韩王,坚守韩地。韩王信率军与郑昌交战取胜,迫使郑昌投降。遂被刘邦立为韩王,他仍随刘邦作战。

前204年,刘邦在重围中设计逃离荥阳,让韩王信、周苛等人坚守该城。楚军破城后,韩王信降楚,不久又逃脱,重新归汉,刘邦再立他为韩王,他跟随刘邦,直到灭楚。

韩王信领有颍川郡,在今河南省许昌、禹县一带,治所为阳翟(今禹县),刘邦认为其辖地为用兵之处,次年迁调他领太原以北,让他防备和抵御胡人,建都晋阳。韩王信报告说:"辖地领有边界,匈奴经常侵入,晋阳离边塞较远,请求以马邑作国都。"征得刘邦许可,韩王信遂迁都到马邑(今山西省朔县)。

韩王信自随刘邦以来,建言反楚、战胜郑昌、被俘逃归、迁都马邑,均显示了他一定深谋远虑的战略眼光、克敌制胜的作战才能和对汉室的高度忠诚。他被刘邦认为有雄才武略,因而是汉室所封的第一个异姓王。他的诸多行为促进了反楚战争的进展,对汉朝立国时的北境稳定也起到了积极作用。

生而附骥,受宠为王的卢绾

汉军中最受刘邦宠爱的将军当是卢绾。

卢绾是丰邑人,与刘邦同里。他们的父亲很要好,俩人又同一天出生,长大后一块儿读书,也非常友好。里中的乡亲们曾抬着羊、酒祝贺两家同日生男,后来又再次用羊酒祝贺两个儿子相亲爱。刘邦为平民时,避官外出躲藏,卢绾也跟随他东奔西走。

刘邦在沛县起兵,卢绾以幕僚的身份相随。到了汉中,被任将军,经常在内廷陪伴刘邦。东击楚军时,卢绾以太尉身份随从,出入刘邦的卧室,吃穿用等各类赏赐,群臣没有谁能赶得上,即使萧何、曹参等人也只是因事召见,至于亲近宠爱,则赶不上卢绾。卢绾曾被封为长安侯,长安即是秦时咸阳。

前202年灭楚之后,卢绾受命带领一支军队与刘邦的堂兄刘贾一起,讨伐临江王共尉,他是项羽当年所封的临江王共敖的儿子,父死子继而为王。卢绾率汉军击破了共尉,数月后又随刘邦北击燕军,俘虏了燕王臧荼。

刘邦早就想封卢绾为王,只是怕群臣不满而埋怨。臧荼被俘后,他下诏给将相列侯们,让选择群臣中有功的人做燕王。大家知道刘邦想封卢绾,就说:"太尉长安侯卢绾经常跟随平定天下,功最多,可为燕王。"刘邦遂下诏,封卢绾为燕王。

卢绾的军功不是很多,但他生而附骥,最受宠爱,在汉初诸侯王中无人可及。卢绾受封为王,与他个人命运的偶然性相关,同时也反映了灭楚后弥漫汉室的一种风气。

远虑深谋,佐兴帝业的娄敬(刘敬)

齐人娄敬在汉军灭楚后以戍边之卒的身份求见刘邦,他屡次建言,虑远谋深,对汉室战后的政局稳定和帝业兴盛起了不可低估的作用。

娄敬第一次见到刘邦,向他提出了建都关中的建议。娄敬认为,汉有天下和周室不同。周是自后稷开始世代积德、八方仰慕而有天下,汉室则是靠武力征营,因而不能效东周以洛阳为都。关中倚山临河,四塞为固,且天府之地,兵源充足,对天下具有"扼其喉而拊其背"的战略优势,因而汉室只宜在关中建都。

刘邦及其群臣都是关外之人,不想远去关中。他们都说东周在洛阳数百年,秦在关中两代而亡,认为洛阳胜于关中,不如建都洛阳。刘邦犹豫不定,后来张良明确支持娄敬的意见,刘邦当日驾车西去关中建都。建都关中,汉室由此占据了天下最为优越和富庶的战略之地,立足牢靠,根本稳固,为后来击破诸侯王反叛、平定七国之乱和保持天下政局稳定创造了重要条件,其对汉朝促进发展的作用是不可估量的。

刘邦接受了娄敬的建议后说道:"本来提议建都关中的是娄敬,'娄'就是'刘'。"他借两字的近音作发挥,赐娄敬皇室之姓,以示恩宠。自此娄敬被称为刘敬。刘邦还拜他为郎中,号为奉春君,表示为汉朝送来兴盛之春。

刘敬的第二次建议是前200年刘邦北征匈奴时,大军到了晋阳,刘敬侦察判断敌情,劝阻汉军不要出击。当时刘邦派出十多批使臣了解敌情,回来都说匈奴兵弱马瘦,可以进攻。刘敬回来报告说:"两国相攻,本应炫耀示长,但我却只看到羸马老兵,这是故意显示虚弱,必然埋伏奇兵以待我军,我认为不能出击。"当时汉军已越过勾注山(今山西省代县西北),二十多万军队已经出动,刘邦听了刘敬之言,发怒大骂,让人囚禁他押送广武(今代县西南),刘邦进军到了平城(今山西大同市东北)被匈奴出奇兵围困于白登山上,几不能脱。用了陈平的奇计,七天后才侥幸逃出。事后刘邦深感刘敬的先见之明,给他增邑两千户,封为关内侯,号为建信侯。

刘敬在这里并未见到匈奴的伏兵,但匈奴向来兵强马壮。使者却只见到羸弱疲惫的兵马,这种有意示弱的现象必然隐藏着极大的险机。他是从周密的判断中得出了不能出击的结论。事实也说明了刘敬这次理性判断的正确性。

匈奴数度犯境,汉朝君臣深为忧虑,刘邦向刘敬讨问主意,刘敬于是提出了又一条重大的"和亲"之策。刘敬认为,匈奴兵强,不可以武服;但其教化不深,也不可用仁义感服,要想办法让其子子孙孙做汉朝的臣子,就应把汉天子的嫡长公主送给冒顿单于为妻,赠给厚礼。冒顿慕其厚礼重币,必立公主为阏氏,生子为太子,将来就是汉帝外孙为单于,外孙是没法和外祖父平起平坐的。这样,不用作战就能使匈奴臣服。刘敬又强调说:"陛下如果不能送去嫡长公主,而让宗室之女或后宫诈称公主,对方会知道,不肯尊重和亲近,是没有益处的。"刘邦同意刘敬的建议,准备派鲁元公主去,但吕雉日夜哭泣,并不情愿,刘邦只好选了一个皇族之女冒称嫡长公主,嫁给冒顿单于,派刘敬去缔结和亲盟约。

这次和亲正如刘敬所料,因为送去的是冒称的嫡长公主,并未达到极好的效果。但刘敬在对"蛮夷"传统的武征和德服两种方式之外,别出心裁地找到了另外一种独特的臣服之方,以期达到不战而屈人的长远效果。用放弃公主个人在婚姻上的自我选择为代价,换取两国的亲善和好与对方的弃扰臣服,在两国文化差异较大,不能实现深度沟通,而又想自我保持上国尊严的时代和国度,不能不说是一个极好的思路。后来汉唐的君主多次嫁女和蕃,就是受刘敬和亲之策的启发。此策成了中国历史上一条重要的交邻策略,其意义和影响都非常之大。

刘敬自匈奴和亲归来,说他发现匈奴的有些部落离长安仅有七百里地,轻骑一日一夜即可到达秦地,于是向刘邦提出了第四条重要建议:让把关外六国的大族强宗迁至关中,充实关中人口。平时可以防备匈奴;关外有变,可以率领东征。他认为这是"强本弱末之术"。刘邦深表同意,派他把关外十多万人迁到了关中。刘敬的这一移民建议得到实施,对加强中央政权、削弱地方势力起到了积极作用。

刘敬是一位眼光远大、思想深邃、具有远见卓识的政治家。他所提出的建都、和亲与移民三策都作用重大、影响深远。阻击匈奴之议被刘邦当时弃置，即有平城之困。他的所有建议都包含着出色的智慧，体现着当时人们对相关事情认识的最高水平。

刘敬也是一位朴实无华、忠诚直率的人。他于前 202 年自齐地去陇西(今甘肃省东部)戍守，经过洛阳时听说刘邦正在城中，就放下车辂，穿着羊皮袄，见到同乡人虞将军，让他引见刘邦，说有事情相谈。虞将军要给他换身新衣，他拒绝说："我穿的是锦衣，就以锦衣去见；穿的是粗布衣，就以粗布衣去见，不愿意更换衣裳。"终于穿羊皮袄去见刘邦。在他看来，面对君主应该拿出自己的本来面目，任何华美的扮装都有虚诈之嫌。正是怀着这样的心理，他才在关键的事情上敢拂众人之意，独献兴邦之策，甚至不惜逆鳞犯威。他心有所想，口必有达，胸无所藏，表里如一。在刘邦称帝后，朝中逢迎之风上升的时候，这种独立思考、坦诚直率的人格尤其可贵。

统领群雄,安定宇内的刘邦

受陈胜大泽乡起义的鼓舞和推动,秦沛县泗水亭长刘邦于前 209 年秋在沛县起兵反秦。这支队伍不久投奔项梁,后来受楚怀王熊心的派遣向秦都关中进军。当项羽率义军与秦军主力决战巨鹿时,刘邦在西进途中迫降宛城,攻占武关,于前 206 年 10 月入关灭秦。项羽入关后分封诸侯,刘邦被封为汉王,领巴蜀及汉中之地。刘邦不甘屈居蜀汉之地,数月后再夺关中,率兵东进,进行了长达四年的楚汉战争,最终以劣势之军反败为胜,灭楚称帝,建都长安,建立了西汉王朝。

刘邦是沛县(今江苏省沛县)丰邑中阳里人,其出生时间史籍未能记载,学界推断倾向于为前 256 年。他最初没有名字,做了皇帝后取名为"邦"。早年按兄弟排行伯、仲、叔、季的顺序,因为他排行最末位,故称刘季。前 209 年起兵后被称沛公,前 206 年后被称汉王,前 202 年后为帝。

刘邦军队是楚汉战争的胜利者,也是反秦斗争最大的赢家。他们在逐鹿中原的较量中能够得手,不仅昭示了汉军英雄们对敌拼争的神勇智略,同时也表明了刘邦统领群雄的成功。

善于将将,驾驭群才

刘邦本人并没有过人的文韬武略,他的成功主要在于能发挥和利用众人的才能,将其统一于自己所倡导的事业上。反楚斗争刚一结束,他在雒阳南宫置酒相庆,席间君臣们谈起汉军能够战胜楚军的原因,刘邦不认可臣属对他个人的其他赞誉,他自己总结成功的原因说:"夫运筹于帷幄之中,决胜于千里之外,我不如张良;镇服国家、安抚百姓、供给粮饷、不绝于道,我不如萧何;统百万之众、战必胜、攻必取,我不如韩信。这三位是人中之杰,都能为我所用,这就是我能取得天下的原因。"刘邦后来与韩信谈及各人的统兵之才,韩信也对他说:"陛下不能将兵,而善将将。"即认为刘邦善于统驭将领。两人的说法都涉及到了事情的要害和根本。

在秦末乱世、群雄蜂起的时代,许多有降龙缚虎之才的英雄们都愿意在历史的舞台上一显身手,实现自己的理想和抱负。刘邦所导引的反秦灭楚、平定宇内的事业,为众多英雄们提供了发挥作用的场所。正因为刘邦本人没有什么过人之才,也没有过分的自负,因而在整个团队中对投身事业的群贤们充分信任、言听计从,使他们在这里找到了个人事业的真正落脚点。尤其是在楚汉对峙、楚霸王项羽刚愎自用、轻薄和疑忌人才的情况下,刘邦亲信贤能的方法一时造成了众鸟投林、百溪归江之势。随从刘邦沛县起义的人物并不很多,韩信、陈平、张良、英布、叔孙通、周殷等,几乎都是由强大的楚军一方奔投而来。张耳、彭越、韩王信、郦食其、王陵、陈豨等,都是经过比较而选择投身于弱小的汉军。他们不是倾慕楚军的势力,而是向往汉军中才智得以施展的环境。张良本是为韩报仇、通缉捉拿的秦罪犯,陈平原是有志天下、生活受困的贫家子弟,韩信曾是自负极高、衣食无着的流浪人,刘邦给了他们个人生存的尊严和价值实现的满足,他们自然为汉军的事业竭忠尽智,因为这同时也是他们个人的事业。

刘邦能给汉军将领们以个人欲望上的满足,这是他团结和掌握下属的又一重要方式。韩信在家乡淮阴受尽困辱,在楚军中不曾得志,萧何建议拜其为大将,且要筑坛设场,举行隆重的仪式,刘邦即予实施,后又拨给数万军队,让其开辟北方战场,这种隆尊厚信的态度使韩信身为齐王后仍有发自肺腑的感激。陈平只身投汉后,在新封的护军职位上收受贿赂,且有其他不合传统观念的行为,刘邦弄清了事情的原委后非但不予追究,反而更加信任,正是这种超常的对待和挽留打动了陈平,使他把超常的才智贡献给了汉军,避免了汉军的数次厄运。张良曾客事刘邦,后终依附,始终受到刘邦最高的尊崇,他后来自己承认:"今以三寸舌为帝者师,封万户、位列侯,此布衣之极,于良足矣。"这也正是他半生为刘邦出谋划策、奉献忠诚的直接动因。

九江王英布弃楚投汉,适逢他受汉使随何的策反举兵叛楚、兵败逃亡而来。刘邦坐在床上洗脚时召见他,这位曾居王位的尊者见状大怒,深悔投汉,准备自杀。但回到住所,其装饰设置、饮食从官跟汉王刘邦的规格完全一样,他又大喜过望,深为感激。不仅派心腹之臣去九江郡收取故旧散兵归汉,而且还凭旧交策反了楚军大司马周殷,在垓下之战中成为围歼项羽的一个重要方面军。刘邦对英布先屈后尊、欲扬故抑,形成一种反差,使他真正感觉到,在废置由人的处境下,刘邦给了他最高的尊宠,他在汉军中仍然享有君王的待遇,因而死心塌地地为刘邦所驱驰。刘邦本人按说并无这样欲擒故纵的心机,如果不是他的无心而为,就是身边谋士的划策,但对这位骊山刑徒出身的九江王以厚结之,满足其高度的自尊心和虚荣心,却符合着刘邦的处人特性。

刘邦身边有一大批文韬武略、能征惯战的人才。他自己没有筹策谋划,许多问题的解决方案已被提出来了,而且非常出色,如汉中拜将、暗度陈仓、攻取北土、离间楚臣、荥阳逃生、垓下决战、定都关中、平城突围、和亲匈奴、移民关中等等;刘邦自己也不用率领三军、冲锋陷阵,许多城邑和土地已被攻取了,强敌最终被消灭了,他成了群雄逐鹿的最大赢家,这就是发挥众人之才的必然效果。

刘邦身边曾有一位叫纪信的将军,在刘邦荥阳被困的危急时刻,他自愿假扮刘邦,出城诳楚。当刘邦自西门逃脱时,纪信在东门外被项羽擒获,不屈而被烧杀。他甘愿粉身碎骨,换得刘邦的性命。御史大夫周苛曾经坚守荥阳,城破被俘,他拒绝接受项羽的任用,痛骂楚军,甘受烹杀。汉军中如此忠诚的将士还不少,这当是刘邦成功待人、能够掌握人心的一种反映。

与强大的敌人持久对抗,作为最高统帅要解决战略决策、军事部署和后勤供应三个要害问题。刘邦所重用的张良、韩信、萧何这"三杰"已分别为汉军出色地解决了这些问题,即使刘邦本人在具体的事情上作为极小,但只要掌握和驾驭了这些人才,他就不失为合格的统帅。

除张良、陈平等人在刘邦身边出谋划策外,韩信率军北攻,独当一面;萧何坐镇关中,留守后方,两人远离刘邦,都难免存在失控、反叛的可能,刘邦派自己的故旧部属曹参、灌婴等人在韩信手下为将,关键时候对他们直接下令,如垓下之战时灌婴就"受诏"追项羽至东城,接受刘邦直接指挥。刘邦兵败成皋后,曾和夏侯婴逃出北门,远驰修武,闯入韩信军营,在其卧室抢到兵符,调用了韩信的军队。垓下之战刚一结束,他在定陶驰入重兵在握的齐王韩信军营,又夺其兵符,接管了他的部队。就地称帝后十多天,他以"义帝(熊心)无后"和韩信熟悉楚地风俗为借口,将其改封为楚王,调离齐地。对于萧何,刘邦在荥阳战事最紧张的时刻数次派使者赴关中慰劳,意在观察后方动静,以至萧何身边的鲍生都看出了刘邦的疑忌之心,建议萧何派本家子弟赴前线任职。刘邦对韩信和萧何的防范是领军人物对重权部属应有的提防,反映了他统驭人才的另一侧面。

善于将将的刘邦对跟随自己的部属们都有着深切的了解,对各人的志趣才智、性格特征以及在重大事情上的行为可能都能了然于胸。他在世时,一直任萧何为相国,临终前吕雉问他,萧何死后谁可代相,他说曹参可以。吕雉又问曹参之后谁可为相,他说王陵可以,并对王陵及其后备人选作评价说:"王陵稍嫌憨直,陈平可以协助。陈平才智有余,但难以独任。周勃厚重少文,然而安定刘氏天下的必是周勃。"刘邦虽然拒绝对周勃之后的事态做出预期,认为这不是当时所能预料的,但对身边重要人物的深刻评价和对身后不久国家的重要人事安排还是很正确的。他对曹参、王陵、陈平、周勃等人的评价和预料被后来的历史事实所证实。了解自己的部属,才能掌握和驾驭自己的部属。刘邦在这方面是做得较好的。

丈夫气度,仁爱心肠

《史记》记述刘邦"仁而爱人,喜施,意豁如也,常有大度。"即是说他喜欢施予、性情开朗、胸有气度。他在大约三十六岁时去咸阳服役,望见了秦始皇嬴政,喟然长叹:"大丈夫当如此也!"他仰慕秦皇的地位,希望做一位气度非凡的大丈夫,同时具有一幅与嬴政残酷暴虐性格迥然不同的仁爱心肠。

刘邦为泗水亭长时,他为县里押解囚徒到骊山做苦工,囚徒在半路上逃跑了许多,他估计到达骊山人会跑光,到了丰邑西面的湖沼地带,他停下来和大家一块喝酒,晚上放掉了所有囚徒,对大家说:"各位赶快离开吧,我也从此逃命去了。"秦朝严刑峻法,把许多无辜的平民变成囚犯,强迫他们服役,刘邦一定看到了这一情况,对自己所押解的民伕表示了深深的同情。他在发现民伕们有中途逃跑的意向时不是严加提防,而是完全置自己约四十四岁的个人前程和身家性命于不顾,将民伕全部放掉,这不是一般人所能做出的选择。刘邦的仁爱心肠使这些民伕们非常感动,当时就有十多个壮士自愿跟他一块逃亡。刘邦从此抛弃了亭长之职,隐藏于芒山、砀山(今安徽砀山县东南)一带的深山大泽之中,直到约四十七岁时在沛县起兵反秦。

在反秦战争中,刘邦与项羽有共同的敌人,两人在项梁手下也曾合作共事,但项羽攻城后多是全城屠杀,血洗郊野,而刘邦单独取城常用招降的方式,即便强攻得手,也无屠城的记录。他沛县起兵,就是以和平方式取得沛城,当时沛县令闭城坚守,刘邦写下书信,用箭射入城中,号召城中父老杀令反秦,以保家室。沛县父老子弟响应了他的号召,避免了拼杀伤亡。在西进入关途中,曾派郦食其去招降陈留县令,在宛城(今河南南阳市)接受了秦南阳郡守所派使者李恢的约降之请,后来又以重金贿降秦峣关守将,同时又派魏人宁昌入秦,先后与赵高、子婴商谈招降事宜,入关后和平接受了秦王子婴的投降。刘邦对敌军的多次招降自然有作战策略上的考虑,但同时也是一种宽仁之心的体现。秦王子婴投降后,有的将领主张杀掉他,刘邦说:"人已服降,又杀之,不祥。"古人并无保证战俘人权的意识,刘邦是凭质朴的仁爱意识一时保护了秦王子婴的生命。楚怀王熊心正是看中了刘邦为"宽大长者",才选定他西进入关,刘邦以此自勉,灭秦战争中也基本做到了这一点。

刘邦的军队于前207年冬十一月进入关中,他以为自己如约会成为关中之王,遂在当地推行极宽厚的政策。他召集各县父老豪杰宣告说:"秦法严苛,天下苦其久矣。我入关就是为废除秦朝苛法,现与大家约法三章:杀人者死,伤人及盗抵罪。此外的一切秦法统统废除。官吏和百姓一切照旧。大家不要害怕!"他派人和秦吏一起巡行各县乡,告谕百姓。还封存了秦朝的财物府库,退军于咸阳东边的霸上,表示要等诸侯到来制定共同的约束规范。刘邦的这些措施使关中之民非常高兴,他们争着送来牛羊酒食慰劳士兵,刘邦又一再谦让不受,说"仓库粮食很多,够用,不要让大家破费。"人们更加高兴,希望刘邦能做秦王。一月以后,项羽率众诸侯入关,刘邦终被封于巴蜀为汉王,但秦民对刘邦的短期施政留下了极深的印象,这成为汉军后来还定三秦、取关中之力支持对楚战争的雄厚的民众基础。他的仁爱之心得到了关中百姓丰厚的报偿。灭楚后定都长安(今陕西省西安西北),他见萧何营造的未央宫非常壮丽,于是怒而责问:"天下争战动乱多年,为什么要这样过度耗费?"其珍惜民力、宽厚施政的心情是始终一致的。

灭楚之后,刘邦贵为天子,掌握着臣民的生杀予夺,但他并未滥杀无辜,亦常有慈悲之心。他在雒阳招降入海居岛的齐相田横,听说田横在三十里之外的尸乡(今河南偃师县西)愧疚自刎,不禁流泪感叹,后派两千士兵以王礼厚葬。他受谏赦免了曾数次窘困自己的楚将季布,亲自召见后拜其为郎中。对曾说服齐王韩信反叛的蒯彻免于追究。甚至项羽死后,他仍以鲁公之礼葬之于穀城

（今山东平阴县西南东阿镇），为其发丧，洒泪而去，对这位曾与自己共事和为敌的楚王表现了深切的同情；他还一反株连惯例，对项氏宗族免而不株，又封所俘获的项襄、项佗等人为侯，赐姓刘，加以保护。他对违令祭祀叛臣彭越的梁大夫栾布和谋刺自己未遂的赵相贯高赦而不戮，也曾赦免了一大批受陈豨煽动和胁迫而参与反叛的赵、代官吏，表现了宽大为怀的非常气度。到晚年病重期间，他安排人为秦始皇嬴政、楚隐王陈胜、齐湣王田地、赵悼襄王赵偃、魏安釐王及信陵君无忌等守墓，对这些绝了后代的名人给予了他所认定的最大关爱。

灭楚之后，刘邦曾和多位功臣剖符定封，即把臣属的功绩和爵号封邑写在符券上，剖为两半，一半藏在宗庙，另一半交给功臣，以为凭信。符券上有誓词为："即使黄河细如衣带、泰山小如砺石，封国也要永远安宁，恩泽延及子孙。"功臣们的封地后来并未延续下去，这自有时代之变和各自的原因，但刘邦和他们剖符定封，也是一时的忠诚，他不希望双方发生互相伤害的事情。淮阴侯被拘长安后行动自由，刘邦与他常从容谈论统兵领将之事。梁王反叛迹象暴露后被拘捕，废为庶人，刘邦已赦其罪，原本对他们并无相害之意。这都是古代君王不易做到的。

做了皇帝的刘邦对他的父亲太公仍用家人父子之礼，五天朝拜一次。家臣对太公说："皇帝虽然是儿子，但是天下君主，您虽然是父亲，但却是臣属，怎么能让君主拜见臣属呢？这样做，会使皇帝失去威严。"后来刘邦来朝见太公，太公就采用"拥彗迎门"这一极恭敬的礼节，拿着扫帚面向门户，倒退着行走，表示自己地位低贱，愿为贵人扫清道路。刘邦见状大惊，知道了事情的原委，乃尊太公为太上皇。不久他因太上皇思乡，乃按家乡丰邑街里格式改筑骊邑（今陕西临潼东北），又迁来丰邑之民，让与父亲同住。父死后称其地为"新丰"。太公早年并不看好这位劣子，但刘邦并无怨望和自贵之心，仍力行孝道，这也从一定侧面反映了他的仁爱与气度。

宽厚气度和仁爱之心不仅使刘邦得到了更多的成功机会，不仅为汉军赢得了不小的民众支持，而且在自古人治的国度里，一反秦代暴政，消化和缓解了许多社会矛盾，开创了汉初政治的新风尚。

心性机敏，识少悟高

唐人章碣曾写《焚书坑》讽刺秦王嬴政的焚书之蠹云："竹帛烟销帝业虚，关河空锁祖龙居。坑灰未冷山东乱，刘项原来不读书。"认为秦朝最终是由刘邦、项羽这些不读书的人推翻的。项羽少年时曾跟项梁学习兵法，只是兴趣不高，没有学好。刘邦的确没有读书，然而刘邦知识虽少，悟性却很高。

学富五车、才高八斗的张良曾为多人讲说兵法，其他人都不领悟，只有刘邦能理解其中的要义，采纳他的计策，张良对人讲："沛公大概是天赋之才。"韩信在说明刘邦为什么善于将将时也认为，刘邦的才能是上天赋予，不是人为可以达到。过人的天赋资质是刘邦能够统领群雄、战胜强楚的重要条件。

当年他兵困荥阳时，在北方夺取了齐地的韩信派人前来请示，让封他为假齐王（代理齐王），以便镇抚齐国。刘邦打开书信一看，破口大骂："我受困于此，日夜盼你来协助，你却想自立为王。"身边坐着的张良、陈平暗踩刘邦之脚，刘邦立即醒悟，继续大骂道："大丈夫平定了诸侯，就是真王，为什么要做假王！"立即派张良去授韩信齐王之印，并征调其军攻楚。刘邦打开书信时，韩信的使者就在面前，虽然一时冲动，真情外泄，但他受人一踩，立马神悟，给无法控制的韩信以更高的满足，又语气不变地掩饰了先前的情绪，稳定了北方大军。

他曾隔广武涧与楚军对阵，当面数列项羽的十大罪状，项羽大怒，发弩箭射中刘邦之胸，刘邦受伤身斜，大概是骑在马上，刘邦以手摸着自己的脚说："贼箭射中了脚趾。"后来在卧床难起的情况下又强忍巡视部队，他在关键时候以急智掩饰了伤势，稳定了军心。项羽曾将先前俘获的刘邦之父太公置于阵前高案之上，以烹杀相要挟，要求刘邦前来决战或投降，刘邦当即回答应说："我与你当着怀王之面结为兄弟，我父就是你父，你要烹杀你父，盼能分给我一杯肉羹。"刘邦以当年兄弟之约为托词，表面上若无其事的对待烹父之痛，极大地降低了项羽作要挟之筹码的价值，最终使项羽感到烹杀太公没有任何意义。刘邦在这里的坦然自若比任何紧张的哀痛和抢救都要奏效得多。

刘邦开初反楚时，拉拢赵将陈馀加盟，陈馀提出，汉军杀掉张耳，他就配合汉军攻楚。当时常山王张耳被陈馀打败，已投汉军，刘邦不愿杀掉张耳，又想利用陈馀的力量，于是找到了一个与张耳相像的人，斩其首送给陈馀，换得了陈馀一时的协助。在荥阳与楚军相持的后期，项羽对刘邦说："天下因为我们两人动荡不定，我愿与你决一雌雄，不要让天下老少百姓白白受苦。"刘邦笑着回答说："我宁愿斗智，不愿斗力。"没有多少学识的刘邦在拔山扛鼎的项羽面前始终有一种智能上的优越感，应该是有道理的。当年鸿门宴时，认定自己力量不及的刘邦以种种方式掩饰自己、卑辞求和，最终摆脱了危机，也许他这时就已看透了项羽智识的低劣，开始产生了自己的优越感。

前196年，赵相陈豨率兵反叛，刘邦亲自征讨，到达后他问陈豨的将领是谁，当知道几位将领都是商人出身时，他立即改变策略，用千斤黄金收买纳降了他们，迅速平定了叛乱。当年在西进入关途中，张良得知秦国峣关守将出身商贾，提议花重金收降获得成功。十年后，刘邦又把这一方法活用于国内平叛的战场，张良对其领悟力的高度评价又一次被证实。

前199年，刘邦自东垣过赵，赵相贯高在柏人（今河北省隆尧县西）县城刘邦将要住宿的馆舍夹壁中隐藏下刺客，准备谋害皇帝刘邦，刘邦住宿前觉得心跳，遂问该县叫什么名称，当知道了县名后他说："柏人者，迫于人也。"不宿而去，避过了一场灾难。人们误以为刘邦在柏人的心跳是上天或神性的提醒，其实，刘邦先前经过赵地时，赵王张敖脱下外衣、戴上袖套，用当地最恭敬的礼节亲自给刘邦进献食物，但他不知什么原因，竟然当着赵君臣的面踞坐大骂张敖，六十多岁的赵相贯高等人就愤愤不平，这次是二次路过，他心理愧疚紧张，不愿停宿，也反映了他对前次赵臣反应的留心和处事的高度机警。他借"柏人"之名而发挥，巧妙地掩饰了自己无根据的猜测怀疑，平静地应付了一场事变，显示了一种特别的机智。

当年灭楚之后论功行封，刘邦提议封萧何为首功，群臣们认为萧何只坐镇关中留守，没有攻城略地之劳，表示不服。刘邦问大家："你们知道打猎吗？"大家说知道。又问："你们知道猎狗吗？"大家又说知道。刘邦解释说："打猎时追杀兽兔的是狗，放开绳索、指示目标的是人。你们大家就是捕捉野兽的功狗，萧何就是坐镇后方指示目标的功人。"刘邦有心重赏萧何，在群臣不服的情况下，设定了一个绝妙的比喻作解释，打猎中猎狗奔跑于前方，但猎人的功劳不会在猎狗之下，这一比喻竟使群臣无话可说。其实刘邦的比喻与所指的实际事情有两处不合，一是萧何与诸将领都为臣子，当时双方的地位相当，根本上不具有人、狗之别，刘邦的比喻是提前设定了两者本质上的不同，已经大大抬高了萧何的地位，然后才作两者的比较；二是萧何负责后方留守，并不具有对前方诸将发布指示的职位和权力，相当于比喻中看守食物和工具的另一猎狗。刘邦在自己的提议得不到诸将认同的时候，编出一个比喻，混淆事理，愚弄群臣，使人们诚服认可，也表现了他的急智。

当年兵败彭城时，有一位叫丁固的楚将，人称丁公，他受项羽之令在彭城西边追逼刘邦，短兵相接，刘邦在危急时回头喊道："两个好汉岂能相害！"丁公听了这话，领兵返回，刘邦遂以脱身。灭楚之后，丁公前来进见，刘邦将其置于军营中示众说："丁公为项王之臣不忠，使项王失掉天下的就是丁公。"将其斩杀，并宣告说："后代做人臣的不要仿效丁公。"刘邦曾赦免了不少有罪之人，为什么对放掉自己性命的丁公却知恩不报，反而示众斩杀呢？原来刘邦是要得到一种宣传效果。灭楚后刘邦几乎已是"率土之滨，莫非王臣"的天子了，和争战时期不同，他希望天下所有的人都能对君忠诚，没有贰心。如果表彰或奖赏丁公，无异于鼓励一种违令纵敌、保留后路的不忠诚行为。刘邦是想通过丁公受刑的事实告诉天下之人：背主纵敌的人终究不会有好的下场！司马光在《资治通鉴》中对刘邦的这一处置行为大加赞赏，认为它意在防止"为臣者人怀贰心以徼大利"的行为，"使天下晓然皆知为臣不忠者无所自容"，体现了刘邦虑事的深远。刘邦在灭楚后迅速实现了思想观念和治众方式的调整，他具有认识时势转变、深明守成方式的智识。

坦率直露，人性显彰

生活中的刘邦常有坦率直露的性格，他小节无拘，不掩人性，常给人一种亲切可爱之感。

在胜利后的庆功宴会上，能当着群臣的面说自己在一些方面不如某某臣属，且无半点矫揉造作之意，这既是一种识事之敏，又是一种言谈之诚。在一次出击匈奴的战役中，刘敬根据侦察，判断对方示弱骄敌，必有重兵埋伏，建议不要进军。因为军队已经开始出发，刘邦大骂刘敬："混蛋齐人，要嘴皮得到官职，又要胡说八道，阻止进军。"下令将其囚禁。结果出兵后果被匈奴围困于平城七日之久，侥幸逃脱。回来后他立即释放刘敬，公开道歉说："我不采纳你的建议，被困平城。"对其升爵加封。当初骂得直露，后来赏得坦率，他并不文过饰非，顾忌为帝者的尊严，诚朴无饰的性格在这里被听任表露。

当年他在沛县起兵，不久攻下了丰邑，遂派自己的同乡人雍齿负责守卫。但雍齿虽随刘邦起兵，大概内心看不起他，并不愿成为他的部属，结果在魏将周市的招降下举城而降，使刚刚起事的刘邦几近穷途无路。事情几经周折，雍齿又重归汉军,立功不少,但对刘邦总无恭敬之心,灭楚后刘邦拒不给雍齿封功。张良因故问他平生最憎恨的人是谁,他回答说:"雍齿与我有多年旧怨,他还多次窘辱我,我想杀掉他,因其功多,不能下手。"对自己最恨的人设法报复,也不失人性的本真,但把这种"邪恶阴毒"的心底和盘托出,不怕臣属们知道,却是极为坦诚的表现。

他担任秦泗水亭长之前,早年在家中不热心耕作劳动,他父亲太公训斥他不治家产,没有谋生的本领。前198年秋,长安未央宫建成,君臣们在前殿置酒庆贺,笑谈逗乐,刘邦手捧美酒,为父亲祝福,并相问道:"早先大人常说我没有出息,不会经营产业,赶不上二哥刘仲,现在我的产业与二哥相比究竟谁多?"他以诙谐取乐的方式张显和享受自己的成功,殿上群臣高呼万岁,乐成一片。

当年他在咸阳服役,曾慕叹嬴政为帝的丈夫气度,后来自己做了皇帝,儒生叔孙通要为他制定一套君臣朝会的礼仪,他发问说:"该不会很繁难吧?"希望根据他自己能做到的程度,制定得简便易行。不久他观看了仪式的演练,感到自己能够做到,才决定在朝中实施。当他在长乐宫第一次感受了肃穆的典礼,接受了群臣的朝拜后感叹说:"吾乃今日知为皇帝之贵也。"这不失为一时由衷之言,但也同时表明之前他并未自视尊贵,始终保持着普通人的心态。

刘邦与后宫嫔妃的交往也不乏浪漫成趣之处。前205年魏王豹在彭城之败后叛汉连楚,刘邦派韩信、曹参等破魏掳豹,将其国变为汉之一郡。魏豹宫中的姬妾宫女多被送到为皇室织造丝帛的织室。魏豹死后,刘邦有次进入织室,见到原为魏豹之妃的薄姬颇有姿色,下诏纳入后宫,一年多未曾同房。有一次刘邦与管夫人、赵子儿两美人坐于河南宫成皋台,两美人私语窃笑,刘邦问其原因,她们说:当年曾与薄姬有"先贵无相忘"的约定,她们为当时的约定发笑。刘邦听此,内心惨然伤感,怜惜薄姬,当天即召薄姬同房。薄姬来后告诉他:"昨晚我梦见苍龙盘卧在我身上。"刘邦说:"这是贵兆,我成全你。"一夜同房,生下男孩,就是代王刘恒。后来汉臣诛灭吕氏后刘恒被拥立为帝,是为汉文帝。据说这位薄姬少年时被纳入魏宫后,她的母亲到相面的人那里为她看相,看相者说薄姬会生下天子。当时楚汉相持于荥阳,天下政局未定,魏豹从汉击楚,他听到相者之言,心中窃喜,遂背叛汉军,谋求独立,遂有后来的韩信破魏之事。这也不失为一段佳话。只说刘邦在河南宫携美为乐,听到美人窃笑的缘由,竟然动了怜香惜玉的真情和同情弱者的恻隐之心,并有意识地成全了痴心薄姬的梦想。他乐善好施、富于同情的心性通过施恩薄姬被忠实地彰显出来。

刘邦在后期非常宠幸戚姬,常使其陪伴身边。有一次御史大夫周昌利用闲空之时入宫奏事,刘邦正拥抱着戚夫人,周昌见状,转身就跑,刘邦赶上周昌,抓住他骑在脖子上问道:"我是怎样的君主?"周昌仰着头回答:"陛下是桀、纣一样的君主。"刘邦听罢笑了,然而更加敬畏周昌。御史大夫是负责监察、执法,并兼掌重要文书图籍的官员,周昌又以敢于直言而出名。刘邦的闺房之私被其撞见,他心知不是好事,感情冲动之下,急于想知道周昌对此事及自己本人的评价,于是发生了一场十分滑稽的小剧。听到了周昌的评价后,大概有感于并认同了他的直率,才有外露本心的发笑。人们从这里看到的似乎并不是统治万民的皇帝,倒是一个情趣盎然的老顽童。

刘邦早年为亭长时就有狎侮县吏、耍笑为乐的事迹。当时县令家里来了一位叫吕公的贵客,因避仇举家从单父(今山东省单县)迁来,县上的豪绅官吏们都去送礼祝贺,县衙主吏萧何负责收礼,他对来客说:"送礼不满千钱的,请坐到堂下。"刘邦故意在名贴上写着:"贺礼一万钱",其实没有一个钱。但他却引起了吕公的注意,被领到堂上去坐。萧何说:"刘季向来喜欢吹牛,很少能做到。"刘邦并不理睬,毫不谦让地坐了上座,他正是想借机戏侮那些送礼的来客,也果然得逞。吕公后来还把自己的宝贝女儿吕雉嫁给刘邦为妻。

刘邦早年在家乡时常到王老太和武大娘的店里赊账饮酒,喝醉了倒头就睡,是一个喜好醉酒的人。他在丰西水泽中释放了所押囚徒的那天晚上喝酒较多,与十几位自愿追随的壮士在泽中小路行走,走在前面的人发现有大蛇当道,提议往回走,刘邦带着酒意说道:"壮士行路,有何畏惧!"赶上前去,拔出剑来,斩大蛇为两段。又往前走了几里路,酒兴发作,倒地便睡。他喜欢喝酒,率性而为,在家乡是出了名的。

前 196 年秋,刘邦在会甀(今安徽省宿县西南)击败了淮南王的反叛之军,另派他人追歼残寇,自己顺路回到了阔别十五年的家乡沛县,他在沛宫置酒设宴,把家乡的朋友和父老子弟全部请来,纵情痛饮,还在沛县挑选了一百二十名儿童,教他们唱歌。酒兴正浓时,刘邦以手击乐,自拟歌词,高声吟唱道:

大风起兮云飞扬,

威加海内兮归故乡,

安得猛士兮守四方。

衣锦回乡的欣喜,求贤安国的希冀,以及一代帝王的宽广胸臆凝为一体,被豪放地抒发出来,堪称绝唱。刘邦让儿童们跟着相和,他举步起舞,慷慨伤怀,热泪流淌,对父兄们说:"游子悲故乡。我虽然建都关中,千秋万岁之后,我的魂魄还会乐而思沛。"他决定世世代代免除沛县民众的赋税劳役。沛县的男女故友天天开怀畅饮、谈论往事,欢笑为乐。十多天后,刘邦准备离去,沛县父兄执意挽留,刘邦说:"我的随从众多,父兄们负担不起。"坚持离开。沛县人倾城出动,都到西郊敬献酒食,刘邦还是留了下来,搭起帐篷,痛饮了三天,方才离去。

刘邦离别前,沛县父老叩首请求说:"沛县有幸免除劳役,丰邑却未免,请陛下哀怜他们。"刘邦说:"丰邑是我生长之地,我决不会忘记,只因为丰邑人当年跟着雍齿反叛我投靠魏国。"沛县父老再三请求,刘邦答应比照沛县一并免除。

刘邦回故乡是他去世前半年的事情,其时他约六十一岁,已近生命尽头,他的所爱所恨,以及各种复杂的人性本真更加无所掩饰地表露了出来。人们所能感到的并非龙威森严,而是亲切可爱。

慢侮待人,礼遇儒生

萧何在汉中时曾当面说刘邦对人傲慢不讲礼节。刘邦对此评价是认可的。早年在家乡时他常常戏弄县衙的吏役们,给县令的客人吕公虚送万钱只是其中一事,吏役中无不被其狎侮。这种对人态度多半是他不拘小节、粗鲁近俗的性格使然,少时形成,几乎终生未变。

他约四十七岁起兵反秦,被尊为沛公,自此成了一方领军人物,但仍然有慢侮待人的习性。比如他正在洗脚时召见六十多岁的郦食其,当时就遭到了对方的批评;后来又在洗脚时召见叛楚来投的淮南王英布,几乎使英布羞辱自杀。对于手下臣属,他一有怒气,就口无遮拦地辱骂,少有忌讳。如他曾大骂劝阻出击匈奴的刘敬为"齐虏",骂曾经说降英布的随何为"腐儒",骂郦食其为"竖儒",领兵平叛前骂刘盈为"竖子"。讨伐叛将陈豨时,他来不及调用邯郸以南的部队,让人推荐当地的四位壮士为将,任命时一见面就骂道:"竖子能为将乎?"他从赵王张敖的封地经过时,张开两腿坐在椅子上谩骂,以至激起了赵相贯高对他的谋杀之念。

刘邦未曾读书,有草莽之气,早先特别不喜欢读书的儒生。他身边的骑士曾对郦食其介绍说："沛公不好儒,宾客们戴着儒生帽子来的,沛公总是取下他的帽子,撒尿在里面。与人言,常大骂。"当时郦食其主动求见刘邦,骑士以刘邦慢侮待人而劝阻他,也许其描述有些夸大其词,但毕竟也反映了一些事实。另一处记述说,郦食其初谒刘邦军门,使者入内通报,对刘邦说："那人形貌像个大儒生,穿着儒生的衣服。"刘邦一听是个儒生,对使者说："替我辞谢,就说我正图天下大事,没有闲暇见儒人。"使者出告后,郦食其瞪眼按剑呵斥道："你再进去讲,我高阳酒徒,非儒人。"刘邦听到这话,才召见了他。这是前207年入关西进初期的事情。前205年,叔孙通奔投汉军,刘邦很厌恶他穿的儒服,叔孙通改变了服装,楚人短衣式打扮,刘邦才高兴。由此也见刘邦当时对儒生的拒斥与反感。

在长期征战的实践中,除了张良、陈平等富有学识之人的辅佐外,郦食其、随何、陆贾、叔孙通等儒生为汉军的胜利和建立一统江山均建功立业、贡献不小,使刘邦逐步改变了对读书人的看法。

促使刘邦思想转变的首先是随何的一次申辩。随何曾在前204年楚汉相持的关键时期说服九江王英布背楚降汉,独立完成了战略制楚的重要步骤。在刚灭楚军的一次酒宴上,刘邦贬低随何的功劳,称他为庸儒,说治理天下用不上庸儒。随何上前问道："陛下当时派遣五万步兵、五千骑兵,能够凭此夺取九江国吗?"刘邦回答不能。随何又说："陛下当时派我和二十个人出使九江,达到了预期的目的,这是我的功劳超过五万步兵五千骑兵,怎么能说我是庸儒,治天下没有用呢?"刘邦觉得随何之言有理,封他为护军中尉,与陈平的官职相同。

随何的申辩使刘邦重视儒生的军功,而陆贾的论说使刘邦认识到,治理天下根本就离不开儒生。陆贾曾在前196年受命出使南越,说服南越王赵佗称臣归汉。完成使命后,他被拜为太中大夫。陆贾利用职务之便常在刘邦跟前称道儒家的经典《诗经》和《尚书》,刘邦骂道："你老子是在马上取得天下的,那里用得上《诗》、《书》!"陆贾说："在马上得到天下,难道可以在马上治理天下吗?汤、武以武力取天下而以仁义守天下,文武并用,这才是长久之术。当年吴王夫差和智伯崇尚武力而亡,秦用严刑苛法而灭。假如秦在一统天下后施行仁义、效法圣王,陛下怎么能取得天下?"刘邦听了不高兴,但面有惭色,他对陆贾说:"你试替我论述一下秦朝失去天下、我能取得天下,以及古代各国成败的原因。"陆贾就粗略地论述了各国存亡的缘由,一共十二篇,每奏一篇,刘邦无不称赞。

其书号为《新语》,曾对汉朝政治发生过重要影响。刘邦看来当时是被陆贾的议论所说服,明白了逆取顺守、以儒治国的道理。让陆贾为他总结历史和现实的经验教训,表明他对儒学和儒生的认识已发生了重大转变。

秦时待诏博士叔孙通为朝廷制定了官制和朝会仪式,使群臣在朝廷起止有序、卑尊分明,改变了过去醉而狂呼、拔剑击柱、喧哗无礼的散乱气氛,朝廷肃然庄重。刘邦说他由此才感到了做皇帝的尊贵。他拜叔孙通为掌管宗庙礼仪的太常,赐黄金五百斤,并将其弟子儒生三十多人一次任用为郎,供朝廷陪从和顾问之差。传统的儒生已开始被朝廷成批御用。

从内心讲,刘邦对读书人应该是有所倾慕的。他对张良始终如一的尊崇和对陈平一见如故的爱戴就说明了这一点。立国后他在长安征召东园公、用里先生、绮里季、夏黄公四位老人,四人是秦末的著名隐士,他们因为刘邦待人傲慢轻侮,所以逃匿于商山(今陕西商县东南),不愿为臣,被称为"商山四皓"。得不到的东西显得愈加宝贵,刘邦以不能征召到四皓深为遗憾。后来他见到四人在东宫侍奉太子刘盈,心中大为震撼,以至彻底打消了更易太子的念头。因为刘邦太看重四皓了,不光将其看作附庸风雅的饰物,而且将其视作人心归附的象征,这都源于他对读书人的倾慕心理。

顺势取功,天助其成

豁达大度和豪放不羁的性格使刘邦对许多事情都没有一种强烈的主观期待,他抱着无可无不可的态度去行事,常常是顺势而为,随机取功。

荥阳受困之时,他听取郦食其的建议,准备分封六国之后,以牵制楚军。已经刻印实施时,张良提出了反对意见,并予以充分说明,他立刻终止此事。建都长安后他反对萧何在营造未央宫时追求豪华壮丽,但听了萧何"非壮丽无以重威"的解释后又转怒为喜。在他的心目中,任何事情都不是非如此不可。他虑事不深,性情豪放,没有感到有什么应该固执的己见,因而能够接纳各种意见,似乎虚怀若谷,从谏如流。他的许多决策和用人都是幕僚的意见;他对许多人的赦免都由于他人的劝谏;他对几位有反叛疑迹的重要功臣降职贬爵而已,在其被他人捕杀后"且喜且怜";败逃时宁愿将子女蹬下车去,对被楚所俘的父亲和妻子不曾急于营救,对这些亲属都生死任之。甚至在西进入关途中,对昌邑、开封、宛城等难以攻克的据点,也愿选择绕道而过的方式,没有死攻期克的固执和勉强。

带着无可无不可的心态去处事,他没有稍多的功名之心,因而从不为功名所累。早年在泗水亭长的职位上以狎侮县吏们为乐,押送囚徒时见其大半逃亡而无憾,甚至愿意释放囚犯,弃官逃匿。如果没有秦朝的苛政和陈胜的登高一呼,他必然是一个默默无闻的逃亡首领,但肯定乐此不疲、不会尤人怨天。反秦的烈火一在大泽乡点燃,他被沛县属吏寻找相召,乘势走上了广阔的政治舞台。

刘邦虽然曾仰慕过秦皇的气度和威严,但早年他并没有做王称帝的意念。当时夺取了沛县后,父老子弟欲推他为沛令,他告诉大家:"天下大乱,诸侯并起,如果头领选得不好,会一败涂地。"他说自己并非爱惜生命,只是能力不足,不能保全父老兄弟,希望大家另推可以胜任的人选。后来,只是因为萧何、曹参等人个人顾虑太多,刘邦再三推辞不得,才以无不可的态度当了沛令,按楚俗称为沛公。前202年打败楚军,他在穀城泣葬了项羽,还至定陶,诸侯将相们共同推举他做皇帝,他对大家说:"皇帝的称号只有贤德之人才可享有,空言虚语,没有贤德,就不要勉强了。我不敢承当帝位。"群臣们再三推戴,甚至说道:"大王不受尊号,人们对大王先前的封赏就会疑而不信。"表示对推立皇帝的意见要以死相守。迫不得已的刘邦只好表示说:"各位一定认为这样有利国家,那就这样吧!"遂在氾水北岸接受拥戴,筑坛登基。

十年前,刘邦在泗水亭长的职位上释放囚徒,弃职而去,并无欲取先予的机谋和图取王侯的大略,十年后竟然顺乎其理地登上了天下至尊的帝位。在人生的道路上,他率性做事,顺势而为,但仿佛是天助成功。

汉初的人们都相信刘邦为帝是出于天意,有许多神秘的传说,其中的一部分被史家所记载:一是说刘邦的母亲刘媪曾在大湖岸边休息小睡,梦见与天神相遇交合,这时雷电交加、天气昏暗,太公前去寻找她,看见蛟龙盘在刘媪身上,后来刘媪怀孕,生下了刘邦。二是说平时赊酒给刘邦的王老太和武大娘,在刘邦醉卧酒肆时,常看见他上面有条龙,感到奇怪。每当刘邦来喝酒,当天卖出的酒总要比往常多好几倍。三是说刘邦释放囚徒的那天晚上,斩了挡路大蛇醉卧之后,有一位老太婆在斩蛇处哭泣,诉说有人杀了自己的儿子,并解释说:"我的儿子是白帝之子,变成蛇挡在路上,现被赤帝儿子所杀,所以哭泣。"大家认为这老太妄言不诚,想给她点苦头吃,老太婆却忽然不见了。四是说刘邦逃亡于芒、砀一带的深山大泽中,妻子吕雉必能一下子找到,刘邦问其原因,吕雉说:"你所隐藏的地方上面常有云气,跟着云气走,就能找到你。"又说秦始皇嬴政认定:"东南有天子气",因此巡游东方,借以镇服,这股气就与刘邦有关。五是说,当时一位名叫甘德的天文占星家曾告诉张耳:"汉王进入关中时,五星会合于东井,东井之宿对应于秦的分野,先到者必霸。楚虽强,后必属汉。"刘邦入关后范增也说,他看到其所居之处有天子之气,成五彩龙虎,等等。总之是说刘邦出于龙种,生而不凡,他承受天命,征兆明显。

除上述传说外,人们还使用了骨相的说法。据说刘邦鼻梁高起,上额突出,所谓"隆准而龙颜",长着漂亮的胡须,左腿上有七十二颗黑痣。当年他戏耍县令,给其贵客虚送万钱入贺,吕公就见之大惊,起身到门口迎接。吕公年轻时就喜欢给人看相,从来没有见过刘邦这样的贵相。他把刘邦请到上堂相坐,散席后又单独留下相谈,十分敬重。吕公对自己的女儿期许极高,沛令想要娶走,他没有答应,最后不顾沛令的友情和妻子吕媪的反对,坚持把吕雉嫁给刘邦。刘邦当了亭长时,常回家种田,吕雉带着一双儿女在地里除草,有一位过路的老汉向她讨水喝,老汉喝罢,端详着吕雉说:"夫人是天下贵人。"吕雉让给两个孩子看相,老汉看着刘盈说:"夫人所以显贵,就因为有这个孩子。"又说鲁元也是贵人。刘邦来到地里,知道了这事,追到不远处让老人给他看相,老人说:"刚才给夫人和孩子看相,他们都像你。你的相贵不可言。"这就是说,刘邦长得与众不同,他的发迹为帝本来就是天生造就的。另外,在沛县起事时,父老兄弟们愿意推他为令,其中一个理由就是平时听到关于他命当显贵的种种奇闻怪事,而且卜筮占卦,他最为吉利。

汉初的人们从登基为帝的意义上倒看刘邦早年的活动,为其事业的巨大成功与其人生的巨大反差所惊叹和震惊,他们在狭小的经验范围内难以想象、无法置信,遂根据时代的固有观念演绎其早年的事迹,将其人生的变化说成是上天的安排和命运的决定,于是有龙种、云气等违背科学、荒诞无稽的传说。汉朝的统治者想要说明自己统治的合法性,也宁愿相信和宣传这些传说。它们被记载和流传下来,蒙蔽了不少后来之人。

刘邦的确曾经得天之助,比如,前205年彭城之败时他丢失了几十万军队,本人被楚军重重包围于灵璧睢水之岸,性命不保,但突然大风自西北而起,折树拔屋,飞沙走石,天昏地暗,楚军大乱,刘邦得以带领几十骑逃出重围。

　　侥幸得助的事情几乎人人都会碰到，刘邦的得天之助绝不止此：在他聚众逃亡之时偏偏遇上了一个反秦革命的战乱年代；他单独造反之时雍齿偏偏率丰投魏，逼使穷途无路的他投靠项梁，汇入反秦的汹涌大潮；他在楚怀王熊心的麾下原非主将，偏偏项梁毙命，使他成了入关为将的最佳人选；群雄逐鹿于中原，他自己不具过人之才，但天下顶尖的人才偏偏鸟栖汉枝，为他所用，而他的对手又偏偏是没有韬略、不得人缘的项羽，最终"世无英雄，使竖子成名"。上述种种方面似乎是上天之助。

　　刘邦按照自己特殊的行为方式去处事，顺势而为。他碰到的似乎都是偶然性，人们以为天助其成，但偶然性受着必然性的支配，偶然性背后有必然性存焉。

以爵酬功，赏赐重情

　　灭楚称帝后刘邦大封功臣，基本上是以功封爵，论功行赏，但众多将领的功劳有一个授予人主观上的比较评价问题，在这一环节上刘邦不乏夹杂入个人感情的成分。

　　刘邦赏功时对自己的平民之交、身边亲随和跟随自己最早起兵的将领总是首先想到，并且高看一眼。萧何当年为沛县吏时在官场上常常照顾身为泗水亭长的刘邦，刘邦去咸阳服差时他比别人所送的三百钱多出二百，又是沛县起义的最早支持者。论功行封时大家谁也没有想到这位未上战场、留守关中的相国，但刘邦提议萧何为首功，并用他的所谓"功狗"、"功人"之喻镇服心怀不满的众将领。排列位次时他又故意等待，积极支持鄂千秋的提议，有意识地将萧何排在第一，从而名正言顺地给萧何以最高的待遇。对于和自己同生同长、起兵后常以太尉相随的卢绾，平时就给以衣食方面的超常对待，虽然拿不出卢绾得以服众的战功，但在前202年平定了燕王臧荼的反叛后，还是乐于采取策略的方式，利用有些将领的逢迎之心，最终封卢绾为燕王。

　　刘邦对早年平民时和战争期间给了他恩惠的人，总是设法报答。他曾经在家乡躲避官司，狱吏就拘捕了吕雉，给了其不恭敬的对待。另一位名叫任敖的狱吏与刘邦关系要好，他一怒之下打伤了管理吕雉的那位狱吏。因为这一关系，刘邦起兵后就让任敖担任御史，后来又任其为上党郡守，被封为广阿侯，食邑一千八百户。吕后执政期间更报以御史大夫之职。有一位叫单圣父的人,在刘邦贫贱时给他一匹马以应急需,其人跟随从军后被任为郎中,灭楚后封为中牟侯,食邑二千三百户。蒯成侯周緤是沛县同乡,起兵后常为骖乘,追随刘邦多年。刘邦晚年率兵出击陈豨时,周緤流着泪说:"以前秦皇攻败天下各国,从未自己带兵。现在皇帝经常自己带兵,难道是无人可以派遣吗?"刘邦认为周緤深爱自己,赐给他入殿门不趋和杀人不偿命的特殊待遇。刘邦为平民时曾数次跟大梁名士张耳交游,作客几个月,后来在汉王职位上给予了张耳优厚的对待,在韩信攻下赵国后即封其为赵王。前202年张耳死后让其子张敖嗣位称王,又把女儿鲁元公主嫁给张敖为王后。他称帝后去寻找那位在田地中给他们一家四口看过面相的老人,大概想要酬赏,只可惜没有找到。

与上述加封的情况相反,刘邦对背叛自己、伤害了自己感情的人在赏赐上总是设法削减和报复。他的同乡雍齿在沛县起兵之初为他守护丰邑时背叛降魏,迫使正在生病的刘邦往投他人,后来归汉后据说还数次窘辱刘邦,尽管雍齿功多,但灭楚封赏时刘邦竟对其不予考虑。张良见这样有失公正,甚至不得不借诸将聚众私议、会不平而反的情况,建议刘邦"急封雍齿以示群臣",以消除怨望。司马光在《通鉴》中议论此事说,张良是"因事纳忠,以变移帝意,使上无阿私之失"。他认为"高帝初得天下,数用爱憎行诛赏,或时害至公"。这些评价都是极有根据的。刘邦晚年回故乡,开始为沛县免除了赋税劳役,当地父老劝为丰邑一并免除,他仍然表示对当年丰邑随雍齿降魏一事心存芥蒂,他对自己心中的所恨总是通过取消赏赐来实施报复。

刘邦兄弟四人,他的长兄刘伯早就去世,刘邦贫贱时,曾因事躲避,常与客人去大嫂家吃饭。大嫂厌烦了,等刘邦与客人一起来时,就用饭勺刮锅边,假装饭菜已吃完,客人因此离去。刘邦过后看到锅里还有饭菜,因此就怨恨大嫂。后来做了皇帝,封赏本家兄弟,只有大哥刘伯的儿子未被封赏,太公来为其说情,刘邦回答说:"我并非忘记了封他,因为他的母亲不是厚道人。"于是便封她的儿子刘信为羹颉侯。颉,即是刮的意思。刘信虽被封侯,名称中寓讥讽和不敬之意。

身为至尊,心有伤痛

身为皇帝的刘邦在晚年的心态逐步有了变化。首先是他开始关心百年之后世人对他的评价。拥抱戚夫人时被周昌撞见,遂骑在周昌脖子上问对他如何评价,当是这种心理的一种反映。

萧何一直是他最信任的臣属,当年他不惜拂逆群臣之意为其争得首功,可见其亲近程度。但相国乃百官之首,一人之下,万人之上,可能与皇帝有一种权力上的分割与民心的比较,故而产生出一些矛盾。萧何自入关中,为相十多年,他勤勉不倦,办事谨慎,民众非常拥戴,刘邦则因此而心生嫉恨。有一次萧何前来请示说:"长安地狭,上林苑中有很多荒芜的空地,请下令准许民众进入种田。"上林苑是咸阳以南秦代所建专供皇帝行猎的场所,已经荒废空置,萧何的建议本来不错,但刘邦听后大怒说:"相国收受了商人的财物,就为他们请求土地!"下令把萧何交给廷尉,用镣铐拘禁。几天之后,他给前来说情的王卫尉解释道:"听说李斯为秦相时,有好事归功主上,有过错自己承担。现在萧相国受贿而为民请地,自己向民众献媚,所以治他的罪。"王卫尉以萧何的治国经历说明他不可能受人之贿,又以秦亡之因说明李斯为相不足效仿。刘邦听了仍不高兴,当天他派使者持符节去释放了萧何,萧何前来谢罪,刘邦对他说:"算了吧!相国为民请苑,我不允许,我不过是桀、纣那样的君主,而你是贤相。我拘禁相国,是想让百姓知道我的罪过。"仍是一副愤恨不平、怨气满胸的架势。

刘邦在这里惩治萧何的根本原因在于萧何为民请利,分走了皇帝应该拥有的民心,他恨无所出,遂对竞争对手突施严厉的报复。但内心真实的想法不好说出,又不能惩无辜之人,于是给其加上受人之贿的罪名。其实这一罪名是他自己也不相信的,他对王卫尉提说李斯"有善归主,有恶自与",倒是真实反映了他对萧何的期盼,他希望萧何一方面享受自己为之争取到的首功封赏,一方面又为自己扬善隐恶、承担过失,至少也不要分割和抢走应该属于自己的民心——他希望做一个民心归附、流芳百世的皇帝。正是本着这一心理,他对被释后前来谢罪的萧何仍心存怨恨。他直面发泄、正话反说,实在也是对萧何的警告与提示。在接到长安之民的拦路上书,告发萧何以低价强买民田数千万,他看后高兴地说:"这就是相国的利民!"并未真正追究。

不管刘邦的行为手段如何,希望做一个深孚民望、美名流芳的帝王,这当是一种健康、积极的心态,表明做了皇帝的刘邦,思想境界已有很大提高,从朴素的仁爱意识已开始转变为对自身良好形象的自觉追求。

刘邦在反楚战争中及其稍后分封过若干个诸侯王,他在称帝后感到了与这些诸侯王之间的现实矛盾。诸侯王拥有自己的土地和军队，又多是能征惯战的将领出身，王国的存在不仅分隔了中央政府对地方的管理，而且威胁着国家的安全与稳定。刘邦不愿意看到自己开创和拥有的一统江山受到诸侯国的威胁，对诸侯王的行动一直非常敏感，稍有风吹草动，他就率兵出征，予以平定。自他灭楚登基后的前202年到去世时的前195年间，他六次出征，又遣将平叛，消除了除长沙王吴芮之外的所有异姓诸侯王，又在旧土上分封了自己的子弟，以为这是天下一家，朝廷可以依赖。但他并不因此就放心，割据势力的滋生、外戚势力的坐大可能都是他非常担心的，他曾与群臣盟誓立约："非刘氏而王者，天下共击之。"希望能借助群臣的力量，对可能出现的威胁刘氏江山的异姓王予以铲除和取缔。盟誓之词表明，他虽然认为王者尽刘就是天下大吉，但对自己身后是否能保证刘氏的一统天下并无十分把握，他只不过想借盟誓做出最后的努力，至于实际效果，那肯定是他心中的不安。

刘邦心中最大的隐痛还不在这里。他做了汉王后，得到了定陶女子戚姬，非常宠爱，常使其伴随身边。戚姬生下了儿子，刘邦认为很像自己，为其取名如意，疼爱无比。当时吕雉所生的儿子刘盈已被立为太子，一因吕雉已被疏远，再因刘盈为人仁弱，刘邦以为不像自己，因而他决定更换太子，将来让刘如意继承帝位，他公开对人讲："终究不让不肖子居于爱子之上。"常在身边的戚姬日夜啼哭，催促实行，更增加了他的废立决心。

但刘邦的决定遭到了众位大臣的反对，有些甚至与他在朝廷上辩理相争。太傅叔孙通列举晋献公、秦始皇废长立幼而失天下的史实相劝谏，甚至提出："陛下必欲废嫡而立少，我愿舍命受死，以颈血溅地。"那位梗直的御史大夫周昌论争说道："臣口不能言，然臣期期知其不可。陛下虽欲废太子，臣期期不奉诏。"周昌在盛怒之下，因口吃，把"极"说成了"期期"，但坚定地表达了自己将不奉诏令的态度。这些大臣的劝谏和廷争并没有改变刘邦的废立决心，但迫使他将此事的实施不断推迟。

吕雉为了保住儿子刘盈的太子之位，万般无奈之下催逼张良想个办法，深谙刘邦心底的张良让吕雉以卑辞厚币请来"商山四皓"暗助刘盈。刘邦偶然在宴席上看见自己百请不至的四皓在侍奉刘盈，又听他们说："太子为人仁孝，恭敬爱士，天下莫不延颈欲为太子效死。"懂得天与人归与根深柢固之理的刘邦自此才打消了更易太子的念头。

眼看着四皓随刘盈离去,刘邦叫来戚夫人,指着四位老人说:"我想改换,他们四人辅之,太子羽翼已成,难动摇啊! 吕后真是你的主子。"戚夫人泣不成声。戚姬也是楚人,刘邦对她说:"你为我跳楚舞,我为你唱楚歌。"他唱道:

> 鸿鹄高飞,一举千里,
>
> 长成羽翼,横绝天地。
>
> 横绝天地,当可奈何!
>
> 虽有弓箭,安放哪里?

一连唱了几遍,戚夫人叹息流泪。刘邦在歌词中把太子比作羽翼已丰的鸿鹄,表达了他虽想更易但无可奈何的心情。

刘邦后来封十岁的爱子如意为赵王,但常常独自闷闷不乐,悲伤地唱歌。群臣们不知道什么原因。在掌玺御史赵尧的追问下他透露心迹说,吕雉与戚夫人实为水火之势,他极担心戚夫人母子在自己身后不能保全。经过反复思索,刘邦决定给赵王如意配置一个刚毅强贵、并为吕雉和群臣平素敬畏的人担任相国,最后选定了御史大夫周昌。周昌自沛县起兵时就跟随刘邦,为人质朴正直、坚毅刚强。曾廷争保护刘盈,吕雉对其感恩,群臣对其恭敬。刘邦招来周昌,告诉了自己的决定,并表示说:"我深知这是降职,但我心忧赵王,考虑到非你不可,希望你为我屈就。"

刘邦贵为至尊,天下在握,但却无法保护自己最爱的夫人和儿子。他为儿子选定了一个刚毅的辅佐保护之人,大概连他自己也明白,这是一个百无聊赖的办法,聊胜于无而已。临终前,他听到有人说,樊哙将在他去世后以兵诛尽戚夫人和赵王如意等人,病床上的刘邦闻言大怒,让护军中尉陈平急赴燕地军中,立斩樊哙之首。樊哙是刘邦的贵亲和心腹之臣,但只要他威胁到戚夫人母子,刘邦也会毫不犹豫地将其除掉。戚夫人和如意是他生命中的至宠,却眼睁睁地看着无法保护——他是忍受着心中血流不愈的伤痛离开这个世界的。

刘邦是一个极为复杂和有趣的人物。他以泗水亭长和逃亡者的经历投身于反秦斗争,以宽厚长者的特点受到器重,凭豁达气度和心性之敏吸引网罗了一批杰出人才。他以手掐灭了秦朝最后的命灯,率汉军耗尽了霸王项羽的气数,开创了一个囊括四海、根基深固、影响长久的一统王朝。他实现了秦汉时代最大的成功,也留给了人们无尽的遐思和想象。

关于汉军取胜的议论

项羽分封诸侯、自称霸王之后约四年,以刘邦为首领的汉君臣经过艰苦卓绝的努力,终于打破了项羽设定的天下政治格局,灭亡了西楚,在辽阔的华夏故土上铸造了一个无比辉煌、影响深远的汉王朝。

秦失其鹿、天下蜂起而逐之。汉君臣之所以能从项羽手中争得对天下的控制权,建立起一统王朝,首先在于他们能适应秦灭之后天下苍生民众的根本要求,推行一种宽厚、平和的治政方针。这些出身下层、四方征战的君臣们深知天下百姓的痛苦之所在、向往之所在,他们用质朴笃诚的心态对待百姓、制订政策,得到了民众的广泛拥戴。前206年汉军还定三秦,迅即成功,其后在东征过程中能不断得到来自关中百姓源源不断的兵饷支持,就在于当年约法三章等惠民政策深刻地赢得了民心,这和秦朝的暴政及项羽的肆虐形成了鲜明的对照。民众的感觉是:只有汉军取胜,才能给他们真正的宽松和安宁。他们是汉军夺取天下雄厚的社会基础。汉军正是在百姓的支持中获得了持续不竭的力量,许多次败而不亡,最终反败为胜,建立起了自己的一统江山。

汉军胜利,其重要的原因也在于实践中实施了一条成功的用人方针。以刘邦为首领的政治集团起身于丰、沛,以当地下层官吏为骨干,由于他们宽厚、谅解、信任的待人方式,在长期的征战中,吸引和接纳了张良、韩信、陈平等天下一流的将相之才。许多被项羽集团遗弃和逼走的人才,在汉军中找到了施展才华、实现自我人生价值的舞台。天下智慧在这里高度汇聚。无论是在失败的困境还是在军事进展的关节点,弱小的汉军都能拿出最优的方案来实施。凭借智慧的支撑,他们输得起,能多次败而未亡,也能赢得顺。当常胜的项羽在荥阳战场难以久持,划界回撤时,汉军积聚起来的态势就如江河东去,一泻千里,势不可挡。

汉军的胜利,证明了顺民者昌、任人者强两条根本的道理。此外,在集团的机遇与发展、战略与策略以及君臣关系的协调等方面都有许多耐人寻味、可供借鉴的东西。这是一段奇迹般复杂突变的历史,不长的史实中蕴涵有可供人们观察和吸取的无尽的滋养。

汉王朝建立时,人们把它仅仅看作楚汉争胜的终结和一段动乱年代的结束,王朝创建的当事人也许仅仅将其看作自己功名的获得,然而事实上,随着社会的长久演进,它的历史意义愈益凸现和显亮。汉军的胜利和汉王朝的建立,使社会历史进入了一种新的轨道,它改变了华夏民族的发展方向,稳定了民族的根基,确认了社会政治领域某种价值取向,为民族的生长和强大铸就了一个前所未有的摇篮。

【续尾·英雄悲歌——】

群雄逐鹿

秦失其鹿，天下共逐之。霸王失手，汉军取胜，以刘邦为首领的英雄们奋起于秦末乱世，收拾金瓯、重整河山，创建了一个笼括宇内、基业宏伟的大汉江山。他们曾满怀信心地在社会舞台上展现自己的文韬武略、智识心性，把中国历史推入了一个新的轨道，由此取得了事业和人生的巨大成功。但在一种陌生的历史轨道上，他们的命运注定要发生新的转机。英雄的悲歌与凯歌相伴奏起。

兔死狗烹——一条被屈死的冤魂

汉军中战功最大、曾经可以左右天下政局，但拒绝了蒯彻反叛游说的大将军韩信，最终被汉室的最高当权者杀害，三族受灭。应了那句鸟尽弓藏、兔死狗烹的老话。

齐王韩信在垓下指挥几十万大军围歼楚军，战斗刚一结束，刘邦即驰入军营，夺其将印。前202年二月，刘邦在定陶登基称帝，改封韩信为楚王。

韩信是汉军中最善用兵、军权最重，因而也是刘邦最不放心的将军。大约一年之前，韩信攻取了齐国，要求刘邦封他为假齐王，以便镇抚齐民。刘邦怕拒之生变，也为拉拢韩信，遂封他为真齐王。当时韩信"为汉则汉胜，和楚则楚胜"，刘邦是不得已才这么做的。韩信在北方经略数年、震慑民心，齐国又地处偏远，刘邦不愿让他再作齐王。当时汉朝准备在雒阳建都，刘邦以熟悉楚地风俗为名，将韩信改封为楚王，将其调离数年经营之处，置于国都不远之地，应该是意味深长的。

次年底，有人报告楚王韩信谋反，刘邦采纳陈平的伪游云梦之计，假托说刘邦要来云梦（约在今湖南省洞庭湖一带）巡视、会见诸侯。韩信在刘邦到楚国陈地（今河南睢阳县）时前去拜见，即被安排好的武士缚绑。

楚将钟离眜过去与韩信关系较好，项羽死后他回到属于楚地的家乡伊庐（今江苏灌云县东北），私下里投靠韩信，刘邦曾下令逮捕。韩信在云梦的陈地拜见刘邦前，想杀掉钟离眜以讨好刘邦，钟离眜知情后大骂韩信，自刎而死，韩信持其首级去见刘邦，没想到自己反被擒拿。逼杀钟离眜之事既说明韩信有讨好刘邦之心,并无反叛之意,也说明他们君臣关系已经有些反常,连韩信自己也感觉到他必须靠杀友讨好维来持。

刘邦缚绑韩信装入后车,带至雒阳,没有找到反叛的证据,遂赦免其罪,贬为淮阴侯,带他到长安。韩信知道刘邦嫉恨自己的才能,常有怨望之心,称病不朝。偶尔也与刘邦谈论各人的用兵才能,但仍然自负颇高,认为自己统兵多多益善,也羞与樊哙等将为伍。

前196年,刘邦率兵去北方代地平息陈豨反叛,韩信称病不曾随从,据说他与家臣谋划,想假冒诏令放出官府的罪犯和奴隶,调发他们去袭击吕雉和太子刘盈。事情被一个叫栾说的门客之弟所告发。吕雉与萧何商议,假称刘邦派人自代地返都来报告陈豨被抓获处死的消息,让列侯群臣都去朝贺。萧何甚至给韩信传话:"你虽然有病,还是勉强入宫朝贺一下。"韩信一进宫,吕雉便让武士缚绑了韩信,将其斩于长乐宫钟室,随后诛灭其三族。韩信临刑前说道:"我悔不听蒯彻之言,竟被小子女人所骗!"

旧史称数年前陈豨被拜为巨鹿郡守,临行告别时,韩信就与其有共反密约,这次刘邦去平叛,韩信不曾跟随,且暗中支持陈豨举兵。人们根据陈豨的叛乱起因及其过程始末,大多怀疑这些记述的可靠性,认为系当时的诬陷之辞。但无论如何,韩信被贬是中央政府与诸侯王国的矛盾造成的,他举世无匹的用兵才能带给最高当权者的只是担心和恐惧,杀害他具有非常充足但不便明说的理由,等待的只是时机和借口而已。

汉朝君臣们根本上不能摆脱社会历史的支配,在他们当时所创建的国家政权体系中,最高权力的执掌者即享有最高的利益和尊荣,而权力和义务处于巨大的反差状态,掌握无限权力的人可以不承担任何义务,又具有随时剥夺他人各种利益的权力,并且还是世代承袭的。最高权力的巨大诱惑使许多接近它或有可能取得它的人总愿意为它铤而走险,有些甚至会侥幸成功。比如刘邦曾在平叛的阵前询问淮南王英布何苦要反叛,这位刑徒出身的诸侯王简单地回答他:"想做皇帝罢了。"英布的回答是社会政治生活中的最大禁忌,但也反映着顶端社会阶层的深层欲望。由于这一原因,最高权力位置上的人对自己的臣属就有一种天然的警觉和戒备。他们需要各层级的臣属共同支撑政权体系,同时又要防备臣属们对该政权体系的颠覆,那些拥有武装力量且主观能力上乘的臣属尤其会成为提防的对象。

夺取政权的时候,君臣们有共同的敌人,他们齐心协力,互相支持,君主唯恐臣属征战攻取的能力不济；夺取了政权之后，没有了共同的敌人，双方成了同一政权体系中各自权力的相互威胁者。保持权力的正常欲望必然使他们之间风声鹤唳、互相疑忌，君主在双方的关系中凭借绝对权力处于绝对优势地位，他们唯恐那些有战胜攻取能力的臣属，折其羽翼或除其人身符合君主追求权力稳定、保持自身安全的需要。韩信就是这种矛盾、这种机制的牺牲品之一。彭越、英布、陈豨等人的命运也是这样。

韩信曾经为刘邦攻取过半壁河山，又组织和指挥了最有决定意义的垓下之战，的确是汉朝创建中最大的功臣。但正因为他兵才盖世，因而在诸侯国存在的国度里，他又必然成了威胁国家安全最大的隐患。刘邦对他贬王为侯，拘至长安，要害在于除其封地、夺其兵权，仍然给其侯爵的上等人待遇，使他保有倨傲自矜的资格，从维持政权稳定的角度看，对他尚不是很坏的处置。

刻薄残忍的吕雉在刘邦平叛外出之时，将韩信诱骗至长乐宫斩杀，并灭三族，实在大大超出了"权力防卫"的范围。韩信曾在能左右天下政局、影响汉军胜败的齐王之位上拒绝了武涉、蒯彻的多次反叛游说，心中常感念着汉王解衣推食的知遇之恩，不曾犹豫地支持了剿灭楚王的垓下之战，几乎为汉室奉送了一个天下，但汉室却给了他个人远不及楚将项伯、项佗及一般将士的悲惨结局。而且，一位曾军威天下、举世无双的军事大家在自己的封国里被擒拿，又被不睹战马的宫中女流所骗斩，阴沟里翻船，人生的冤屈和惋惜莫大于此。

前197年，刘邦已到了他生命的晚年，朝廷的内部派系开始形成，吕雉为刘邦之后的吕氏政权已筹谋准备。刘邦时期的统兵功臣是吕氏上台的严重障碍，吕雉因而加快了诛杀功臣的步伐。继杀韩信后，同年秋她诬彭越谋反，借故诛之。她对刘邦讲：彭越是条好汉，留下他会有后患。她在维护汉朝社稷的名义下为吕氏执政暗作铺垫，杀戮韩信仅是事情的第一步。

韩信庙的一幅门帖上曾写着这样两句话：

生死一知己；存亡两妇人。

后一句是说当年淮阴城下漂洗的老妇送饭给他，使他生存，而吕雉最终斩杀了他；前一句是说，当年萧何在汉中追还韩信，将他荐于刘邦，送他踏上成功之路，最后又是萧何诳骗他入宫被斩。这种"成事也萧何，败事也萧何"的悖谬现象正是最高当权者掌权前后因目标任务不同而在用人方针上发生重大转折的突出反映。归根到底，韩信等英雄们是被他们为之献身的政权体系所屈死。

反叛必究——宾客盈门就是线索

汉将陈豨是宛朐(今山东曹县西北)人,当年在家乡反秦起兵,单独率五百人入关到达霸上,成为刘邦的部属。曾率一支游击部队平定代地。刘邦认为他办事很讲信用,在前202年击败了燕王臧荼之叛后封他为阳夏侯,让他以赵相的身份统帅监督赵、代的部队,防守匈奴的部队都归他统属。陈豨是灭楚之后崭露头角、被委重任的高级军事将领。

陈豨属魏地之人,他年轻时常崇拜养客数千的信陵君魏无忌,及自己在赵代任将后,也养了很多宾客,他以平民礼节对待宾客,礼贤下士、卑谦待人,很得人心。有一次他请假回乡探亲,路过赵国,跟随的宾客有一千多辆车,邯郸的官舍都住满了。赵相周昌看到这种情况,就进京向刘邦报告,说陈豨宾客众多,在外掌握重兵多年,恐有变故。刘邦遂派人去调查审讯陈豨代地宾客在财物方面种种违法之事,许多事情牵连到陈豨。陈豨惊恐不安,派人与叛投匈奴的王黄等暗中联络。前197年夏,刘邦父亲病逝,朝廷召陈豨赴丧,陈豨推说病得厉害,就同王黄等人反叛,自立为代王。

可以说,陈豨的反叛是他与朝廷双方的互相疑忌而激发的。养客是战国时期的普遍现象,孟尝君田文、平原君赵胜、信陵君魏无忌和春申君黄歇均以养客而闻名天下,但汉朝建国后,陈豨的养客却成了他受疑反叛的线索。刘邦并不一定相信陈豨的反叛,但肯定对其养客众多一事大为疑惑和不满,他派人追查宾客们的财物,从经济违法入手解决政治问题,散其宾客的意图却是非常清楚的。

陈豨养客可能仅仅是追随一种过期的时尚,出于一种爱好,但刘邦、周昌等人从政治上考虑问题,把宾客众多视作臣属个人势力的膨胀和对政府安全的威胁。宾客的供养自然需要大量的经济来源,陈豨所领的朝廷俸禄远不能满足其需要,必然依靠另外的非法补充。追查经济问题,切断陈豨养客的财政来源,且从其代地宾客的外围入手，力求处置中波澜不惊，是刘邦的如意盘算。当终于从经济上刨出了陈豨的违法之事后，他召陈豨来长安赴太上皇之丧，其真正的用心实在难明。

陈豨由养客而涉经济违法，事情暴露后，他惊恐而提备。被朝廷召赴长安，虽有堂而皇之的召赴借口，但陈豨还是非常疑惑。楚王韩信陈地赴会被擒的前车之覆，陈豨作为后车之鉴，自身安全的需要使他不敢贸然赴京。他以重病权作推托，在一番准备后只好铤而走险。是相互间的疑忌逐步升级，酿成了叛乱。

陈豨的部将多是商人出身，刘邦平叛时以重金收买的故伎瓦解了这支部队，击败其军，陈豨本人于此年冬被汉军追杀于灵丘（今山西省灵丘县东）。这次叛乱最终被平定了，但当时引起的振荡是很大的。陈豨的部将四处活动，邯郸以北全被占有，几乎波及华北全境。如此规模的政局动荡，虽然由刘邦的出兵所平定，但是否也是由于他的过分疑忌而引起。

从陈豨反叛的起因和过程看，他和其时蜗居长安的韩信应该没有任何联系。因为这次事变的时间长、规模大，曾经震慑人心，妄杀了功臣的吕雉就把支持陈豨反叛的罪名强加给韩信。刽子手深知自己罪恶之大，只好转身对人们讲：这人是该杀的！陈豨反叛为吕雉杀韩信提供了一个方便的借口。

自寻黄泉——要回乡去乞求魔鬼

彭越在楚汉战争中从侧翼和后方袭击楚军,截其粮道,极大地配合了刘邦荥阳战场上的坚守,灭楚后被封为梁王,曾数度赴长安朝见刘邦。

前197年刘邦平定陈豨反叛时,到达邯郸,以羽檄紧急征调梁国之兵。彭越声称自己有病,派部将率兵前往。受到刘邦怒斥,他很害怕,准备自往谢罪。一位部将提醒他去后会被擒拿,不如发兵造反。彭越拒绝了这一建议,仍然称病。他的一个太仆因私怨去向刘邦告发彭越谋反,刘邦即派人以偷袭隐蔽方式逮捕了彭越,囚禁到雒阳。审查的官员认为已构成谋反,请按法治罪,刘邦赦其死,让流放到蜀郡青衣(今四川省名山县北)为平民。

弄不清彭越的病是真是假,以及为什么他派去了支持的兵将刘邦还要怒斥,但可以肯定的一点是:他拒绝反叛。刘邦虽然发怒斥责,听到告发后将其逮捕,但总未获得反叛的证据,遂作了撤职贬蜀的处理,彭越有幸保住了自己的生命。

彭越西行到了郑地(今陕西省华县东),碰见从长安往雒阳去的吕雉,他向吕雉哭诉,说明自己本来无罪,愿意流放到自己的故乡昌邑(今山东省金乡县西北)。吕雉答应了,与他一同东至雒阳。吕雉对刘邦说:"彭越是位壮士,流放到蜀地,会自遗祸患,不如将他杀掉。"她让彭越的舍人告发其再度谋反,由廷尉报请后处其死罪,并灭其族。

彭越没有项羽那种难见家乡父老的自贵之气,被流放也愿回到自己的故乡。其实这也未尝不可,人们的观念不同而已。但他没有认清吕雉的魔鬼之性,要回乡去乞求魔鬼,结果丢了性命。他本没有找吕雉求情的念头,只是途中偶遇,无意间碰上,他满怀着回乡的希望而走上黄泉之路。

彭越被杀后,吕雉采用一种醢刑,让人将其尸体剁成肉酱,分赐诸侯。这位汉朝的功臣被最高当权者所屈杀,残暴的当权者又以他的被杀和受醢来震恐诸侯。

疑忌生变——漂亮惹出了大是非

项羽反秦时的先锋战将英布被封为九江王，后因与楚有隙，被随何说服降汉，他策反楚司马周殷、配合垓下灭楚，被刘邦封为淮南王。

前196年，吕雉将梁王彭越的肉酱送到淮南，正在打猎的英布看到肉酱，大为恐慌。他暗地里派人部署集结军队，侦察邻近郡县的动静。

英布有一位漂亮的爱姬，因病经常去看医师，医师家与中大夫贲赫对门，贲赫觉得自己是王宫的侍中，就送给王姬厚礼，并陪其在医师家宴饮。王姬在与英布的闲谈中赞誉贲赫的忠厚，英布怒问她从何得知，当知道了他们在医师家交往的情况后，英布怀疑两人私通成奸，遂欲追查。贲赫吓得称病，后来听说要逮捕他，遂跑到长安，告发了英布集结军队的事端。相国萧何认为英布谋反不大可能，建议刘邦派人暗中侦察英布的活动。在淮南的英布见贲赫告发自己，继而又见朝廷使者前来，认为自己秘密暴露，遂杀掉贲赫全家，起兵反叛。

贲赫主动结交王姬，未必有淫乱之意，王姬显然也无私通之情，但英布无端地疑忌他们，遂酿成事故。英布早年犯法受黥，这是一种脸上刺字、再涂以墨的刑罚，他被人们称为黥布，面部的痕迹不会消失，一定有不堪入目的面容。这位尊容不佳的诸侯王，在漂亮的爱姬面前，是否有一种内心的自卑，常有爱姬被夺的恐惧，所以在听到贲赫给王姬送礼并与之宴饮的情况后，竟不知贲赫是为了讨好他才结交王姬，一下子就丧失自信，要借助权力来保卫情爱、惩罚贲赫，迫使贲赫走上了背叛自己的道路。

英布与朝廷的关系本也数年相安，但朝廷疑忌诸侯，吕雉将彭越的肉酱分送他们，本想震恐威慑，反而引起了他们的不安和戒备。英布在淮南国的安全防卫本也出于自保的需要，但对朝廷的防卫准备就是对立和反叛的征兆。当贲赫上告泄密、朝廷来人侦察时，英布虽然不明就里，但做贼心虚，自以为无可挽回，便公开走上了背叛的道路。

英布反叛后,向东击破刘邦堂兄刘贾的封国,收编其兵,又渡淮河打败楚军,后与刘邦率领的大军相会于会甄(今安徽宿县东南),战败而逃。他当年娶长沙王吴芮的女儿为妻,时吴芮的儿子吴臣继位为王,吴臣使人诱骗他到番阳,在当地一所田舍里他被人所杀,结束了悲壮的一生。

朝廷与诸侯王的矛盾本来就有,五六年后由于吕雉的参与,双方的疑忌愈益加深,其冲突有不可避免之势。司马迁说,英布的灾祸由爱姬引起,疑忌生患。漂亮惹出大是非,其实只是必然性通过一种偶然事件被引发和表现了出来。

守边交邻——一不小心弄成了反叛

韩王信是刘邦在楚汉战争第二年就封立的诸侯王,灭楚后第二年,刘邦改其封地至太原以北,建都晋阳。韩王信要求都于马邑(今山西省朔县),以便靠近边塞,抵御匈奴。

前201年秋,韩王信被匈奴大军包围,他多次派使者到匈奴谋求和解,刘邦调兵救援,对其与匈奴通使发生怀疑,认为他私通匈奴,怀有异心,并派人责备。韩王信怕受诛杀,乃与匈奴约和,共攻汉军,他在马邑投降匈奴,进攻太原,彻底走上了反叛之路。

可能出于对匈奴的偏见,人们总以为与匈奴不能有任何交往。戍守边境的韩王信在困境中通使求和,按说也是正常的与邻交往活动,但却被刘邦认定为私怀异心,终被激反。韩王信通使匈奴,看来只是出于自我保护的需要,但在一种特定的思想观念之下,其行为的性质被最高当权者做出了歪曲的判断,加之朝廷对诸侯王本有的疑忌,韩王信一不留神踏上了没有退路的反叛之途。

事情发生的第二年,刘邦率军亲征,在平城被围七天,用计侥幸逃脱,罢兵而回。韩王信遂为匈奴之将往来侵扰边界,后来还诱说陈豨反叛。前196年,汉将柴武与其交战前写信相召,说他并无大罪,希望能归汉求赦,他回信自述罪过,说自己的归汉就像瘫痪的人盼望站立、眼瞎的人盼望复明一样,势不可得,表达了叛汉后无可奈何的心情和对自己一生深深的遗憾。他在参合(今山西省阳高县南)交战中被柴武斩杀。

留下兔子——猎狗采取了新对策

卢绾是和刘邦同生同长的好友,在汉军中最得刘邦亲爱。灭楚之后,项羽所封的燕王臧荼因反叛被击败俘虏,卢绾旋被推举为燕王。

前196年,卢绾配合刘邦从东北方向进击陈豨叛军,同时派部下张胜到匈奴通告陈豨之败,大概是希望匈奴断绝对陈豨的支持。张胜在匈奴那里见到了臧荼逃亡的儿子臧衍,臧衍对张胜说:"燕国所以能够存在,是因为诸侯屡反、兵连不决。如果陈豨被灭,就轮到燕国了。燕国何不放过陈豨且与匈奴联合,使事情留有余地,这样就能长久占有燕国。"张胜后来将这个道理说给卢绾,卢绾深以为然,就派人到陈豨的住地,支持他长期流亡和游击,又让张胜长期留在匈奴互通情报。

汉军于次年追杀了陈豨,其投降的副将泄露了卢绾暗助陈豨之事,刘邦派人召卢绾,又派朝中官员前往迎接,卢绾推说生病,又关门回避,总之拒绝前往长安。刘邦听到了卢绾身边逃亡之人的传闻,后来又得到匈奴投降之人的证词,说张胜在匈奴,为燕国使者,刘邦断定卢绾真的反叛了,即派樊哙率兵讨伐。

卢绾曾是刘邦最亲信的将领,他凭与刘邦的私情而受封燕王,应该是感恩戴德、永怀忠诚,但诸侯王被朝廷连连诛杀的严酷事实教训了他,使他更易于接受臧衍所述的道理及其防卫对策。拒绝去长安时,他曾对心腹人士讲:"刘氏之外为王的,就剩下了我和长沙王(吴芮),现在皇上有病,属任吕后,吕后这女人专门找岔子诛杀异姓王和功臣。"这表达了他内心深深的忧虑。他为了避免自己兔死狗烹的结局,遂采纳了臧荼的对策,放开兔子、留兔自重,以便能保持自己猎狗的价值和生命,免遭烹杀。在当时特定的政权体系和客观环境中,卢绾的行为可能也是一种出于自我保护而不得已的选择,政权体系中的角色冲突把生来相爱的两个朋友推倒了兵戎对立的地步。

不知是自己感觉缺乏统兵征战的才能,还是对往日情感抱有希望,卢绾并没有与樊哙领来攻燕的部队相对阵。他带领全部宫人家属和数千骑兵驻在长城下等待观望，希望在刘邦病愈后亲自进京谢罪。四月间，刘邦病逝，卢绾失去了最后的希望，他带领部下逃入匈奴，被匈奴封为东胡卢王。据说他常遭匈奴人的欺凌，返汉之心未绝，一年多后死于匈奴。又过了七年，他的妻子和儿子逃出匈奴投降了汉朝。

刘邦欲施恩卢绾而设法封其为燕王，但燕王之职给卢绾带来荣耀和尊贵的同时，更给他带来了无奈和痛苦，这恐怕是他们两人都没有想到的结果。

良相难做——精洁者必须自污

刘邦为汉王后，一直任萧何为相国。萧何精明廉洁，又忠心不二，他在关中经营多年，功绩卓著，深得民心。灭楚后刘邦推他为首功，并赐以带履上殿、入朝不趋的特殊对待，可谓尊贵非常、恩宠无比。

但在汉朝君臣所处的政权体系中，只能有一个不变的权力中心，也只能有一个民心归附之处。萧何多年的勤勉努力赢得了民心，但却导致了对皇室民望的侵夺。萧何有一次请求在上林苑允许民众种地，刘邦指称他受了商人的财物才提此议，借故将其拘禁。后来又对获释谢罪的萧何讲："我不过为桀纣之主，而相国为贤相"云云。民无二主，天无二日，身处高层权力的政治人物即使不明白这个道理，也能自发地感悟这一点。

刘邦平定英布反叛时，从外地几次派人来询问萧何的行动，有客人告诉他："你身为相国，功居第一，难以复加。但你自入关中十多年，深得民心，百姓亲附，皇上是害怕你倾动关中。"于是给他出了一个解脱的办法。按照客人的建议，萧何发放了一些低利贷款，并且以低价强买百姓的田地和房屋，用自污的办法败坏自我名声。刘邦听到这些事情，就非常高兴。

萧何不是一个贪财的相国，他曾数次以自己的家产私财佐助军费，常说："后代贤，学我俭。"但过分谨慎的萧何必须用自污的办法自毁形象，衬托皇家，保证最高当权人的民心归附，以维持权力体系的平衡。既要勤勉为民，又不能侵夺皇室的民望，萧何行走在钢丝绳上，这个贤相做得不易！

壮士群刿——大丈夫宁死不屈

刘邦曾派郦食其说服齐国归顺，韩信又率大军击败齐军，俘虏齐王田广，齐相田横烹杀了郦食其，兵败后投奔彭越。一年多后汉军灭楚，刘邦称帝，彭越被封为梁王，田横与其部下五百多人逃入大海，居住于岛上。

刘邦怕田横在岛上作乱，派人去赦其罪而招之，针对田横的顾虑，刘邦给郦食其的弟弟郦商下戒令：伤害田横及随行人员者灭族！然后再次派使招抚说："田横来，大者王，小者为侯；不来，将兴兵讨伐。"田横遂同他的两个宾客坐驿车前来雒阳。

到了离雒阳三十里处的尸乡（今河南偃师县西）驿站，田横借口见天子前应当沐浴，辞谢使者，停了下来，对自己的宾客说："当初我与汉王都南面称王，现在汉王做了天子，我却北面侍奉他，这耻辱就够大了。"他又顾虑与郦商同朝为臣，内心惭愧，遂自刎而死。刘邦听到此事，为之落泪，他拜其两位宾客为都尉，派两千士卒，以王者之礼安葬了田横。

安葬完毕，两位宾客在墓旁挖个坑，自刎而死，倒进坑里陪葬。刘邦闻讯大惊，急派使者招抚尚在海岛上的五百多人。使者到后，五百壮士听说田横已死，全都自杀。

田横是田荣之弟，他们自从兄田儋起兵反秦起，三兄弟相继为王，俱能得贤士之心，被时人敬慕。兵败逃亡的田横不愿做汉臣，面对胁迫，宁死不屈，傲骨凛然。五百壮士视死如归，自刎殉命，更显示了一种可杀不可辱的大丈夫气节。

夫人掌权——最痛处偏受刀伤

刘邦在率兵平定英布之叛时中箭受伤，半路上患了重病，前195年四月病逝。十六岁继位的刘盈生性懦弱，大权掌握在太后吕雉手中。

刘邦晚年剿灭了许多异姓王，在其土地上分封了自家子弟，他与众大臣盟誓："非刘氏而王者，天下共击之。"希望得到"天下一家"的局面。吕雉掌权时，能维持刘氏政权的几个主要功臣已被诛戮，剩下王陵、陈平等人难撑大局，或者委屈自保，吕雉遂分封了自家的若干子弟为王。一时造成"号召一出太后"、大权被吕氏掌握的局面。

刘邦最放心不下的是戚夫人和十岁的赵王如意。刘邦一死，吕雉就下令将戚夫人囚禁于宫女所住的永巷，派人去召赵王，赵王一开始受到刘邦所安排的强臣周昌的严密保护，吕雉遂先令周昌入京，其后招来如意，趁机将其毒死。她又对戚夫人砍断手足，挖掉双眼，薰聋耳朵，灌以哑药，扔进厕所里，称之为"人彘（猪）"

刘盈在弟弟如意自赵来京后，亲自把他接到宫中，与其一同起卧，想保护他不受母亲残害，是在他一次早晨去出猎时吕雉乘机毒死了弟弟。不久吕雉又领他去看"人彘"，当知道这就是父亲爱姬戚夫人时，刘盈大哭病倒，一年多不能起来，派人去对太后说："这不是人所干的事情。我作为太后的儿子，没脸面来治理天下。"从此不理朝政、沉湎酒色，登基七年后病死，吕雉遂以太后身份临朝称制。

除此之外，吕雉还干了几件蠢事：她把女儿鲁元公主与宣平侯张敖所生的女儿娶给刘盈为皇后，使刘盈以舅娶甥，说是亲上加亲。春秋时古人就有"男女同姓，其生不蕃"的说法，是讲近亲结婚对繁殖后代的不利影响，这位贵为天下之主的太后竟然对此无知，他不想把皇后的位置让亲族之外的女人占有，就让外孙女来做。

皇后多年无子,吕雉用了千方万计,终无结果,就从后宫抱来宫人之子,说是皇后所生。在刘盈死后将其扶立为帝。这位小皇帝懂事后风闻自己的亲生母亲已被太后奶奶所杀,口出怨言,吕雉即将其废掉,其后禁闭折磨而死,再立刘盈后宫嫔妃所生的儿子刘弘为帝,再以侄儿吕禄的女儿为少帝刘弘的皇后,又搞了一次亲上加亲。刘盈之后帝位数变,以至人们认为"继嗣不明"。有些大臣甚至认为刘弘不是刘氏之子。

当年刘邦彭城兵败时,吕雉与太公一起被项羽俘虏,有一个叫审食其的家臣一直侍奉吕雉,后来受到吕雉的宠幸,被封为辟阳侯,吕雉执政后封其为左丞相,专理宫禁中事务,两人通奸之事在朝臣中当是公开的秘密,刘盈为帝时借故想杀掉审食其,吕雉羞愧难言,不好说情,多亏一个名叫闳孺的幸臣正想讨好吕雉,他出面劝谏刘盈,才免其一死。

匈奴冒顿单于在吕雉掌权期间非常骄横,他自称"孤偾之君",寓独处亢奋之意,曾写信给吕雉说:"陛下单身,孤偾独居,两主不乐,无以自娱。愿以所有,易其所无。"由于当时无力征讨,吕雉和众大臣商议,卑辞回信说自己"年老气衰,发齿堕落,行步失度",不足以应命。又相求说:"弊邑无罪,宜在见赦。"最后送给御车乘马,与之和亲。

江山和美人是刘邦竭力想要保全的两个心中所爱,尤其是戚夫人母子更是他临终前难以释怀的心痛之处。刘邦带着异性称王和戚姬受害的担心忍痛离世,把自己创就的一统江山留在了身后,他的夫人吕雉在他身后立即残害戚夫人及其爱子,立吕氏为王,且与臣属私通,在刘邦的最痛处连连下刀。贵为天子的刘邦,无处安置和保护自己的生前至宠,这不能不是人生的大悲剧。

吕雉"亲上加亲"的蠢事和对匈奴的受辱乞和,表明她并无多少处理军政事务的能力。大汉的栋梁之柱多被残害了,有些在残酷的政治气候下韬光隐忍,不愿出头。汉王朝建立十余年,就继嗣不明、朝政混乱、外受欺侮,走到了神州沉寂、命系一线的地步。

关于楚汉逐鹿的议论

从公元前 221 年秦始皇一并天下,到公元前 202 年汉高祖刘邦登基称帝的二十年间,中国社会经过了由政治一统到分崩离析,再到天下归一的曲折过程。社会政治按照自己固有的规律在运动:一种昏狂妄为的政治统治被打翻,秦失其鹿,金瓯破碎;继而天下逐鹿,捷者先登,散乱的社会政治又被推进到胜者为尊的一统体系中。这是一个否定之否定的历史过程。

秦王朝的崩溃,正是它没有对自身的否定因素做出稳定、消弭,甚而以某种方式培养、激变的结果。秦王朝以武力建国时,它与六国旧贵族的矛盾,与天下民众的矛盾,以及王朝内部各派集团间的矛盾并没有立即消除,这些矛盾的对立面需要王朝执政者以特有的政治智慧和政治方式来引导化解。首代执政人秦始皇选择了郡县制的政治集权方式,并公开实行皇帝为重天下轻的治政理念,他暴虐万民,荼毒士人;二世胡亥则进一步屠戮宗室、诛杀朝臣,又严苛施法,既使下层民众、知识分子对执政者失去了依存与期望,继而变为对国家执政者的仇恨,也使执政集团内部的各层人物离心离德,宁愿坐观其败。王朝执政者把天下民众践踏到了没有尊严、失去安全和无法生存的境地,自以为可以高高在上,享尽快乐,但这种情感疏离却把万民逼到了唯有奋死才可求生的极地。前 209 年大泽乡陈胜起义,正是社会政治结构中的两极对立超过一定点之后的连接发生断裂。至此,执政者对政治的操纵即刻失灵,少数执政集团陷入了一片燎原的烈火中。河决不可复壅,秦王朝的灭亡是其执政者自己作孽的必然结果。

秦王室是一个曾经幸运、后来又极不幸运的集团。战国中后期,自孝公求贤、商鞅变法之后,他们的发展虽有波折,但总体上天时、地理、人和一应俱全,至嬴政时兼并天下,一统中华,正是由许多幸运因素积累而成。然而,非常遗憾的是,自公元前 221 年一统王朝建立之后,却出现了一种非常严重的不幸;秦朝的最高统治集团中，没有一个富有战略眼光和治国雄才的人物，一个个都是独断、自私或昏庸的小人。除嬴政基业自创、权威在身之外，李斯、赵高、胡亥，他们思想狭隘、各自为己、互相倾轧，诺大王朝的执政集团中没能出现一位智慧在握的人。当然，赵高是聪明的，但他宁可为一己私利坑害国家，不惜使用卑鄙下作的诡谲伎俩把国家政治搞到昏乱不堪的地步；李斯也并非不为聪明，但他把才智用于个人权位的获得和个人地位的维护，宁可放弃国家的利益和做人的原则而谄媚权势。李斯其实是清醒地看着王朝走向沉沦的，在事关本集团生死存亡的事情上，他始终将个人私利置于首位，缺乏担当意识、责任意识和必要的奉献意识，王朝的悲剧由此加深。可以说，秦朝并非没有人才，但从儒士被坑杀、叔孙通惧而逃离、大臣们认鹿为马、章邯受诬降敌等情况看，在专制化的体制中，当权者的昏庸自私导致人才被压抑，无法脱颖而出；言论受禁锢，无法直露表达——智慧没有出口，整个集团就只能在无智中倾轧。帝国的大船在狂澜中沉没，王朝任何人也无法逃离获生，鼠目寸光的聪明人也必然为自己的行为付出代价。

秦王朝是以强力整合了战国末期各种政治力量而实现的政治一统体系，在这一体系存在的十余年中，各种力量在一统体系中融合销长、组合变化。而当这一整合体一朝破裂时，其中的各种因素即刻裂化出来，形成爆发的力量。人们把对秦王朝的仇恨变成了对此前六国的怀恋。这种怀恋表现为：不同政治利益纠合的许多集团分别打出恢复六国的旗号，并选定与六国王室有一定血缘关系的象征性人物作代表，于是形成多种并存的政治力量。这些自生的政治力量本来互不统属，各有自己的最终目标，但秦朝的存在是阻挡他们政治目标的共同障碍，是他们一切政治企求实现的咒符，因此，在秦朝一息尚存的前提下，他们会本能地互相协同，互相支持，会追求并形成一种实际上的统属。这些众多的力量大小不同，目标各异，他们大多可能被喘息的秦王朝各自消灭，但只要有秦王朝的存在，许多反叛力量的不断产生、重新组合以及不断壮大却是一种趋势。他们不能为秦所灭，就必能灭亡秦朝。

陈胜张楚和楚怀王分别是前后两个阶段上反秦斗争中相继起的两面旗帜。两个反秦政治中心都产生于楚国，是因为楚国地土广大，又远离关中，属秦国统治薄弱之处；同时，“楚虽三户，亡秦必楚”的谶语表明，秦在楚地当年曾埋下更多仇恨的种子。楚地有着汹涌的反秦力量，所形成的反叛政权既有自身的号召力,也有力量给各地义军以有力的支持。

自大泽乡戍卒们揭竿而起,关东立刻形成烈火燎原之势。秦王朝捍卫自身生存,自然要向关东义军发起猛烈的反扑,两种势力你死我活的较量,曾有约两年的反复与胶着。当那位力拔山气盖世的项羽虎扑巨鹿,出手打破了义军与对手们的胶着状态时,秦王朝的统治才真正一朝崩溃。秦朝的灭亡,表明社会的纷乱无序状态已至极致,胜利者将要对社会政治重新设置,人们眷恋和向往的政治秩序开始浮出水面。

楚霸王项羽应该是创造了一种新的政治形式,他在秦亡后宰割政局、分封十八诸侯,实际是以战国末期七国名号为依托,一国多分,封王酬功,实行的是地方自主,诸侯并立,各自为政,几乎无所统属的政权形式。天下有名义上的共主(义帝),而共主毫无实权,像春秋时代那样,依靠霸主维系天下政治秩序。项羽自称西楚霸王,实是充当着霸王的角色。共主、霸主和诸侯国之间也看不出有什么赋税关系。项羽不久派人暗杀了义帝,而并没有重立共主或自我称帝之意,正表明他所建立的是一个没有中央、地方自为的空前绝后的政治形式。

灭秦之后的义军领袖各有自己的政治理想,这与项羽的想法并不契合。项羽的分封方案既不为诸侯人人认可,又缺乏守卫的保障措施,因而方案实行约一年就发生了诸侯间的相互侵夺。以汉王刘邦为首的数位诸侯要颠覆项羽分封方案,与维护原方案的霸王项羽进行军事决斗,于是拉开了楚汉争战的大幕。楚汉之争与先前的反秦之战规模相当,但性质已发生了根本转变,它是项刘两大政治集团争夺国家最高统治权的军事冲突,与此前他们帮助民众摆脱秦朝压榨的反暴义举已迥然不同。

霸王项羽是一位勇猛罕有的将军,但却不是一个稍有政治头脑的聪明人。在与刘邦汉军的对抗中,楚军本来占有绝大的优势,但由于项羽的处置和选择,楚军先后失去了占有关中的地利优势,失去了智士归附的人才优势,后又陷入了两面作战的战略困境。战役、战斗的每次胜利均无法弥补战略全局上走向被动,最终有垓下之败,乌江之刎。项羽是反秦斗争中当之无愧的英雄,又是秦后天下得而旋失的悲剧主角。

刘邦在反秦斗争中首入关中,立有大功,因不满项羽违约分封的政治方案,在身边将相们的支持和几位诸侯王的配合下,打起了兴汉抗楚的旗帜,他要由此实现自己的政治理想。刘邦在楚汉战争中长期处于弱势，这一弱势地位决定了他对关中的占有，对荥阳、成皋的争夺等行为都不自觉地采用了欲取先予、后发制人的战略策略；他曾在鸿门宴上藏锋示弱，柔顺迷敌；首击楚军时又为义帝发丧，以哀励军；他曾以卑谦恭逊的姿态尊张良为师，拜韩信为大将，宠任陈平为都尉；为赢得百姓的支持，他曾废除苛政、约法三章；他接纳了秦王子婴的投降，宽容了魏豹等诸侯王在楚汉两敌间的反复摇摆，容忍了九江王英布对项羽的早起跟随，表宽容之心，示宽容之政，最终争取到了不少诸侯的支持。《老子》曾经从水性中体悟治国之道，认为"江海所以能为百谷王者，以其善下之，故能为百谷王。"又说："容乃公（公平），公乃王"。这些警语由于张良、陈平等道家思想信奉人的提示和引领，被真实地演化成了汉王刘邦的政治实践。汉军的最终胜利，在很大程度上是道家谋略思想的成功。取胜的汉军后来在天下治理中逐渐自觉地意识到道家思想的优胜性，取黄老无为之术以治政，似乎有顺理成章之势。

前202年之前的二十年间，中国社会发生了惊天动地的变化，两个王朝继起，四海之内动荡，其变化的剧烈性在中国历史上是前所未有的。社会在短时段内的裂变与重新整合，实在是以不同的形式演示社会运动的多重规则，这一过程也告诉人们不少道理：

其一，对于社会上层统治集团而言，是下层民众提供给了他们生存生活的物质资源，无论这种提供是自愿的还是被迫的，都有一个基本的限度。统治者要无节制地提升自己的物质享受程度，就必然要无休止地索取于民众，并在超过一定限度后压榨民众。散乱无主的民众在强权压榨的百般无奈中会忍让、会接受屈辱，但这种忍让和屈辱会使他们枯化为一堆堆干柴，当这种压榨在一定点上进出火花的时候，就会引爆熊熊烈火，统治集团的末日就将来临。秦朝暴虐治政引起的大厦立倾正是表明民不可侮。民众中蕴含着无限的力量，而针对民众的强权其实是脆弱的；先哲们"载舟覆舟"的喻水警言绝不是空谈，迷信强权治国的政治人物应该由此清醒。西汉初期的统治人物是由覆舟之水化生而成，即便没有高深的文化修养，这切身的亲历应该可以刻骨铭心，要害的问题是变身统治者后，是否能聪明到成功实现思考对象的转变，制定出切实可行的国家政策。汉家的长治久安即维系于此。

其二，秦王朝的灭亡表明：战国后期基本定型的法家思想具有严重的缺失。

秦国本是文化积淀薄弱的西陲之邦,自商鞅变法后,法家思想被以制度的形式予以强化,逐渐被国人认可,这一思想对整肃国政,提高国力显示了应有的成效。秦王嬴政拜读过法家思想集大成者韩非的著作,并曾将韩非邀至秦国,可见对这一思想的痴迷程度。秦兼并六国后,开始了宇内一统的政治建设,兵家的思想、纵横家的思想均被搁置。后来又以焚书坑儒打压儒家思想,秦国的政治文化实际是把法家的思想定于尊位。以法标榜的法家思想,是以君主个人为本位的一整套理念系统与政治设定,其中的法,是君主设立的赖以规范臣民和自身行为的章程律令,说到底是君主个人意志的体现,"法治"其实不过是稍微规范了,但却更为扩大化了的人治而已。韩非法、势、术相结合的理论更是交给君主权势为尊、以势治政、操术御臣的统治方法。这一理论排除政治道德,把整个社会设定在以权势为中心的政治系统中,只有权势人物的恣意妄为,大臣们只是受托事务的执行者,并且随时准备接受君上的督察苛责,黎民百姓只是在君主设定的农战之事上凭劳作获得生存和利益,没有丝毫个人尊严。法家的这种思想刻薄寡义,无视民众,唯势为尊,它引导和支持了秦朝两代君主的虐民暴政,造成了百官将相们的畏势如虎与政治难作为,导致了王朝的覆灭。这一事实表明:先秦法家思想从根本上不是治国的思想,一种反人类的思维在人类社会必然性面前终归是要碰壁失败的。

其三,政治体制负载着政治斗争胜利后各层人群对新生政治的期待和利益诉求,必须以审慎的态度处置之。在政治斗争中,军事斗争是最高的、最激烈的形式,政治集团间的较量因军事成败而结束后,立即会有政权重建的急务,胜利的一方必然要把自己的政治企求和以后的利益获得通过某种机制固定下来,这就必须有政治体制的设定和设置。嬴政在兼并六国后力排众议,采取了郡县制的政治体制,这一体制实际上是取消了地方对于中央的权力分割,剥夺了宗室贵族、功臣将相对于各层权力的占有,把天下政治权力最高度地集中于中央,最终集中于皇帝个人之手。嬴政实行个人独裁,包括以"皇帝"自命,以"朕"自称等行为,都表现了他的极权观念,表现了他对天下权力和利益的独占欲求和贪婪之心,这是法家政治文化和嬴政个人品格的重叠反映,对社会的进步和民众的利益并无正面的意义。到头来,这种体制控制不了权势人物对民众利益的无休止侵夺,纵容了最高执政人的贪婪、懒惰、享乐、邪恶与奸诈,生成了最高统治权位上无限之恶,又限制了百官将相的主动精神与效命热情,对于最高执政者的攫利之政反而成了他们的绝命之政。这一结果大大出乎了设定人的预料。项羽在灭秦后建立的那一历时短暂的政治体制，自然反映了以项羽为代表的义军领袖们的政治愿望，前后相比，项羽是中国历史上少有贪婪、最无城府、思想单纯的政治开创人，他设定的政权结构腰重头轻，脚不着地，是一种结构松散的政治联盟体。在缺少法制和强力作保障，又有其他军事集团以图他谋的情况下，该政治体制的延续自然只是不切实际的幻想。楚汉三年争夺，汉军反手为胜，天下归一，同时又把政治体制如何设置的问题重提了出来，期待汉朝君臣去解决，这将是对汉朝君臣政治智慧的考验。

其四，政治活动的最高目标是政权问题，对于在野集团而言，夺取政权曾是一个重要目标，而夺得政权后，还有一个如何巩固政权、治理天下的问题。秦王朝在战国末期的得手和十多年后的惨痛结局告诉人们：得天下与治天下，是主体相同而性质不同的两回事。以得天下为目的的政治活动在中国传统政治领域，一般是靠军事手段，其目标是对外的，它需要的是力量的强大、外交的联络、军事的制胜；以治天下为目的的政治活动，一般则是靠综合的手段，其目标主要是对内的，它看重经济的发展、文化的教益和政治上的凝聚等，需要给各阶层人众都以适度的满足，增加人们对这一政权体系的认可与热爱。以嬴政为代表的秦朝统治者并没有分清两个不同的问题，兼并战争的胜利也使他们不恰当地放大了强权的力量，以为凭借强权就无所不能。他们用战争时的惯性思维去治国，把天下民众和稍持异议的士人、甚至接近权力中枢的宗室贵族都视为施暴的对象，犯了治国的大忌。预计要传之万世的王朝结果二世而终，实在包含有深刻的教训。以项羽为代表的反秦义军在秦灭后也并没有自觉形成治天下的理念，因而并没有真正考虑各政治集团、各阶层人们的利益实现，他们心中比较明确的只是灭秦除恶，和打天下、坐天下、显威风、图富贵的心理。他们没有意识到治理天下的艰难，因而用极简单的思维和方式处理战后诸问题，在事态突变时匆忙应付，并且仅仅只有武力出击的一种手段，相比而言，项羽没有为了个人享受而对黎民百姓施行暴政，也没有对身边权益同享者的彻底剥夺，这是他的仁慈之处，但事实是：仅依靠仁慈和简单来治理天下是根本靠不住的。亲身经历的政治现实给了汉室君臣深刻的警醒。刘邦夺得天下，身边大臣们此后开始提出了治天下与打天下的不同，并在治国理念的确立、重大政策的制定上不断提醒刘邦，传统政治文化正是在现实的政治实践中得到丰富和提升。

其五,传统政治活动中的一个难题在于各政治集团内部的矛盾总是没有解决的程式,这是一个少有规则、极难把握的问题,曾经引起了无数的人生悲剧。战国中后期,秦国的兴盛走强和人才的聚集相得益彰,形成了良性循环,商鞅、张仪、范雎、蔡泽、尉缭、李斯等才俊之士西向归秦,使秦国政治始终生机不衰,但其间也发生过名将白起被逼杀、丞相吕不韦被清除,客卿韩非受陷害丧生,老将王翦多次示退自保,尉缭畏势欲逃的事情,看似健康的政治中尚有不少险厄玄机。秦灭六国后,参政的博士儒生大多未得善终,皇长子扶苏被贬守边,方士徐福率众逃入东海避难,后来又有章邯受陷害、李斯父子遭押斩、胡亥受逼自杀及赵高被车裂灭族的事件,王朝的衰败与君臣间的倾轧互为因果。自反秦起义后,关东先后出现陈胜张楚政权、楚怀王(熊心)政权,以及田儋、田荣、武臣、赵歇、魏豹、韩成、秦嘉、宋义、项羽、刘邦等相互关系极为复杂的政治集团。这些集团的存在背景不同,形式不同,但都包含着难为当事人把握的内部矛盾,有些纷争甚至达到了要靠消灭对方才能解决的程度,一点也不亚于义军与秦军的对立。刘邦集团的内部关系算得上是极好的状态,但天下一统前,最高执政人对韩信、萧何等人的心忌就已初露端倪;新政权建立之后,张良坚持隐退避身,萧何受诬被拘、几位功臣一命不保,甚至太子也几乎被废,这真是一种极难理清的纷争。事实上,在权势为尊的文化背景下,集团内部矛盾的解决没有规范的程式,其中多以权势者的主观意志确定是非,又以他们的权术选择为处置手段,这种没有以法制精神作依托的政治,既是其中失势者的人生悲剧,同时也是传统政治一出不绝的悲剧。

其六,军事集团的对抗,既是力量的竞争,更为根本的则是人才的较量。就长期的过程而言,后者更起决定作用。秦对六国的兼并说明了这一点;秦朝的大厦之倾从反面证明了这一点,楚汉相争的强弱转化及其最终结局更充分地确认了这一点。秦王朝的两代执政以专制化的严酷手段治理国政,大批人才隐匿销声,不得出头,胡亥的朝廷被赵高把持,一派肃杀气氛,清醒如叔孙通者避祸逃离,出击义军的章邯在战场上连打胜仗,却遭受诬陷和暗算,人才没有生长的空间,这样的集团焉能不垮?在项梁叔侄拥立楚怀王之时,项氏集团可谓人心所向,才俊汇聚,然而,力能扛鼎的项羽能以破釜沉舟的气概打胜关键的巨鹿之战,却毫无发现人才的慧心,致使张良离走,韩信与陈平相继投汉,剩下一个范增最后也因故负气脱身。项羽以为凭借自己无人匹敌的武功就可以纵横天下,从根本上就没有人才意识,自然不能发现人才和重用人才,一个缺少智慧支持的军事集团怎能不败?亭长出身的刘邦并不具有出色的文韬武略,但他以自己的识才慧心和豁达气度吸引了一批一流才俊奔投效力。汉军的胜利,是张良、韩信、陈平、萧何及一批文臣武将智识的成功,是对才智运用的胜利。楚汉战争中人才得失及其决定意义,将是一段足令人们作无穷回味的千古话题。

其七,看一个集团政治气氛清明与否,可能会有不同的价值观念与考察标准,但无论如何,却有一个作为事实认定的共通底线,这就是看畅行于公众舆论场合的是真话还是假话。在权势为尊的氛围中,如果权势者偏狭或者昏聩,那种反映事情消极面的真话、与权势者主观意志不相吻合的直话,就必然遭到禁忌,言论者必会受到打击迫害,整个集团对这类真直之言就会噤若寒蝉。而口口相传、众耳所闻的则是歪曲事实的假话与空话。在胡亥的朝廷,鹿只能称为马,关东反叛只能说成无足挂齿的"群盗鼠窃"。说话的人可能对真实情况心知肚明,但迫于权势的压力,无法讲出真话,情急时只能以假话或空话应对,而为了讨好权势,甚或还有些诡谀之言。这种反常气氛是由权力专制和执政者昏庸的双重原因造成,是整个集团走向衰落的标志。在陈胜张楚的小王廷,有远道来奔的客人向人们谈说当年与陈胜一同庸耕的真实情景,即遭斩杀,刚刚脱离垄耕而称尊为王的陈胜,尚不能容忍不合于自己心愿的真话,遑论骄纵多年的秦国执政者。事实上,真话未必能兴旺或拯救一个政治集团,但真话总是遭受堵截打击,假话与空话反而大行其道,却是权势者不清醒、不敢面对现实的反映,是集团衰落的标志。

其八,政治是智慧者的赢利场,是不智者的葬身地。生活于社会各个阶层的人们一般都摆脱不了现实的政治,人们会评判政治、参与政治,也会受到政治的裹挟和影响,但只有那些以政治活动为职业、参与某种政治决策的人才成为政治人物。政治领域应是综合性极强、收获与风险极高的领域,不是所有进入该领域的人物都是政治活动的适宜者、获益者,尤其是在社会生活波澜起伏、政治趋势多变无定的时期。秦汉之际二十年,社会政治的动荡沉浮把一批人从谷底涌向山巅,又把一批人从山巅摔入谷底,其个人命运的变化既有客观的情势,也有个人在政治大势面前做出何种抉择的智识作用。不能说二世胡亥必遭厄运,也不能认为刘邦君臣的成功是上天之定,这都与他们各自的一系列行为选择息息相关、环环相扣,整个过程就是他们各自智识的发挥和表演,他们的命运和人生结局都要在他们自身的长期行为选择中寻找原因。政治是最需要智慧的地方,那些卑屑无智的人物要操控政治权力之柄,不大会有好的结局;那些小有伎俩、自以为聪明、实际心性偏狭的人物,也不是政治上的智者,他们眼光短浅到只有走进葬身之地时才对自己投身政治产生悔意。

其九,程序不规范的政治是不具道德标准、不受道德约束的活动,诚信、仁爱、守诺、尊俗等要求,对传统政治活动仅是一种玩笑话,在你死我活的政治较量中,只有胜败才是最高的标准。然而,无论如何,政治活动需要人的参与,需要人的追随与拥护。为了自己政治活动的成功,任何政治人物都不能忽略对人心的争取,都会尽力给各层民众以某种程度的满足,而这实际上就已经是关爱民众的善政。从这个意义上说来,最有智慧的权势者其实正是关爱民众、讲求最高政治道德的人物。他们看重人心、善待民众,从而赢得民众,树立了形象,收获了取得事业成功的一笔雄厚资本。只有昏聩如二世胡亥者才以民为敌,一再实施那些无视天良道德的政治行为。

其十,人们的一统国家观经秦之后得到了加强。秦王朝曾经建立了一个幅员辽阔的国家,这个国家版图完整、疆域广大,它是在秦国兼并战争中逐步拼接起来的。前209年开始的反秦起义,几乎是在广大的疆域上同时形成,除关内故秦之地外,神州各处举起了反秦的旗帜,即使远隔五岭的赵佗也起兵行动。可以说,反秦战争是在中华大地上一次空前规模的政治活动。自有确切纪年史以来的西周起,国人暴动、戎狄侵扰,诸国争霸、七雄相并,发生过无数的战争,但这些战争都限于局部范围内,是在有限的地盘上进行,打击的对象也不尽相同;而反秦战争则规模大、地域广、目标集中。这一情势表明:经过春秋战国之世的地区交战、族群相融及秦朝的整合,中华大地的先民已形成了比较一致的政治价值和社会心理,他们已经具备了共有的民族认同和国家认同,海内之民已经自觉不自觉地把自己视为中华统一族群的当然一分子。汉军胜楚时,刘邦能够直接控制的军队不多,汉朝的国家机器并不十分强大,但有了庶民的国家认同,势力薄弱的中央政府照样可以充任华夏地土上的共主,这正显示出以民族文化心理为根基的社会凝聚力。

秦失其鹿,天下共逐之。二十年惊涛骇浪,二十年天翻地覆。汉王朝在余烬遍野的亡秦废墟上，靠智慧战胜强楚，默默地挺立起来，它终结了一段悲惨的战乱，演绎出一串雄壮的史诗。历史要发展，社会在前行。打造了汉王朝的草莽英雄转身面对的是狼藉四散的原野，是迷雾充盈的茫茫天际。在毁灭了灯塔的黑夜启程，他们靠摸索和悟性布局政治、赢得未来，实乃天启汉光。

后　记

　　司马迁是中国伟大的史学家和文学家,他的《史记》被鲁迅称为"史家之绝唱,无韵之离骚。"是学习和研究中国历史的必读书。一部《史记》上起黄帝,下迄汉武帝晚年,其记述略古详今,对秦皇及其以后的历史描述尤为备细。本书系对司马迁所述国史的"当代史"部分进行重读,叙述从秦始皇到汉武帝约130多年间中国政治演变的基本轨迹,并试图做出应有分析反思,以揭示司马迁笔下中国社会政治形态的特点和历史演进的规律。本部《群雄逐鹿——秦汉之际二十年》,涉及从公元前221年秦始皇统一中国到前202年汉王刘邦夺取政权及其稍后的政治历史演变。包括秦失其鹿、天下共逐之、霸王失手、汉王得鹿、英雄悲歌几部分,揭示了秦政崩毁、群雄逐鹿和楚汉争霸一段政治运动中体现的历史因果。

　　司马迁主要是以众多人物活动为载体来记录了历史运动的轨迹,他在叙史上打破编年体而首创纪传体,这不仅是叙史形式的变化,也体现着司马迁以人为中心的历史观。事实上,历史活动应该有人的完整映像,应该有不同人性、纷繁人情和各式人生的掺杂表演。按照司马迁的历史理念及其方法,本书系各论著选取了许多有影响的人物来提挈政治发展的脉络,既对人物所涉政治事件做出了系统详尽的分析,也对各类人物的完整心性做出体认。应该说,对人物性格与命运之复杂关系的体悟,是被当代史论学鉴忽视了的方面,本书系在此做了开拓性工作,具体说来,对于特定的政治人物,书中的分析触及到了全部资料所涉的思想、性格、心理、谋略、事业及人生轨迹等许多方面。多方位的分析意在强化人物的立体感,并揭示各种政治活动的复杂成因。这更合于司马迁的史学理念,能使当代读者能得到许多不同人生的启悟。

　　本书系在体系的建构上把对历史的宏观把握与微观解剖相结合,每部论著均按历史与逻辑相统一的方式构建分析框架,作为史论形成的时代背景,同时把具体人物放在特定的时代中去认识，而对人物的认识又以其全部史载的具体活动为据；论著通过对具体活动的剖析完成对人物的全面认识，又通过对历史人物及其相互关系的把握来揭示历史政治发展的基本趋势，进而认识中国社会政治的一般特征。

"社会是单向引长的线，人人都来自昨天；记住往昔的经历与得失，我们才会走得更端、更远。"人类社会的无限延续，使昨天的历史与今天的现实间有着割不断的联系。从一定意义上说来，历史孕育着现实、包含着现实；现实映照着历史，包含着历史。历史与现实的这种贯通性使任何有意义的历史反观都具有强烈的现实性，同时也使任何有意义的历史反观必然带有现实的考量。《重读司马迁》以当代人的视角，深入到历史政治的演进过程中，运用唯物史观以及政治学、心理学、军事学、文化学的理论观点审视历史政治，分析许多具体的人物关系，心理变化，认识和发掘史迁不朽之作中具有当代意义的历史智慧和文化内涵。论著以史引论，寓论于史，在历史事实的展现中阐发着对社会和人生种种问题的思考与看法。史实的叙述在书中只是作为议论的引子，而由此引发的种种思考和理性的归结才是全书的重点。"文章千秋事，得失寸心知。"作者以敬畏之心对待历史人物，分析叙述未敢轻率，力求下笔慎重，书中认识和观点上的任何错失完全由作者本人负责。阅读此书的朋友在观点上如有不同看法，可将宝贵意见发至邮箱(skfla@126.com)，欢迎做进一步交流切磋。

该书系各论著所用资料完全忠实于《史记》文本，参考使用的是王利器先生主编的三秦出版社1988年版全四册《史记注译》，在许多必要的地方，尤其是对司马迁同代人物的分析取材上参考了《汉书》和《资治通鉴》。全书对纷繁庞杂的征引资料，采取了内在融化、直白叙述、免去引注的方式，希望能方便阅读。本人所在单位广东省社会科学院为撰著提供了很多帮助，广东省社会科学界联合会的领导和朋友给予了热情鼓励，杨春霞女士做了许多文字处理工作，中联华文(北京)图书有限公司总经理樊景良先生、中联学林文化发展中心张金良经理及其同事以强烈的事业心和崇高的敬业精神推动了论著的出版，中国文史出版社的几位编辑朋友为该书系的问世做出了辛勤工作，在此表示衷心的感谢！

作者

2013年10月25日于广州